WILEY

美国高校学生事务管理丛书
胡建新 主编 徐昌和 副主编

ASSESSMENT IN STUDENT AFFAIRS: A GUIDE FOR PRACTITIONERS

U0827030

学生事务评估：实践指导

M. 李·厄普克拉夫特（M. Lee Upcraft）
约翰·H. 舒（John H. Schuh） 著 程春松 译

部分章节由西奥多·K. 米勒（Theodore K. Miller）、
帕特里克·T. 特伦兹尼（Patrick T. Terenzini）、
伊丽莎白·J. 惠特（Elizabeth J. Whitt）单独完成或合作完成

高等教育出版社·北京

图字：01-2015-4615 号

Assessment in Student Affairs: A Guide for Practitioners/by M. Lee Upcraft and John H. Schuh/ISBN9780787902124

Copyright © 1996 by John Wiley & Sons, Inc.

All Rights Reserved. This translation published under license. Authorized translation from the English language edition published by John Wiley & Sons. No part of this book may be reproduced in any form without the written permission of the original copyrights holder. Copies of this book sold without a Wiley sticker on the cover are unauthorized and illegal.

本书中文简体版独家专有翻译出版权由 John Wiley & Sons, Inc. 公司授予高等教育出版社有限公司。未经许可，不得以任何手段和形式复制或抄袭本书内容。本书封底贴有 Wiley 防伪标签，无标签者不得销售。

高等教育出版社有限公司对本书中文简体版享有版权。

图书在版编目（CIP）数据

学生事务评估：实践指导/(美)M. 李·厄普克拉夫特(M. Lee Upcraft),(美)约翰·H. 舒(John H. Schuh)著；程春松译. -- 北京 ： 高等教育出版社，2019. 12

(美国高校学生事务管理丛书 / 胡建新主编)

书名原文：Assessment in Student Affairs: A Guide for Practitioners

ISBN 978-7-04-051992-1

Ⅰ. ①学… Ⅱ. ①M… ②约… ③程… Ⅲ. ①高等学校-学生工作-研究-美国 Ⅳ. ①G645. 5

中国版本图书馆CIP数据核字(2019)第097169号

策划编辑 杨卓源　责任编辑 孙 璐 杨卓源　封面设计 张申申　版式设计 张 杰
责任校对 刘娟娟　责任印制 刘思涵

出版发行 高等教育出版社
社　　址 北京市西城区德外大街 4 号
邮政编码 100120
印　　刷 山东百润本色印刷有限公司
开　　本 787mm × 1092mm　1/16
印　　张 19
字　　数 340 千字
购书热线 010-58581118
咨询电话 400-810-0598

网　　址 http://www.hep.edu.cn
　　　　 http://www.hep.com.cn
网上订购 http://www.hepmall.com.cn
　　　　 http://www.hepmall.com
　　　　 http://www.hepmall.cn

版　　次 2019 年 12 月第 1 版
印　　次 2019 年 12 月第 1 次印刷
定　　价 89.00 元

本书如有缺页、倒页、脱页等质量问题，请到所购图书销售部门联系调换

版权所有　侵权必究

物 料 号　51992-00

全国教育科学“十二五”规划2014年度教育部重点课题“高校辅导员专业化知识体系构建”成果（项目编号：DIA140318）

总 序

以辅导员制度为主要形式的我国高校学生事务工作在高等教育发展中扮演着重要角色，它为培养中国特色社会主义事业的建设者和接班人发挥了不可替代的作用。我国高校辅导员制度从初创时期，到因“文化大革命”而停止，再到“文化大革命”结束后恢复并不断强化，至今已逐渐走向成熟。2004年在党和政府的高度重视下，我国教育界发生了一场巨大的变革：一方面，这场变革促进了人们对高校学生事务工作在学生成长与发展中作用的再认识；另一方面，高校学生事务向职业化、专业化方向发展的要求改变了高校辅导员制度的发展路径。因此，如何实现对高校学生事务新的认识价值，如何走好高校辅导员制度专业化发展之路，都成为我国高校学生事务发展的核心问题。

源于长期在高校工作的经历，我对高校学生事务一直保持高度关注并对其价值有朴素认识。在攻读博士学位期间，我选择了对高校辅导员制度专业化发展的研究，试图能为高校辅导员的职业价值进行辩护，为高校辅导员制度的专业性进行论证，并寻求高校辅导员专业发展的有效路径。遗憾的是，在查阅相关文献资料并为博士学位论文做准备时，我很难找到关于国外高校学生事务管理方面的中文版书籍，这与高校教师发展译丛数量众多的情形大相径庭，因此，我就产生了翻译国外高校学生事务著作的念头。

翻译出版“美国高校学生事务管理丛书”的目的并不是想让我国高校辅导员制度照抄照搬美国高校学生事务发展之路。尽管美国高校学生事务管理拥有两百多年的发展历程，且专业化程度也相对较高，美国高校不仅设置高校学生事务管理专业，还有高校学生事务行业标准，但是，高校学生事务管理制度和发展模式不能独立于社会情景而独立存在，必须与社会政治、经济、文化和历史相适应。中国特色社会主义道路决定了我国高校辅导员制度有与国情相适应的独特优势。无论是什么样的发展模式，不同国家高校学生事务专业化发展的路径是可以相互借鉴和讨论的，本丛书翻译出版的目的也是介绍国外高校学生事务实践的最新研究，为我国高校辅导员制度专业化发展路径提供丰富的可借鉴素材。

自 2004 年提出高校辅导员制度职业化、专业化发展路径后，国内关于高校辅导员专业化发展问题的研究随之兴起，但讨论的重心大多倾向于辅导员的性质和功能，或者是高校辅导员的工作内容而不是工作方法，且大多停留在比较宏观和抽象的概念上，至于专业化究竟是什么样的，怎样才能实现专业化的问题，至今并未弄得很清楚，这导致我国的辅导员制度并未得到充分的发展。

美国大学学生事务最突出之处有三：一是学生事务项目评估，评估学校的学生事务工作是否符合学校发展目标并能否促进学生成功；二是尽可能地把学生事务落到实处，把教育理念体现在具体的学生事务工作之中，以此来构成完整的学生事务实践体系；三是有目标，即以学生的成长和发展作为目标。这都是我们可以借鉴的地方。

本丛书高校学生事务理论与实践兼备，涉及的问题也都是辅导员专业化的本质问题，书中有很多案例是非常具体的学生事务工作研究。丛书共有五本，分别是《学生事务评估：实践指导》《学生事务评估实务：应用手册》《学生事务评估方法》《学生事务管理手册（第三版）》和《一把尺子不能丈量所有学校（第二版）》。尽管都是讲学生事务评估方面的内容，但每本书侧重不同，有的偏向理论研究，有的偏向实践指导。

《学生事务评估：实践指导》介绍了美国高校学生事务评估的发展历程。美国高校学生事务工作也与我国高校辅导员制度一样，长期以来其工作价值遭受质疑。但是在高等教育经费紧张的情况下，最终因学生事务工作者的努力，美国高校学生事务工作在学生成长中的价值得到了认可。该书提出的综合性学生事务评估方案，不仅以科学的方法有效展示了学生事务评估工作的价值、重要性和有效性，还帮助学生事务工作人员回答了一些问题：为什么要评估？评估什么？怎样评估？对这些问题的解答促进了学生服务项目质量的提升。学生事务工作往往是通过具体事务性工作开展教育的，每一个具体细小的事务性工作恰恰构成其价值，缺一不可。该书聚焦于一线的学生事务工作，提出了综合性评估的八类评估活动：记录用户使用服务、项目和设施的情况，评估学生需求，评估学生满意度，评估校园环境，评估学生文化，评估项目和服务结果，跨校工作表现比较，基于专业标准的工作效能评估。该书为学生事务具体实践提供了指导，也反映了美国高校学生事务工作的专业化程度。该书兼具理论与实践意义，其理论意义在于为评估提供了理论基础，其实践意义在于将学生事务工作最有价值的部分落细、落小、落实。

《学生事务评估实务：应用手册》内容主要来源于《学生事务评估：实践指导》。《学生事务评估：实践指导》更倾向于为学生事务工作价值进行辩护和证明，而《学生事务评估实务：应用手册》则注重构建学生事务评估工作的系统和规范，有效测量了学生事务中的服务项目及设施的效果与价值。书中有 11 个非常细化并配以案例说明的评估步骤：明确问题、明确研究目的、明确信息获得渠道、确定最佳方法、确定研究对象、确定数据采集渠道、确定数据采集工具、确定数据采集者、确定数据分析方法、确定研究对政策制定的影响和政策实施的内涵、采用高效的研究报告。这 11 个步骤不仅使评估更加科学严谨，还使学生事务工作者有收获，更有意义的是将各类评估中应该解决的问题在各个步骤之中都予以说明。评估方法采用定性与定量研究方法相结合，该书没有拘泥于符合心理测量学严格标准的商业化工具，对地方性工具也进行了介绍与分析。该书通过对需求评估、满意度评估、校园环境评估、辍学生评估、毕业生评估、群体教育项目评估和一些特定的学生服务与项目，如学生学业成就评估、大学一年级项目评估、校园文体项目评估、学生中心评估、就业服务评估、心理咨询服务评估、学生行为规范评估等的介绍、讨论与分析，涵盖了高校学生事务普遍性的具体工作以及普遍被忽视的工作。当前我国高校学生事务存在的一个普遍性的问题是，学生事务工作者非常忙碌，教育服务项目很多，但学生事务工作的有效性不得而知。而这些评估正是为解决学生事务项目有效性问题而设置的，这是我国高校学生事务工作值得参考的地方。该书不讨论评估理论，只关注如何评估以及如何撰写评估报告，因而是一本实实在在的学生事务评估实务与应用手册。

《学生事务评估方法》关注的并不是让读者相信实行评估项目是学生事务实践中的一个必要部分，而是怎样实施评估项目。该书是为准备进行评估项目但不清楚怎样处理项目中技术问题的学生事务实践者设计的，它主要帮助解决项目中的抽样、收集和分析数据、汇报结果等问题。该书不讨论理论问题，而是聚焦于解决学生事务评估中出现的实际问题。《学生事务评估方法》是对《学生事务评估：实践指导》和《学生事务评估实务：应用手册》的补充。该书不推崇在评估中采用某种单一的研究方法，而是提倡使用混合方法进行评估，并进行了详细的介绍。

《学生事务管理手册（第三版）》是一本综合性学生事务理论与实践指导手册，该书在美国出版后深受广大读者尤其是学生事务工作者的喜爱。美国高校学生事务经历了曲折的发展的历程，1937 年美国教育委员会颁发的《学生人事宣言》成为美国高校学生事务发展的基石和推动力量。《学生事务管理手册（第三版）》详尽介绍了美国高校学生事务如何朝专业化的方向发展的历程。美国高校类型众多，该书介绍了不同类型学校的使命和学校使命所决定的学生工作专业实践。学生的成长并不取决于学校的规模和资金，而取决于学生具有怎样的成长环境，学生事务专业人员需要为学生创建成长环境，该书对此进行了全面的介绍。问责是学生事务质量的重要保证，该书重点考察了学生事务对谁负责、为了什么而负责和问责包含哪些内容三个方面的问题，并详细讨论了学生事务需要问责的部分。理论指导实践，离开了理论指导的实践，是无序的实践；理论启发反思，没有理论帮助的反思，是无序的反思。该书介绍了社会心理学发展理论、认知发展理论、环境理论、类型学理论（人类聚集观点）以及其他与学生事务相关的理论在学生事务中的应用，并加以案例分析。

《一把尺子不能丈量所有学校（第二版）》一书告诉读者，学生事务工作对学生成长具有积极意义，有效的学生事务实践需要精心准备、组织和投入，否则就无法实现部门或学校目标。这一点给我们的启示是：不能只把学生事务工作当作事务性工作，要看到事务工作中隐含的教育价值和对学生成长的意义。世界上不存在固定的与任何大学都相匹配的学生事务方法，一把尺子不能丈量所有学校，必须根据不同的学校选择不同的方法。同时，传统的学生事务实践模式是有效的，但也存在一些不足，需要与时俱进创新方法。这两点给我们的启示是：有效的学生事务模式必须建立在反复实践的基础之上。该书还讨论了学术课程外、辅助课程、职能条块、学生服务、竞争对抗、无缝学习六种传统型模式，介绍了关怀伦理、学生导向、学生能动性、学术－学生事务合作、学术导向五种创新型模式，并对以行政为中心的传统型模式和以学生为中心的创新型模式进行了比较。该书反复阐述学生参与、投入教育性活动是学生成功的关键，并提出学生投入包括学生自身的投入和学校在学生投入中的投入，学校要为鼓励学生投入量身定制一些实践项目。

本丛书的翻译出版将弥补我国高校学生事务管理理论与实践方面专著的不足，我希望本丛书能对广大从事高校学生事务管理工作的辅导员提供借鉴和参考。

这套丛书由我担任主编，徐昌和教授担任副主编，程春松、李颖、杨洋、袁知乾、郑攀、华璠、束少军七位老师执笔主译。我非常感谢徐昌和教授和这七位老师，因为他们在翻译本丛书的同时，还承担着繁重的教学任务，并且教学质量丝毫没有受到影响。我也非常感谢高等教育出版社将这套译丛列为该社

“十三五”重大选题，这是对我们最大的鼓励，他们的支持和督促使丛书翻译工作达到了预期目标。

衢州学院党委书记
胡建新　教授
2018 年 2 月 17 日

前　言

在写这本书的时候，我们刚参加完大学董事会议。当前，普通民众对高等教育越来越没有信心，董事会对这一现象十分担心，学生事务工作人员对此也深有同感。与会人员一致认为董事会应开展评估活动，这样董事会可以向社会展示高等教育的质量。我们可以想象，类似的讨论在全国各地都有发生，而且会愈加频繁。

在过去的几年，高等教育的评估活动大幅增加。迫于各方越来越大的压力，大学一直努力用可测量的方式向社会展示其工作效能。联邦政府、州议会、州教育局、认证协会、行政机构、家长、学生以及普通民众都要求高等教育能够有更好的表现和更强的责任心。无法容忍的退学率，不断上涨的学费，资源稀少，公平通道缺乏；毕业生们学无所成，或没有为就业做好充分准备，或未充分就业，或待业在家；教师们所教授的似乎越来越少；招聘人员认为如今的毕业生不能满足工作需求——这些问题都是公众要求高等教育进行改革的原因。改革高等教育不仅仅是迫于公众的压力，高校也必须应对来自学校内部提升课内外教学质量的压力。

巨大的改革压力对学生事务有很大的影响。因为财力稀缺，“为什么是学生事务？”这个问题屡屡被手握生杀大权的领导或机构问起。教师们也会问，为什么在学术研究经费短缺的情况下还要资助学生事务？学生和家长也认为他们应该有权决定如何使用学生服务和项目的经费，他们强烈要求根据他们的意愿支配这些经费。

学生事务工作人员在应对内外部的改革压力时一定要有理有据。我们认为一个综合性的评估方案不仅能够有效地应对外部批评，更能提升学生服务、项目和设施的质量。

我们几位从事学生事务工作的时间加起来已有55年。这么多年来我们一直在苦苦寻找一种指导综合性学生事务评估的方法，这也是本书的写作目的。我们写这本书的目的是要帮助学生事务工作人员回答这些问题：为什么要评估？评估什么？怎样评估？但或许最重要的是，我们想向外界展示学生事务工作的价值、重要性和有效性，同时向学生事务工作人员展示如何利用评估结果来影响政策制定和工作方法。

暂且让我们回到董事会的讨论。虽然大家一致同意应该对学生事务进行评估，但无人知晓怎样评估。它到底是一种结果性评估，在全国范围测量高等教育对学生成就有多大的影响，还是一种满意度评估，让学生为学校和教师打分，抑或是另外一种评估，比较各个州的教育水平？当然，讨论没有结果，但是这些问题表明大家对评估的认识过于狭隘或有点简单。

本书读者

《学生事务评估：实践指导》一书适用于所有学生事务工作人员，上至高级学生事务管理人员，下至所有级别员工。高级学生事务管理人员可以使用本书的综合评估模型来处理诸如学校可靠性、人才培养质量、准入性、资格认证、经济承担能力等问题。本书也可为战略规划、政策制定与决策、问题解决以及其他行政管理问题提供参考。但或许最重要的是，本书能够帮助解决学生事务存在的必要性这个基本问题，能把我们的价值和工作效能传达给教师、学生、管理人员和普通民众。普通的学生事务工作人员面对的问题更加实际，因此本书可以帮助他们评估学生需求、学生满意度、校园环境、校园文化和学生成果。

我们写这本书的困难之一是怎么才能把本书内容聚焦于一线的学生事务工作人员。一方面，通过利用现有社会科学研究、教育研究和评估研究方面的海量文献给从业者一个认识评估的语境；另一方面，我们希望本书能让从业者看得懂，并能引领他们开展评估。换言之，我们的目标是寻找评估研究和评估实践之间的"中间地带"。为了寻找这个"中间地带"，本书中的有些话题只是粗略谈及，有些则详细讨论。我们所说的"中间地带"既包含对与评估有关的重要概念的阐释（借助具体的评估案例进行阐释），又包括对宿舍生活、咨询服务和实习岗位等学生事务领域的细节的描述。

职业规划项目的本科生、教师和研究生可能会因为我们"中间地带"的视角觉得这本书很有帮助。本书既可以帮助他们概览学生事务评估，又能指导他们的学生事务评估实践。

本书概述

我们在撰写本书时设想，学生事务工作繁忙，工作人员不可能从头到尾一页一页地读完。但是，我们建议读者一定要阅读前两章，这两章对评估工作进行概述，并为其他章节提供理论框架。另外，第十三章也是必读章节，主讲评估结果的报告和使用，第十四章阐述评估工作中的伦理规范，第十五章对全书进行总结，读者可以根据兴趣和需求继续阅读其他章节。本书第三章到第十二章均为独立章节，方便繁忙的学生事务工作人员阅读，但遗漏任何一章都会影响本书的阅读。

本书由三部分组成。第一部分为读者提供理解其他章节的背景。第一章主要回顾高等教育和学生事务需要认真对待评估的原因，提供与评估有关的基本概念，回顾评估过程，讨论成功的评估实践案例的基本原则，并描述综合性学生事务评估模型。本书的其他章节都是围绕综合性学生事务评估模型来展开论述的。

第二章回答与如何开展评估有关的常见问题，并为读者提供能够开展高质量、高效率的评估活动所需的各种信息。第三章和第四章用非专业读者都能读懂的语言分别介绍定性和定量两种研究方法——二者不同但相辅相成（第三章与帕特里克·T. 特伦兹尼合著）。

第二部分逐一且详细介绍第一章提出的综合性评估模型中的八类评估活动。第五章介绍如何记录学生使用学生服务、项目和设施方面的方法，这不仅是一种评估方法，而且能为其他评估活动提供基本数据。第六章的重点是学生需求评估，它强调要采取系统的方法调查学生对我们的服务、项目和设施的需求，而不是凭直觉或凭空猜想。

第七章解释如何评估学生满意度并强调以让学生获益的方式开展服务和项目的重要性。第八章讨论环境评估，强调对环境评估的范围要扩大到团体，而不能仅仅局限于学生个体。在第九章，特邀作者伊丽莎白·J. 惠特（Elizabeth J. Whitt）阐述如何评估学生文化，强调同伴之间的相互影响非常大。第十章与帕特里克·T. 特伦兹尼合著，主题是结果评估。第十章强调我们要向社会展示我们的工作对学生的影响，而且影响可评估。第十一章强调与其他组织机构、学生事务部门进行比较的重要性。第十二章由特邀作者西奥多·K. 米勒撰写，讨论应用专业标准进行评估，着重介绍如何用高等教育标准促进理事会（Council for the Advancement of Standards for Higher Education，简称 CAS）和认证机构制定的专业标准进行学生事务评估。

第三部分是三个总结性章节，这些章节对评估工作人员也很重要。全书都在强调要用能影响学校政策制定和工作方法的方式来汇报交流评估结果，因此，第十三章指导读者如何汇报和使用评估结果，当然，实施评估必须坚持伦理原则，第十四章便是与评估相关的伦理规范。最后一章融合总结全书思想，提出评估工作的指导原则，并再次强调学生事务评估工作的重要性。

为了满足从业者的需求，全书穿插了多个评估案例。这些案例涉及学生需求评估、满意度评估、校园环境和学生文化评估、结果评估，以及学生事务领域内的其他评估。除此之外，本书的案例还涉及咨询服务中心、健康服务中心、学生宿舍、学生活动中心和职业规划办公室等在内的功能性领域。

致谢

俗话说得好，如果你看到乌龟坐在了篱笆桩上，那你应该知道乌龟肯定是得到了他人的帮助。我们这些“乌龟们”首先要感谢办公室里的同事们，他们是卫奇塔州立大学（Wichita State University）的琼·舍曼（Joan Sherman）和丽贝卡·墨菲（Rebecca Murphy），宾夕法尼亚州立大学（Pennsylvania State University）的萨莉·凯利（Sally Kelley）、苏珊娜·沃思（Suzanne Worth）和里贾纳·肖·比德尔（Regina Shaw Biddle），他们为本书的撰写提供了很多帮助，感谢他们。

在本书的撰写过程中，我们的同事，宾夕法尼亚州立大学高等教育研究中心的高级研究员帕特里克·T. 特伦兹尼为我们提供了非常重要的帮助。他跟我们一起合著了两章，并为其他章节的撰写提供了宝贵意见。我们还要感谢伊丽莎白·J. 惠特和特德·惠特（Ted Whitt），他们为本书撰写了两章。

是乔西－巴斯（Jossey-Bass）出版社的盖尔·厄兰森（Gale Erlandson）建议我们选这个题目，并在写作和出版过程中给了我们很多建议和支持。感谢盖尔·厄兰森和他的同事们。当然，没有家庭和朋友的默默支持，我们也不可能出版本书，谢谢他们。最后，在刚开始撰写本书时，我们就把他们看成是同事和朋友。现在，我们还是同事和朋友。

M. 李·厄普克拉夫特
宾夕法尼亚州立大学
约翰·H. 舒
卫奇塔州立大学
1996 年 1 月

作者和合著者简介

作者

M. 李・厄普克拉夫特（M. Lee Upcraft），宾夕法尼亚州立大学高等教育研究中心副研究员、学生事务荣誉副主任、高等教育荣誉教授。1960 年获得纽约州立大学奥尔巴尼分校（State University of New York, Albany）历史学学士学位，1961 年获得该校指导与咨询专业的硕士学位，1967 年获得密歇根州立大学（Michigan State Universtiy）人事管理专业的博士学位。

在从事高等教育工作的 30 多年时间里，M. 李・厄普克拉夫特曾任职于各类学生事务管理和教学岗位。他出版的著作包括：《大学宿管助理》（*Residence Hall Assistants in College*）[1982，与派拉图（G. T. Pilato）合著]、《学做一名宿管助理》（*Learning to Be a Resident Assistant*）[1982，与派拉图和彼得曼（D. J. Peterman）合著]、《大学新生入学教育》（*Orienting Students to College*）（1984）、《大一生活》（*The Freshman-Year Experience*）[1989，与加德纳（J. N. Gardner）等合著]、《高效管理学生事务》（*Managing Student Affairs Effectively*）[1988，与巴尔（M. J. Barr）合著]、《学生事务管理新展望》（*New Futures for Student Affairs*）（1990，与巴尔等合著）、《合理规划过渡期：大学生入学教育指南》（*Designing Successful Transitions: A Guide for Orienting Students to College*）[1993，与马伦多尔（R. Mullendore）、贝尔福特（B. Barefoot）、费德勒（D. Fidler）等人合著]，以及《大一新生学术指导》（*Academic Advising for First-Year Students*）[1995，与 G. 克雷默（G. Kramer）等人合著]。此外，他还是《学生服务发展新方向》（*New Directions for Student Services*）一书的副主编。厄普克拉夫特曾获得纽约州和宾夕法尼亚州高校人事协会颁发的行业突出贡献奖，全国入学指导管理者协会（National Orientation Directors Association，简称 NODA）颁发的入学指导工作突出贡献奖，以及全国学生人事管理者协会（National Association of Student Personnel Administrators，简称 NASPA）颁

发的文献或研究贡献奖。1993 年，他被推选为美国大学人事协会（American College Personnel Association，简称 ACPA）高级学者。

约翰·H. 舒（John H. Schuh），卫奇塔州立大学助理副校长（分管学生事务），咨询与学校心理学系教授。他曾在亚利桑那州立大学（Arizona State University）和印第安纳大学（Indiana University）从事过管理和教学工作。1969 年获得威斯康辛大学奥斯格斯分校（University of Wisconsin, Oshkosh）文学学士学位（历史专业），1972 年和 1974 年分别获得亚利桑那州立大学硕士学位（咨询专业）和博士学位（高等教育专业）。

由约翰·H. 舒撰写、合著和编辑的出版物多达 125 部，其中包括 10 本专著。他在全国学生人事管理者协会、美国大学人事协会以及全美高校住宿联盟（ACUHO-I）中担任执行委员会委员。约翰·H. 舒曾是大学体验研究项目的主要联合研究人员［与库（G. D. Kuh）合作］，他根据该研究撰写了《参与学校活动》（*Involving Colleges*）（1991，与库、伊丽莎白·J. 惠特等合著）一书并参与了《学生事务在促进学生融入学校生活中的作用与贡献》（*The Role and Contributions of Student Affairs in Involving Colleges*）（1991，与库合著）一书的编辑工作。约翰·H. 舒担任了全美高校住宿联盟的出版物协调员、美国大学人事协会的主席兼媒体编辑以及专业期刊《大学生发展》（*Journal of College Student Development*）的副主编。此外，他还是全国学生人事管理者协会的专著系列、美国大学人事协会传媒、期刊《大学生住宿》（*Journal of College and University Student Housing*）和《大学生发展》（*Journal of College Student Development*）的编辑委员会成员。

约翰·H. 舒曾获得美国大学人事协会颁发的知识贡献奖、全美高校住宿联盟颁发的最佳领导与服务奖、全国学生人事管理者协会颁发的文献或研究贡献奖。他还被推选为美国大学人事协会高级学者并获得由该组织颁发的"天佑吾人基业奖"。1994 年，约翰·H. 舒获得富布莱特法案基金的资助，并赴德国研习高等教育。

合著者

西奥多·K. 米勒（Theodore K. Miller），美国佐治亚大学（University of Georgia）咨询与人类发展服务学系主任、教授，教育学院海格师资培养项目学生发展协调员。1954 年与 1957 年分别获得鲍尔州立大学（Ball State University）理学学士学位（商务与英语专业）和文学硕士学位（咨询与指导专业），1962 年获得佛罗里达大学（University of Florida）教学博士学位，研究咨询与学生人事服务。

在过去的 30 年里，西奥多 · K. 米勒作为一名学生事务的从业者和学者积累了丰富的经验。他合著和编辑了大量书籍，其中包括《专业标准在学生事务管理中的应用》(*Using Professional Standards in Students Affairs*)(1991)。他曾担任过高等教育标准促进理事会主任(1979—1989)；参与编辑了《高等教育标准促进理事会学生服务 / 发展标准及指导方针》(*CAS Standards and Guidelines for Student Services/Development Programs*)(1986)和《高等教育标准促进理事会自我评估指引》(*CAS Standards for Self-Assessment Guides*)(1988，1989，1991)。他指导过近 50 篇博士学位论文，是 80 余所高等院校的顾问。1992 年，西奥多 · K. 米勒因其在研究生教学方面的优异表现获得了全国学生人事管理者协会颁发的"罗伯特 · H. 谢弗奖"(Robert H. Shaffer Award)。

帕特里克 · T. 特伦兹尼(Patrick T. Terenzini)，宾夕法尼亚州立大学高等教育研究中心高等教育学教授，美国教育部国家高等教育测试学习和评估中心副主任。1964 年获得达特茅斯学院(Dartmouth College)文学学士学位(英语专业)，1965 年获得哈佛大学(Harvard University)教育文学硕士学位(英语教学专业)，1972 年获得雪城大学(Syracuse University)博士学位(高等教育专业)。

帕特里克 · T. 特伦兹尼撰写过大量的期刊文章和书籍章节，但最为人熟知的是与欧内斯特 · T. 帕斯卡雷拉(Ernest T. Pascarella)合作出版的具有里程碑意义的《大学如何影响学生》(*How College Affects Students*)(1991)一书。他担任了《高校研究新方向》(*New Directions for Institutional Research*)一书的主编，《高等教育：理论与研究手册》(*Higher Education: Handbook of Theory and Research*)一书的副主编，以及期刊《高等教育研究》(*Research in Higher Education*)的顾问。他曾多次获得由纽约州与宾夕法尼亚州大学人事协会、高校研究协会、高等教育研究协会(the Association for the Study of Higher Education)、美国大学人事协会以及全国学生人事管理者协会颁发的研究奖。

伊丽莎白 · J. 惠特(Elizabeth J. Whitt)，伊利诺伊大学芝加哥分校(The University of Illinois at Chicago, UIC)教育学院副教授。1973 年获得德雷克大学(Drake University)文学学士学位(历史专业)，1977 年获得密歇根州立大学文学硕士学位(大学生人事管理专业)，1988 年获得印第安纳大学(Indiana University)博士学位(高等教育与社会学专业)。

在伊利诺伊大学芝加哥分校任职之前，惠特曾在俄克拉荷马州立大学(Oklahoma State University)和艾奥瓦州立大学(Iowa State University)任教。

她还曾在密歇根州立大学、内布拉斯加大学林肯分校（University of Nebraska, Lincoln）以及多恩学院（Doane College）从事学生宿舍管理和学生事务管理工作。目前，她是全国学生人事管理者协会成员，同时也是《高等教育评论》（*Review of Higher Education*）、《美国高等教育研究协会高等教育报告》（*ASHE/ERIC Higher Education Reports*）以及《全国学生人事管理者协会期刊》（*NASPA Journal*）的编委会成员。她的研究方向包括大学生学习体验、女子高校学生，定性研究方法及高校文化等。

目 录

第三部分　评估工作人员面临的挑战

第一部分

学生事务评估背景

第一章

对学生事务进行综合性评估的缘由 3

过去几年，我们这些参加过学生服务、项目和设施评估的工作人员经常会从同事那里接到这样的电话：“你是做学生事务评估的，能不能帮个忙？校园里刚刚发生了一起严重的种族事件，情况很糟。领导觉得我们需要一些校园种族关系方面的数据，一方面是因为我们没有任何这方面的数据，另一方面是因为我们需要积极地防止此类事件的发生，而不是被动应对。能不能推荐几个这方面的调查？我们想要快速解决问题。”

有时候，他们的电话是这样的：“我们日子不好过啊！现在学校财政紧张，财政预算还会进一步缩减，因此学校教师发展委员会总问我们一些关于学生事务方面的问题，这些问题虽然幼稚，但不好回答。在他们看来，学生事务无关紧要，预算缩减首当其冲。许多学生服务项目要么缺少财政支持，要么干脆被取消。例如，‘我们为什么要提供心理咨询服务？如果学生有心理问题，让他们付费，或者到校外咨询。毕竟，我们是教育机构，不是康复中心。’你们有没有做过学生需求评估调查，能说服委员会，让他们相信学生真的需要心理咨询服务的需求评估？”

大多数情况下，这些问题的确存在，但尚无解决方法。通过调查来应对危 4
机不是评估，是危机管理。评估是一个复杂的过程，调查工具的选择与使用只是评估的一个部分，或者连一个部分都算不上。事实上，对处于危机状态下的学生进行盲目的调查可能有害无益，既解决不了问题，还会影响评估作为收集学生服务、项目和设施等方面信息工具的可靠性。危机状态下进行的评估也会影响我们对学生服务、项目和设施等的价值判断，从而影响我们能否把学生事务工作的价值有效传递给其他重要部门。

出于多方面的原因（本章会详细探讨这些原因），学生事务需要高质量的综合性评估项目。但不幸的是，很多学生事务工作人员对评估闻所未闻，甚至误解或误用。在我们看来，虽然大家知道评估的重要性，却不优先考虑评估，也不会想到要用系统综合的方法来开展评估。即使开展了，开展得也不好。最终，评估结果也只是放在书架上积攒灰尘，没有发挥其应有的作用。

出现这种状况的原因之一是许多人对评估的重要性缺乏理解。他们不仅不理解什么是评估、评估的过程如何、如何正确开展评估，而且对这些事情心存疑惑。即使这些事情都清楚了，我们也不一定能有一个开展综合性评估项目的框架。

首先，本章要探讨开展评估的第一步：建立评估的基本原理，而且是学生、学生事务工作人员、行政人员、教师、董事会、立法机构、认证机构、毕业生、基金会，以及普通民众都能理解的基本原理。其次，本章还要讨论以下几个问题：（1）回顾评估为什么对高等教育和学生都很重要的原因；（2）厘清
5 评估方面的基本概念；（3）回顾评估过程；（4）讨论优秀评估实践的基本原则；（5）描述学生事务综合性评估模式。本书的其他章节围绕该模式进行。

高校为什么要开展评估？

很多原因表明，高等教育应该认真开展评估。自 20 世纪 70 年代以来，高等教育评估发展迅速，成为高等教育不可或缺的一部分。刚开始，有人认为评估活动不过是一阵风，很快就会过去，但事实证明他们错了。20 世纪 80 年代中期，国家教育研究院（National Institute of Education，简称 NIE）发表的《投身学习：发挥美国高等教育的潜力》（Involvement in Learning）（1984）和卡耐基教学促进基金会（The Carnegie Foundation for the Advancement of Teaching）主席欧内斯特 · 博耶（Ernest Boyer）发表的《学院：美国本科生教育的经验》（College: The Undergraduate Experience in America）（1987）都呼吁要重视高校评估。

外部压力也与日俱增。1986 年，全美 50 个州的州长在年度会议上一致表示，高等院校要为学生的能力表现负责。从此，40 个州实行了这样或那样的学校评估，所有的区域性认证协会采用了关注结果的评估标准（Marchese，1990）。

评估时要问的刁钻问题包括：你们学校为学生的学习做了哪些贡献？你们的毕业生是否掌握了你们觉得他们应该掌握的内容？他们能否从事与其学位相关的工作？如何确保他们从事与其学位相关的工作？你们希望学生学习什么？

学生在学习你们所教的内容时达到了什么程度？该程度是否是你们期望的？学校和学生如何共同努力使学生的学业达到更高水平？（Marchese, 1990）学生在大学教育中能获得什么？学生在大学教育中应该能获得什么？该学校的学生在大学教育中应该能获得什么？我们怎么知道他们获得与否？（Terenzini，1989）

为什么民众对大学的信任度有如此多的疑问？在过去的350年里，民众一直认为我们的教育情况良好，高等教育正积极地发挥着其应有的作用。第二次世界大战后大学招生规模不断扩大便可说明大家对高等教育的信心来源于其带来的教育方面的获益，而不是经济方面的收益。这一点毋庸置疑。但是，现在是什么原因使民众（包括大学教师）对高等教育失去了信心？

很多因素导致这一现象的发生。第一，现在有太多大学毕业生像没上过学 6
一样，他们缺乏最基本的读写、计算、推理能力，或者缺乏像其他受过教育的人一样本应该具有的能力。有些学生虽然毕业了，但似乎还没有为工作做好相应的准备。现在用人单位在培训新员工上花费的时间越来越多，这一点便是证明（Wingspread Group, 1993）。换句话说，民众对高等教育存有的印象是，高等教育没有履行它的承诺：为学生毕业后的工作做好准备。因此，民众对高校的信任度是个问题。

第二，上大学的花费越来越高，民众越来越不满意。从1973年到1988年，学生在校花费增长了200%以上，高于同时期的通货膨胀增速（*Parade*, 1989年3月19日）。现在在常春藤联盟高校学习四年的费用要超过10万美元。有人问："值得吗？"更令学生和家长生气的是，向联邦政府和州政府贷款越来越难，贷款额度也越来越低（Astin等, 1991; Schuh, 1993a）。因此，越来越多的学生要靠打工挣钱或者靠家里资助完成学业。1980年，只有66%的学生要靠家里资助；1990年，80%的学生要靠家里资助（Astin等，1991）。因此，上大学的花费是第二个大问题。

第三，民众对很多高校的教育质量越来越不满意。不满意的地方包括班级太大，真正从事教学的教师太少，为学生提供的学习咨询服务不好，为科研牺牲教学，对教育质量低下无能为力等。但是，在很多大型公立研究型大学的教师看来，学生尤其是大一大二学生，学习被动，课堂上以教师讲授为主，学习以记忆为主，考试形式以选择题为主（Upcraft, 1996）。

民众对高等教育质量的不满意促使高校努力提升教育质量。教育质量提升
的迹象就是很多高校出现了"全面质量"（total quality）行动。该行动是根据 7
爱德华兹·戴明（Edwards Deming，1986）的"全面质量管理"（total quality management）原则提出的。现在，"全面质量管理"原则已经被应用到高等教

育中（Teeter & Lozier, 1993; Sherr & Teeter, 1991; Cornesky, McCool, Byrnes & Weber, 1991）。因此，教育质量是第三个问题。

第四，高等教育在准入性和公平性方面存在问题，这一点也很重要。虽然高等教育在学生的种族、民族、性别、是否残疾、性取向、年龄、社会经济条件及其他方面越来越具有包容性和多样性，但是有些群体的退学率更高、毕业率更低。更应该警惕的是，传统弱势群体的成功率更低。民众尤其是弱势群体想知道这是为什么。因此，准入性和公平性也是个大问题。

最后，评估是高等学校认证的一部分。根据高等教育委员会（Commission on Higher Education）的《认证标准》（*Standards of Accreditation*）（1982），其中一个认证标准是教育成果或学校的工作效能。“评估学校工作效能的决定因素是学校在多大程度上实现了自己的目标。学校必须寻找这方面的证据。因此，学校的教师、行政管理部门、董事会应该学会如何通过寻找证据来证明自己的工作效能。”（pp.17–18）这使得评估不再是“有钱就去做”的事情，而是“想要得到认证就必须去做”的事情。因此，认证也是原因之一。

为什么要对学生事务进行评估?

生存需要

高校在学校的信任度、就读成本、教育质量、准入性、公平性和认证等方
面存在问题。这些问题集中在一起，使得高校有必要开展评估工作，而且会使
8 评估成为学生事务最根本的工作。我们是否兑现了诺言？我们的工作是否低成本高质量？弱势群体是否也能享受到我们的服务和项目？我们的校园环境是否存在种族歧视和其他偏见？我们的服务、项目和设施是否有助于学生的学业？诸如此类的问题使得学生事务工作人员有责任去开发评估项目，以测量学校的人才培养目标到底实现了多少。

学生事务不仅面临以上各种问题，而且也面临着学生事务内部和外部的各种新问题。最重要的问题可能是：随着资源逐渐减少，学生服务和项目是否还有必要存在？随着资源逐渐减少，学校的压力与日俱增，学校在分配资源时就会优先考虑学术发展，支持师资发展、教学设施建设，以及与学生学业密切相关的服务项目，例如学业帮助中心和学业咨询服务。

但是，这种以学生学业为中心的观点过于狭隘，忽视了课外环境的重要性。课外环境的好坏与学生的学业成绩和个人发展关系密切。这种观点也忽视了学生服务、项目和设施在学生学业发展中的重要作用。简而言之，决策者们

没有准确理解课堂之外的学生学习和发展，在分配资源时没有把课堂外的学生学习和发展因素考虑在内，只把资源分配给定义非常狭隘的学术项目。

特伦兹尼（1991）回顾了以往关于什么因素能促使学生坚持学习、完成学业的研究后，得出的结论是：能否融入高校生活体系对教育目标的实现至关重要。对本科生而言，参加课外活动、与同伴的社交等经历对学生的教育志向、顺利完成学业、获得学士学位，以及进入研究生院学习等具有积极的促进作用。住在校内比住在校外更能促进学生坚持完成学业，获取学位。尤其是住在 9
住宿学院，效果更佳，因为学生的学习和社会生活通过很多项目被联系在一起。参加新生环境熟悉与适应项目和新生论坛对学生的学业也有积极的促进作用。

厄普克拉夫特（1985）也回顾了其他一些研究。这些研究证明：加入学生社团、参加社会文化活动、听讲座、使用校园设施、参加课外活动都能提升学生的认同感。另有研究表明，学校是否提供学生咨询服务和学生是否享用咨询服务与学生的毕业率呈正相关（Hedlund & Jones, 1970）。

虽然有大量的研究表明学生事务很重要，但学生事务还是免不了遭受预算削减的命运。对学校管理层来说，这样的决定也是不得已做出的。为保证学术项目有足够的经费，不得不对其他项目的经费进行不同程度的削减（Cage, 1992：A25）。例如，削减学生活动经费和学生组织的活动经费，减少职业发展和心理咨询的工作人员数量，取消法律咨询等稍显次要的服务。有些学生服务得以保留，是因为它们能为学生实习、学生健康服务、学生活动和咨询等筹集资金（Cage, 1992：A25）。此外，还有一个趋势是取消选择性服务和项目，因为校外和社区服务能满足学生这方面的需求。换句话说，虽然有研究表明学生服务和学生项目对学生的毕业率至关重要，但到目前为止，这些研究没有对资源分配产生影响。

结果，学生事务不仅要面临信任度、学生上学花费、人才培养质量、准入性、公平性等更加全球性的压力，而且也面临一些学校内部压力，要向学校其他机构解释把资源分配给学生项目和学生服务的原因，因为在某些部门看来，学生事务与学生学业无关，不太重要。学生事务有必要展示它在学生学业成功中的重要作用，还要展示学生服务和学生项目被削减、取消，或者视学生家庭 10
经济情况自行购买，或交由社会机构提供（这里暂且不说社会机构是否已经做好服务准备）等情况产生的潜在不利影响。

因此，我们应该向学校的各个部门展示我们存在的理由。不幸的是，学生事务内部在这一点上有些分歧。第一种观点的典型代表是由全国学生人事管理者协会发布的《关于学生事务的认识》(Perspective on Student Affairs)(1987)。该书认为高校的首要任务是教学。“高校应该把主要精力放在人才培养方案的设计和图书馆、教室、实验室的建设上。学生事务工作不要去跟教学部门比，它也不能取代教学部门。作为学校的一部分，学生事务工作应该支持、协助教学工作”(pp. 9–10)。换句话说，我们做的每件事情应该对学校的学术发展有帮助。也就是说，要对学生的学业成绩有帮助，防止学生退学。

第二个观点是高校要促进学生发展。当然，有些发展目标（如心理发展、态度和价值观的形成、道德发展、职业选择与发展等）与学业发展目标（如语言发展、计算能力的发展、专业水平、认知能力发展、知识扩展）有关系，但不属于学业目标。按照此观点，学生事务应该帮助学生实现他们的发展目标，教师应该帮助学生实现他们的学业目标。因此，我们做的任何事情必须有助于学生的发展。

最近出版的两篇文章引起了大家关于学生事务存在必要性的争论。第一篇是由美国大学人事协会发表的《学生的学习是当务之急》(The Student Learning Imperative)(1994)。该文指出，要把学生事务的使命重新转移到“学生学习”上来。我们不仅要关注学生的情感发展和课外环境，而且要关注学生课堂内外的认知发展。根据该文的观点，“学生事务工作人员应抓住目前的时机，把学
11 生学习和个体发展作为本科教育的主要目标”(p. 4)。

另外一篇文章是《学生事务改革》(Reform in Student Affairs)(1994)，它的观点更加极端。作者布洛兰德、斯塔默塔科斯和罗杰斯（ Bloland, Stamatakos & Rogers ）认为，20 世纪 70 年代的“学生发展”的观点过于狭隘，它只关注学生心理发展，从而使学生事务的功能偏离了培养“全人”的教育目标。作者认为，“高等教育的使命不仅是让学生学习知识，而且要发展价值观念、伦理道德、生活方式、职业身份、人际交往技能、工作技能等。但是，重点是学习什么，不是培养什么”(p. 101)。另一方面，学生事务应该发挥的作用不应该仅仅是支持学校完成教学使命，而应该把教育使命也包含进去。

第三个观点是尽管学校的学术成果和发展成果很重要，其他问题如社会对学校的期望也很重要，必须优先解决这些问题。例如，与教育结果和发展结果相比，为学生提供基础性服务，如住宿和经济资助，对高校来说头等重要。学生需要有住的地方。我们给学生提供住宿并不是从学生的教育目标和发展目标角度考虑，而是因为如果学生没有地方住，或者住得不舒心，他们就有可能不来上学。

当然，现实中，我们三件事情都做。我们的服务和项目要有助于实现学生

的学业目标和发展目标，并为学生和其他客户提供基础性服务。但如今资源越
来越紧缺，仅仅证明学生事务对高校学术使命的完成有很大贡献，或证明学生
事务能为学生提供物质和经济资助是非常简单的事情，但要以我们能促进学生
实现发展目标来证明我们存在的必要性就没那么简单了。换句话说，教师和学
校高层管理部门还是更有可能支持能促进学生学业发展（如学习成绩、认知发
展、巩固率）的学生服务和项目，或者支持与学生的经济资助和住宿有关的基
础性服务。而那些与学生发展性目标有关的服务，不太可能获得支持，因为发 12
展性目标有点“软”，难以界定、实现和评估，因此也不受重视。

现在，我们的偏见很清楚了。我们认为学生事务的首要任务是为教学部门服务，为全校师生提供基础性服务。帮助学生发展也是学生事务的工作目标，但这个目标相对次要。更加切实可行的目标是帮助学生完成学业目标。我们把评估看成连接我们所做的工作与如何帮助学校完成教学和其他任务的桥梁。例如，通过评估研究我们可能会发现，学生在学生宿舍住了一段时间后，人际沟通的能力有所提高。这样的变化很重要，但不足以说明学校有必要把资源分配给学生宿舍。但是，我们应该试着去展示在校内学生宿舍住宿与学业成绩的相关性。学生学业成绩的提高和学生在校内学生宿舍住宿的意愿可能是学生人际交流技能的提高和互帮互助的宿舍环境共同起作用的结果。但是，仅仅学生人际交往能力的提高不足以说明学生宿舍存在的必要性。学生在学生宿舍住宿的经历对学业成功有促进作用。有些学生住了一年还想继续住下去。根据这两点，我们倒是可以要求学校加大资金投入，修建更多的学生宿舍。

没有评估，学生事务的存在就要靠点运气。但即使是最全面、质量最高的评估也不能保证学生事务能幸存下去。要让学生和学校理解并相信学生事务的重要性，还有很长的路要走。

质量需要

除了生存需要，还有很多其他原因表明应该对学生事务进行评估。即使我
们现在已经回答了学生事务对学校有什么价值这个基本问题，还有很多其他 13
问题需要考虑。即使我们展示了学生服务、项目和设施不仅重要而且必要，那
接下来的问题是：它们质量如何？的确，质量是个比较虚的概念。其定义很
多，不同的人有不同的定义。一般来说，质量是比较出来的，它是拿自己的工
作与事先定好的标准进行比较的结果。标准有两种：一种是绝对标准，例如
用高等教育标准促进理事会（Council for Advancement of Standards in Higher
Education）对高等教育的标准及其他专业标准与自己的工作进行比较；另一种

是相对标准，例如拿自己与其他类似组织进行比较。

但无论如何定义，关于质量应该问的问题有：我们有高质量的学生服务、项目和设施吗？不同的学校，甚至学生事务内部的不同部门对质量都有不同的定义，那么我们如何定义质量？我们如何知道我们的质量是否提高？评估就是一种把目标与结果联系起来的重要方式。它帮助我们界定质量，帮助我们确定学生事务的质量高低。无论质量如何定义，提供高质量的服务、项目和设施始终是学生事务工作的根本任务。

经济承受能力

进行学生事务评估的另一个原因与成本效益问题有关。这问题通常这样开始："没错，这个项目或那个服务很有必要，而且质量也很好，但现在资源逐渐减少，我们能承担得起吗？我们还能继续为它们提供资金吗？"我们假设一下，根据学生需求评估，大量证据表明学生需要法律咨询服务。根据客户满意度调查，学生对法律咨询服务很满意。但问题是，该服务是免费的，这对学校来说是不小的财政负担，尤其是有些学生服务项目费用相比较而言更低，受益
14 学生更多。那怎么办呢？我们需要先做个成本效益评估，然后再做决定。评估结果有可能是继续保留项目，但要缩小项目规模（因为太贵），或者引进其他资源（比如向学生收费），或者干脆取消项目。

战略规划需要

开展综合评估的第四个原因是出于战略规划的考虑。根据鲍德里奇（Baldridge，1983）的研究，"战略规划不关注细节问题，只关注大问题，例如组织目标、组织使命、组织与周围环境的关系、市场占有率、组织与其他组织的交流等。这些问题与组织机构的健康和发展密切相关的基本问题"（p. 175）。评估对战略规划的贡献在于它能够帮助确定工作目标，能够指明要实现工作目标必须要解决的关键问题，能够为学生项目和学生政策制定提供基本数据，保证学生项目和学生政策符合学生需求，为规划提供反馈，为规划提供修改方案。在战略规划的前期，评估很重要，因为通过评估能看到战略的可取之处、不足之处和发展机遇。在战略规划的后期，评估同样重要，因为要对规划进行评估（Jacobi, Astin, & Ayala, 1987）。

评估能够帮助我们决定要做什么，如何去做。以是否要继续为学生提供法律咨询服务为例，评估能给我们提供帮助。在做决定之前回答以下问题：是否有证据表明法律咨询服务是学生非常迫切的需求？是否有证据表明有足够多的

学生需要法律咨询服务？是否有证据表明法律咨询服务开展得很有成效？是否有证据表明学生对法律咨询服务很满意？要提升这项服务，我们要做什么？回答好这些问题需要依靠系统的评估，而不能依靠零星的个人描述、个人直觉、与该问题无关的信息，甚至任何信息都没有。

政策制定与决策需要 15

第五个问题与学生服务、项目和设施没有直接联系，但也同等重要。我们在做决定和制定政策时有证据支持吗？例如，我们依据什么来决定在不准歧视他人的条款中增加性取向歧视？我们依据什么来决定在校园里建造一个女性学生中心？取消“仇恨言论”政策的决定是否有足够的证据支持？我们如何决定哪些学生可以住在校内的学生宿舍？最重要的是，我们依据什么来决定资源分配？因此，政策制定和决策一定要把评估结果考虑在内。

政治因素

第六个原因比较实际，有时候可能跟另外五个原因无关。说是有政治因素，是因为某个重要人物或重要部门需要相关信息。这也是本章后面要提到的“政治评估”的部分内容。例如，有民众反映学校的住宿费太贵了，州立法委员就要了解我们有多少宿舍管理员，他们每天做什么工作，工资多少，以及我们怎么知道他们工作质量的好坏。这些事情不能说不重要，但还有更重要的事，因此我们可能没有这方面的信息。但是，有这些信息的人很有可能就是事关资源分配或者事关学生事务存亡的重要人物，所以我们也要设法满足他。

从多个方面来看，评估对学生事务来说的确很重要，比如提高学生事务质量、分析和确定成本效益、发展战略规划、政策制定和决策等方面。要回答好这些问题就需要一个综合性评估项目。我们这些学生事务工作人员不能仅仅因为我们认为该工作重要，且卓有成效，或者因为我们的工作一直做得很好，就推测我们的工作的确重要，而且富有成效。我们必须通过综合性评估获取证据 16
来表明事实的确如此。

还有一个重要问题需要解决。那就是，即使有一个全国性的研究表明学生事务的重要性和成效性，但如果该研究不是具体到某个校园的研究，那么这个研究也没多少说服力。美国众议院发言人蒂普·奥尼尔（Tip O'Neil）曾经说：“所有的政治问题都应该是具体到某个地区的问题。”我们知道，学生宿舍对学生发展有利。但如果我们的学生宿舍管理不善，对学校的人才培养就起不了什么作用。如果我们没有数据表明我们的咨询服务中心效果良好，即使真的是效果良好，同样也难以避免经费减少，甚至被取消的命运。如果我们没有数据表明我们的校园戒酒项目能影响学生的学习、生活态度和行为的话，即使有其他学校的研究能证明该项目的作用，那也不能保证我们的项目能被保留下来。

基本概念

在正式讨论评估事项之前，有必要厘清几个基本概念，因为有些术语会引起混乱。有些术语可以互换，如“评估”（assessment）和“评价”（evaluation）。有些短语使用不当，有些词语作为术语的意思和平时我们熟悉的词义有些不同（例如“质量” quality 和“优秀” excellence）。因此，学生事务评估研究要从规范术语开始。

第一个术语是评估（assessment）的定义。文献中对该术语的定义很多，有点混乱。首先，评估到底只是采集数据，还是要把数据解释和数据分析包括在内？阿斯廷（Astin，1991）的定义是：评估就是收集关于高校、高校学生和教
17 师的信息。当然，很多研究人员认为评估不仅仅是采集信息（p. 2）。这个观点的代表人物是伦宁（Lenning）。他的定义是：“评估就是收集证据：获取数据，把数据转换成可理解的形式，用数据分析技术来分析获取的数据。”（Lenning，1988：328）

第二，评估目的是什么？大部分人认为评估的目的是提高或提升某些东西，尽管能否提高值得商榷。主流学术评估专家把评估严格限定为所有为帮助学生学习进步的努力（Hutchings 等，1993；Terenzini, 1989）。有些人认为该定义太过狭隘。班塔（Banta，1988：1）的定义是：“评估就是收集三方面证据：（1）学生在某个指定领域的表现；（2）项目的优势和不足；（3）组织机构的工作成效。”他说我们不仅要评估本科生和研究生在校学到的知识，他们能用这些知识做什么事情，而且要评估他们对项目质量和服务质量的认识和理解。尤厄尔（Ewell，1988）对此表示认同。他认为对学生的调查能促进我们对学生有一个宽泛深入的了解。

但是把评估的范围仅仅限定为对学生学习和对学生的认识上是有争议的。高等院校的服务对象不仅仅是学生，还有社会上的其他客户，对他们的了解和认识也很重要。阿斯廷（1991）认为评估的根本目的不仅仅在于促进学生学习，还在于促进学校发挥知识发现功能和社会服务功能。因此，我们更加倾向于使用广义的评估。广义的评估涉及高校与工作有效性证据的收集和分析有关的所有工作。因此，学生学业成绩不仅是普通教育的关键问题，也是衡量学校

人才培养成功与否的关键因素。

我们应该如何理解这些不同的专家的观点？我们仅能做出非常武断的判断，但我们还是希望它们能帮助我们作出更加理性的判断。因此，在本书中， 18
评估指的是为收集、分析和解释用于描述学校，以及学校内部各个部门工作有效性的证据所做的所有工作。工作有效性针对的不仅仅是学生学习结果，对校内的教师、管理人员和董事会，以及校外的校友、立法委员、拨款机构、认证机构来说，工作有效性还应该包括其他方面的结果，如成本效益、客户满意度和是否满足客户需求等。

还有一个问题需要澄清，本书的研究对象不是学生个体或某个客户个体。本书不对某个学生个体进行评估以决定是否要录取他，本书也不会对心理中心的某位客户进行心理筛查。本书强调对群体的评估，因为我们要的是学生群体信息，而不是个体信息。我们想了解的是所有来做心理筛查的学生信息对后期治疗是否有帮助。

本书中评估的定义范围很广。根据该定义，评估涵盖的内容很多，比如对使用我们服务、项目和设施的学生进行跟踪记录，我们的服务、项目和设施对学生的发展是否有影响，是否有我们想要的影响等。评估要进行学生需求分析、环境评估、客户满意度调查等。

评估与评价相关，但又不同于评价，很多人赞同这一观点。阿斯廷（1991）认为评价就是使用信息实现组织机构和个人的提升。他认为，“我们收集的信息和我们使用的信息存在根本的不同……我们在谈论高等教育评估时，总是忘了它们之间的不同。评价与动机和价值判断有关”（p. 2）。一些人同意他的这一观点。尤厄尔（1988）认为评估结果应该用来帮助对教学和支持服务进行适 19
当的改变，并为从学术咨询到学生住房单元结构的整个决策范围设定背景。他还相信，评估结果一出来，评估信息对决策就会十分有用。

这里，我们为评价作的武断但理性的定义是，“评价是指利用评估结果来提升学校、院系、部门或机构工作有效性的所有工作”。评估描述工作有效性，但评价是用这些描述来提升工作有效性，虽然不同的学校、部门、机构对工作有效性的定义不一。例如，评估决定了我们的录取标准能够预测学生将来是否能够完成学业并取得学位，而评价就是根据评估结果来决定是否有必要修订录取标准。同理，评估决定了在心理筛查中收集到的信息对后期治疗是否有用，而评价就是根据评估结果决定是否需要修改筛查程序，或者干脆取消心理筛查。

从广义上为评估下定义能帮助我们对不同类型的评估作出更加准确的定义。斯克里夫（Scriven，1967）是最早区分形成性评价（formative evaluation）

和终结性评价（summative evaluation）的人。简单地说，形成性评价就是用于提升组织机构工作效率的评估。形成性评价关注过程提升，从而提高工作效率。前面提到的录取标准和心理咨询的例子就是形成性评价。形成性评价也可以用于帮助解决问题，提升决策能力。

终结性评价用于决定某个特定的组织活动或功能是否应该继续、提升、削减或终止。换句话说，终结性评价是为可靠性和战略规划服务的。以心理咨询为例，要改进心理筛查程序就需要更多的资金支持，因为需要更多的工作人员、更
20 加先进的心理测量技术以及更多的计算机硬件。可能会有人同意增加资金支持提高项目质量，这就是终结性评价。也可能会有人觉得提高项目质量的成本太高，既然不能以高质量、高效率的方式开展心理筛查，那就没必要做。在这种情况下，我们要么不需要心理筛查，直接把可能有心理问题的学生交给心理医生治疗，要么干脆取消心理筛查。这也是终结性评价，这两种情况只是结果不同。

除了这两种评价，布朗和波多尔斯基（Brown & Podolske，1993a）提出了第三种评价：政治性评价（political evaluation），用于与学校教职工、学生家长、纳税人和投资人等与学校关系密切的人员沟通，为学生事务辩护。与学校关系密切的人员还应包括州立学院管理委员会、州议会、毕业生、基金会、联邦政府等。以学生录取为例，州议会在考虑资金投入时可能会要求学校的录取标准中要有标准化考试的最低分数线。在该例中，设立最低分数线是出于政治因素的考量，与形成性评价和终结性评价无关。

另外两个需要界定的术语是定量研究方法（quantitative methodologies）和定性研究方法（qualitative methodologies）。定量研究涉及物品、事件的数量和观察的次数（Rossman & El-Khawas, 1987）。"在定量研究中，研究人员使用测量工具采集数据，然后用统计方法分析数据，得出结论。研究人员要尽量减少数据采集过程中的人为因素。换句话说，定量研究要尽量客观，呈现世界的真实面目，不带个人偏见，不受个人价值观和个人品质的影响。"（Borg & Gall, 1989: 23）继续以学生录取为例，要预测能否顺利完成学业，就要收集不同变量的所有定量数据。这些变量被看作将影响学生能否坚持学习、完成学业的因素，比如高中学习成绩、标准化能力测试分数、高中阶段是否积极参加学校活
21 动、家长的教育背景与收入等。通过分析这些数据与学生日后的行为（退学或坚持学习）的相关性，来确定哪些数据或哪些数据组合能最准确地预测学生的学业能否成功（本书第四章将专门讨论定量研究方法）。

在定性研究中，研究人员详细记录情景、事件、人物、交互活动和被观察的行为，直接引述当事人对经历、观点态度、信仰和思想的描述，分析文件、

书信、记录、历史事件等各种书面材料（Patton, 1990）。“定性研究人员把自己看作采集数据的工具。他们完全或部分凭自己的感觉、印象和判断采集数据，按照自己的理解解释数据。”（Borg & Gall, 1989: 23）以学生录取为例，除了分析数值型数据，工作人员还可能会对退学的学生和没有退学的学生进行访谈，以预估学生的背景和经历对他们的学业成功有多大影响。与学业成功有关的因素可以通过定性研究方法发现，虽然这些因素难以用数字测量，但还是比较容易理解（本书第五章将专门讨论定性研究方法）。

另一个值得一提的术语是“研究”（research），虽然这一术语并不是本书讨论的重点话题。20 世纪六七十年代，“学生事务研究”指的是与学生事务评估和评价有关的工作。有人对此感到有些困惑，特别是对教师来说，因为他们对“研究”的界定比较窄。欧文（Erwin，1991）对“研究”和“评估”进行了比较。他指出，二者在程序方面具有很多共性，但是它们存在不同，“研究”和“评估”至少在两个方面存在不同：首先，评估的目的是为了更好地实践，而研究具有理论概念指向；其次，评估在某所特定的高校内开展，因此其应用价值主要体现在该高校里，而研究更具有普适性，针对的是所有高校的学生事务和所有的高等教育。

其他重要术语将在后面的章节中予以介绍，现在回顾一下本章界定的几个术语。评估是收集、解释和分析有效性证据，评价指的是如何利用评估结果来
提升工作有效性。我们可以通过定性和定量的方法来采集数据，利用评估结果 22
评价学生事务。评估能为学生事务的存在提供理据，能帮助提高学生事务工作质量，确定成本效益，为政策制定和决策提供服务。此外，评估还有助于战略规划，帮助行政管理人员决定对学生服务、项目和设施是否应该增加投入，减少投入或者干脆取消。最后，评估能满足某些人或某些机构的要求，他们能对我们所做的事情产生一定的影响。

学生事务评估实践准则

在进一步讨论评估过程中的具体问题以及学生事务评估模型之前，我们应当认真思考一下学生事务评估应遵循的准则。1992 年，美国高等教育评估协会论坛（American Association of Higher Education Assessment Forum）邀请了 12 位学生事务工作者及评估研究人员为学生学习评估中的优良做法制定一般准则（Hutchings 等，1993）。尽管这些准则主要是针对评估学生学习而制定的，但适当修改后，它们同样能很好地适用于学生事务评估。

1. 学生事务评估以教育价值观为基础。评估本身并不是目的，而是提高工作效能的手段。评估的有效实施体现我们对学生事务的主要看法。这些价值观不仅决定了我们评估的内容，也决定了我们评估的方式。如果关于组织使命和价值的诸多问题被我们忽略，评估也就流于形式了。

2. 认识和把握部门绩效多维化和一体化，并逐渐体现于部门的工作表现中的基本特点，有利于实现最佳评估效果。学生事务评估是一个复杂的过程。评估要遵从学生事务的基本原理，要贯穿政策的制定及决策过程，能够指导战略
23 规划，并应对政治现实等。评估应当运用多种方法，包括定量研究方法和定性研究方法，以便更加全面准确地反映学生事务的成效。

3. 清晰明确的目标有利于实现最佳评估效果。评估是一个以目标为导向的过程，它需要将源于机构使命的预期目标与学生事务的既定目标相对照。当学生事务在某些方面不够清晰明确，评估可以推动学生事务制定明确的目标和实施标准，也能促使学生事务对组织目标的设定与达成。评估工作要做到重点突出，行之有效，而且要有清晰明确的目标。

4. 评估应对成果和过程给予同等的关注。成果的信息非常重要，但为了能够进一步提高和改善成果，我们需要了解促成成果发生的过程——咨询、建议、教育规划、预算等。评估可以帮助我们了解各种过程在何种条件下最为行之有效。有了这种认识，我们就有能力去改善和提升整个组织的运行。

5. 持续性的评估往往能达到最佳效果。评估作为一个过程，其效果需要长期积累。评估总比没有评估强，但如果要更好地为学生事务服务，评估就应该持续进行，而且前后的评估活动要有关联。这意味着要跟踪各个学生事务部门乃至整个学生事务机构的工作进展，要大量收集评估研究案例或者年复一年地实践同一种评估方法。这样做的目的是监控预期目标的完成情况，从而提高整个组织的效率。与此同时，鉴于我们对评估的理解和认识在不断更新，我们也需要不断评估和改进评估过程。

6. 学生事务代表及学校代表的参与有利于实现最佳评估效果。评估是体现学生事务及学校诸多责任的一种方式。因此，最初参与评估的可能仅仅是少数一部分人，但长远目标是要让所有与评估结果有关的人都参与进来。学生事
24 务工作人员尤其重要。但如果没有学生、学生事务部门领导乃至教育专家的参与，评估中的诸多问题也很难得到解决。毕业生、用人单位等校外人员也有必要参与其中，因为他们的经验可以帮助我们设定合理的评估目标和标准，从而提高工作效能。因此，我们不难理解，评估并不仅仅是一小批专家的任务，而且是一个需要多方参与的活动。评估的目的是要促使与学生事务相关的人更加

关注学生事务的工作效能。

7. 回答人们最关心的问题、体现实用性是评估发挥影响力的关键。评估肯定了信息对改进学生事务工作的重要意义。但为了体现实用性，信息必须与人们真正关心的问题紧密相连。这意味着评估要能够为相关群体提供决策所需的依据。这些依据要具备可信度、参考价值和适用性。也就是说，在评估开始之前，我们就必须考虑信息的使用者和使用方式。评估的目的并不是简单地搜集资料并反馈结果。其实，评估过程始于决策者所提出的问题。决策者参与资料的搜集和诠释，而评估过程则为决策者提供信息，引导他们提高工作效能。

8. 评估应处在一个能够促进改变的大环境中。评估本身能够带来的变化是非常有限的，其贡献只有在学生事务受到高度重视的校园环境里才能最大程度地得到体现。在这样的校园里，为改进学生事务工作所做的努力是显而易见的，这恰恰也是领导层的主要目标。提升学生事务工作质量是建立学生事务理论基础的核心，同时对战略规划、政策及决策制定也至关重要。

9. 通过评估，学生事务工作者能够履行其对学生、学校及公众的责任。评估与学生、学校以及公众休戚相关。作为学生事务工作者，我们有责任提供关于如何实现目标和满足学生需求的信息。然而我们的责任远不止这些。对我们自身、学生、学校以及社会而言，我们更大的责任是提供一套高质量的学生事务工作方案。相应地，我们的责任对象则有义务支持我们为提高学生事务工作质量所做的尝试。

评估过程：几个重要问题 25

如果评估首先要做的不是工具的选择，那么应该先做什么？最后做什么？结合特伦兹尼（1989）、汉森（Hanson，1982）、布朗和波多尔斯基（1993a）、欧文等人（1991）的研究，我们提出了在评估之前需要回答的六个问题。

1. 为什么要做此次评估？

此次评估的基本目标是什么？我们为什么首先需要了解一些相关信息？我们的目标是提高某项服务的质量吗？我们是要证明某个项目存在的必要性吗？我们是否急切需要某些信息？我们能否提供一些学生需求的信息？我们能否提供决定预算的信息？要回答好为什么要做此次评估需要回答好以上某些或所有问题。能否回答好这些问题在很大程度上决定了我们能否回答好接下来的问题。

2. 评估什么？

回答完“为什么”的问题，接下来就要回答“评估什么”的问题。要采集什么信息？我们需要的信息可能与学生服务、项目和设施的对象有关。我们需要的信息要能描述我们的服务、项目和设施的质量，或者能对工作有效性进行评估，或者能指导战略规划和政策制定。（第二章将专门讨论评估要考查的问题。）

3. 如何评估？

回答完“为什么”和“评估什么”两个问题以后，接下来回答“如何评估的问题”。使用什么方法采集信息？定性研究？定量研究？还是二者混用的？信息来源于哪里？信息是来自学校的各种文件记录还是来自学生？什么样的方法符合我们的目标？什么样的方法能让我们得到我们想要的信息？（本书第二章和第三章将详细讨论评估中的方法论问题。）

4. 谁来评估？

有人认为应该由与学生服务、项目和设施关系最密切的人来评估。有人认为应该由学生事务工作人员，但与学生服务、项目和设施不直接相关的人来评
26 估，这样结果会更加客观。也有人认为应该由学生事务圈子之外，甚至校外的人来评估。但无论如何，大家都同意无论是校内人员还是校外人员，参与评估的工作人员都应该是合格的人员。

5. 如何分析评估结果？

也就是说，如何对采集来的数据进行分析和解释？数据本身不会说话，只有对数据进行分析和解释，我们才能知道数据背后的信息。一条信息能告诉我们什么？如何把多条信息组合在一起进行分析和解释？信息的背景能告诉我们什么？（本书第三、第四、第十章将详细讨论数据分析。）

6. 如何汇报评估结果？给谁汇报？

这两个问题联系紧密，因为如何汇报评估结果在某种程度上取决于此次评估的目标受众。在第十三章，我们会推荐多种形式为校内外的受众汇报评估结果，而不是一种综合的汇报方式。典型的汇报，无论汇报的长度是多少和目标受众是谁，都应该包括评估目标、评估方式、评估结果分析、评估小结、需要特别关注的内容。汇报结果的时间也很重要，值得认真考虑。

每次评估之前都要先回答这些问题，而且要把这些问题的答案传递给与此次评估有关的所有人员。任何一件事情没做好都会影响评估的开展。此外还要注意评估伦理问题。（本书第十四章将讨论评估中的伦理道德问题。）

评估结果使用

27 主管学生事务的副校长最近收到了一份针对健康教育办公室开展的教育项

目的评估报告。该评估开展得很好，评估前期把所有应该考虑的问题都考虑进去了。评估结果如下：虽然学生了解这些教育项目，但参加的人很少，而且参加的大多是白人女生，那么该怎么办？如何使用评估报告？如何把评估结果应用于该办公室今后的工作中？谁来决定如何使用？换句话说，这些评估结果应该是形成性的还是终结性的？抑或与政治因素有关？

这些问题都很重要，因为如何使用评估结果可能对能否获取与评估有关的相关人员的合作至关重要。如果学生或工作人员怀疑评估结果将用于获得某个项目或服务，他们就会抵制评估。如何使用评估结果很重要，因此有必要在评估开展之前予以清楚说明。要让参加评估的人员从开始阶段就参与其中，这一点很重要。

还有一个关于评估结果使用的问题也很棘手。有时候评估目的会发生变化，很难把它限定在当初设定的目标范围之内。比如，当我们收集了着眼于提升质量的某种数据（形成性评价），一旦数据公布了，有人就会把该数据当作减少或取消项目、服务或设施的借口（终结性评价）。同样，我们永远不可能知道我们的形成性评价结果会被某些人用于政治目的。在这种情况下，尽管出发点是好的，我们也不能百分之百确定某次评估只是一次形成性评价。（本书第十四章将专门讨论如何确保评估结果不被用于其他场合。）

综合性评估模型

以上所有的问题都要解决，怎么办？综合性评估模型要包含哪些要素？如何定义这些要素？为什么要把这些不同要素纳入这个模型？读者可能会在本书 28
呈现的所有例子中看到这些要素，但有时会有所不同。

综合性评估模型的第一部分是记录使用学生服务、项目和设施的所有人员。有多少校外客户使用我们的服务、项目和设施？他们的年龄、性别、种族、民族、社会阶层、居住地，以及其他人口统计变量分布情况如何？除了学生，校外客户的人数和特征有没有记录下来？

这个因素很重要，因为如果我们的目标客户不使用我们的服务、项目和设施，我们的预期目标就不可能实现。首先要考虑的是人数，如果使用人数不多，那就是我们的问题。例如，只有很少的学生参加我们的校园饮酒教育项目，我们就有必要对我们所做的工作和为什么要开展这个项目进行重新评估。如果我们的学生不在学生宿舍住宿，我们也要对我们所做的工作和学生宿舍项目的必要性进行重新评估。

但是，仅有人数也不能说明全部问题。有时候从人数上看，使用我们的服务、项目和设施的学生很多，但他们不能代表整个学生群体。几年前，一所著名大学的健康服务中心发现就医的学生人数没有问题，但进一步分析发现没有非裔学生使用学校的医疗服务，尽管非裔学生占总学生数的 6%。因为这个发现，学校对服务和项目进行了重新评估，并专门针对非裔学生宣传了学校的服务和项目。两年后，使用学校医疗服务和项目的非裔学生比例与他们在校的人口比例相协调，而且使用某些设施的非裔学生比例超出了他们的在校学生数比例。类似的分析可能也有必要从性别、社会阶层、居住地以及其他人口统计变量方面进行。

第二部分是学生和其他客户的需求评估。满足客户需求是最基本的原则。很多“全面质量管理”行动把满足客户需求看作质量提升的主要因素，也是质
29 量提升的主要推动力（Deming, 1986）。虽然把学生说成是“客户”可能有点不妥，但是无论提供什么样的服务、项目和设施，我们都要满足“客户”的需求。这是我们必须遵循的基本原则。

但评估学生和其他客户的需求并不简单，有很多问题有待思考。根据学生和工作人员的理解、学生事务工作部门的期望和对学生需求的调查分析，学生和其他客户需要什么服务、项目和设施？如何区分他们“想要的”和“需要的”？如何确定我们提供的服务、项目和设施符合他们的需求？我们提供的服务、项目和设施是否过时？他们需要提供的服务、项目和设施是否有点超出常规？（本书第六章将详细讨论这些问题。）

第三部分是客户满意度评估。在使用我们的服务、项目和设施的所有人群中，他们的满意度任何？在他们看来，我们的服务、项目和设施有哪些优点和缺点？他们有什么改进意见？他们下次还会来吗？他们会把我们的服务、项目和设施推荐给朋友吗？客户满意度的确很重要。原因如下：如果对我们的服务、项目和设施不满意，他们就不可能向他们的朋友和同事推荐我们的服务、项目和设施。可以说，让客户来使用我们的服务、项目和设施仅仅是第一步，让他们满意才是第二步。因此，我们必须开展客户满意度评估。（本书第七章将详细讨论客户满意度评估。）

第四部分是校园环境和学生文化评估。评估客户满意度固然重要，但关注校园环境和学生文化也很重要，因为这是学生每天面对的生活环境和学生文化。（本书第八章和第九章将分别讨论校园环境评估和学生文化评估。）

第五部分是结果评估。我们的服务、项目和设施对学生的学业成绩和其他
30 方面的发展是否有积极的促进作用？与没有使用我们的服务、项目和设施的学生相比，他们有什么优势？学生的家庭背景、性格、经历等因素都会影响学生

的学业成绩和其他方面的发展。因此，在结果评估中能抛开这些因素，能够只考虑我们的服务、项目和设施对学生的影响吗？要设计、实施和解释结果评估并不容易，但是结果评估将在某种程度上回答一些最根本的问题：你所做的事情是否有效果？该效果是否是你期望的结果？（本书第十章将详细讨论结果评估问题。）

第六部分是基于标杆比较的学校评估。如何把我们的服务、项目和设施质量与最好的学校进行比较？“全面质量管理”（Deming, 1986）行动研究认为，质量评估的最好方法是与把学生事务工作做得更好的学校进行比较。比较的目的是发现并借鉴其他学校的成功经验。这里的关键之处在于比较对象学校的选择标准。比较对象学校应该有优秀的评估结果。此外，学校与学校之间的差异很大，用于比较的学校如果选择不好，就会落入“比较苹果和橘子”的圈套，所以要小心谨慎。（本书第十一章将详细讨论如何与其他学校进行有效比较。）

该模型最后一个组成部分是使用全国认可的专业标准进行评估。全国认可的专业标准包括由学生服务和发展项目标准促进会（Council for the Advancement of Standards for Student Services/ Development Programs）、全国和区域性的认证机构、学生事务工作方面的专业组织等开发的标准。（本书第十二章将讨论如何使用全国认可的专业标准来评估学生事务。）

小　结

本章从多个角度说明评估对高等教育和学生事务的重要性。高等学校必须应对来自内部和外部关于提高学生事务质量的压力。 31

外部压力来自州议员、基金组织、认证机构、普通民众等。这些压力使评估不再可有可无，而是必需品。高等学校必须对学生的准入性、成本效益、教育质量和教学效果负责。

作为教育的一部分，学生事务必须面对这些压力。在学校内部，学生事务是否有必要存在？学生事务的工作质量如何？学生事务的工作效率如何？这些问题会被经常问起。评估就是回答好这些问题，帮助学校做好战略规划和决策。评估也能回答好与政治现实或学校未来发展有关的一些问题。

我们认为，要做好学生事务评估，就要遵循好的评估方法。在评估之前思考相关问题，并使用综合性评估模型（包括记录使用学生服务、项目和设施的所有人员，客户满意度，我们的服务、项目和设施对学生的发展是否起作用，采集信息了解学生对校园环境和校园文化是否认可，与其他学校进行比较，采用全国性的专业标准进行评估等）。本书的其余章节将为学生事务工作人员提供实施评估的各种方法。

第二章

32
评估要考查的主要问题

本书的目标读者主要是一线的学生事务工作人员。他们掌握的评估知识和技能参差不齐，因此有必要先回顾一下评估的几个基本问题，以便把读者带到同一起跑线上。本书目的不是要把一线的学生事务工作人员培养成评估专家，而是要为学生事务工作人员提供充分的知识储备，以确保评估工作能够高质高效地完成。本章将通过阐释某学生事务工作部门遇到的实际问题以及该部门如何通过评估解决问题的例子，来回答与如何开展评估有关的常见问题，并为读者提供能够开展高质高效的评估活动所需的各种信息。在很多情况下，读者如果想要了解与本章内容相关的更多更具体的信息，可以参考本书其他章节。

评估由什么问题引发?

纵观全书，我们认为所有的评估活动都是针对某个问题展开的。因此，清晰准确地厘清学生事务工作人员所面临的问题是评估过程的第一步。我们接下来的例子就反映了这一问题：在以白人学生为主的学校，非裔美籍学生抱怨他们在咨询服务中心寻求咨询服务时倍感不适。根据咨询记录，咨询服务中心也证实了这一点，尽管非裔美籍学生在学生总人数中占了 12%，但他们接受咨询
33 服务的人数在接受咨询服务学生总人数中仅占 2%。另一方面，尽管白人学生人数在学生总人数中占 75%，但其接受咨询服务的学生人数占到了接受咨询服务学生总人数的 89%。其他少数族裔，包括亚裔和西班牙裔的学生，接受咨询服务人数在接受咨询服务学生总人数中所占的比例，与其学生数与总学生数的比例大致相当。（读者会注意到跟踪了解学生接受服务的情况至关重要，这是我们综合性评估模型的第一部分，也是明确问题所在的一种方法。）

非裔美籍学生没有充分使用咨询服务是个严重的问题。这里至少有三方面的原因。第一，咨询服务中心的任务包括了满足非裔美籍学生的需求。显然咨询服务中心并没有完成为非裔美籍学生咨询的任务。第二，学校非常关注非裔美籍本科学生退学率过高的问题，将咨询服务当作改善这一状况的综合性解决方案的重要组成部分。第三，非裔美籍学生协会在获悉这一情况后，指责之所以非裔美籍学生不去咨询服务中心寻求咨询服务是因为该机构对这一群体的需求“不敏感”。鉴于其他族裔学生似乎不存在这个问题，这一指责不成立。

因此，学校需要解决这一问题，而且动作要快。

评估的目的是什么？

问题一经确定，下一步就是要做好解决这一问题的研究设计。所有的研究设计都应该首先问这个问题：研究的目的是什么？在本案例中，显然，要解决这一问题，咨询服务中心就必须对问题有所了解。因此，本研究的目的就是要：（1）明确非裔美籍学生的咨询服务使用率低的原因；（2）确定采取什么方法增加其使用率。

研究对象是谁？

确定研究对象是第三个问题。这一问题似乎简单明了，但是对人群进行
准确的界定又很重要，因为某一特定研究得出的结论只适用于那些被研究的 34
对象。然而，大多数情况是，关于“大学生”的评估研究使用的样本并不具有代表性，不能反映当前在读大学生的特征。根据《高等教育年鉴编年史》（*Chronicle of Higher Education Almanac*）（1994.9.1）的统计，40% 的大学生年龄超过 25 岁，43% 的大学生是非全日制的，38% 的大学生就读于两年制学校。而大部分针对大学生的研究，其研究对象是 18～24 岁的全日制学生，学制 4 年。所以，确定研究对象至关重要，研究结论的有效性与研究对象的准确性息息相关。

在本案例中，最简单的确定研究对象的方法就是把校内所有非裔美籍学生都纳为研究对象。记住，这一问题在某种程度上也是降低本科生退学率的问题，因为非裔美籍本科学生退学率远远高于其他族裔学生。但问题是，咨询服务中心的任务是为所有学生服务，而不仅仅是本科学生。况且，虽然非全日制

非裔美籍本科生数量不多，但他们中有些修 1 门课程，有些修 3 门课程，情况各异，这些情况都会使该研究变得更加复杂。

研究对象是否应该只限于学生？对这一问题可能有所了解的其他人呢？咨询服务中心的工作人员呢？他们服务过的非裔美籍学生数量不多，他们对该问题是否有所了解？要不要把非裔美籍教师也纳入研究对象？基于他们与非裔美籍学生的关系，他们是否对这一问题有自己的见解？非裔美籍毕业生们是否也有自己的看法？

所以，我们可以看到，确定研究对象并没有那么简单。最理想的办法就是把以上提及的所有人都包括在内。但是，一般来说，我们没有足够的时间和资金来完成这个研究。最终，我们把研究对象局限于所有在读的全日制非裔美籍
35 学生。这主要是出于以下几个原因。首先，尽管其他人可能对为什么非裔美籍学生不充分使用咨询服务有所了解，但还是学生们自己最为清楚。其次，研究其他人群的成本过高。再次，咨询服务使用率低的问题既存在于非裔本科生中，也存在于非裔研究生人群中。所以，这两个人群都包括在研究对象内。最后，由于该校非全日制学生所占比例不到 1%，因此他们被排除在研究对象之外。

最合适的评估方法是什么？

当然，最合适的评估方法取决于研究的目的。大致说来，我们有三种选择：定量研究方法、定性研究方法或者二者兼用。巴顿（Patton，1990）认为，“定性研究方法能让评估者深入细致地研究选定的问题。实地调查时，不拘泥于业已决定的研究类别，有利于拓展定性研究的深度、广度及细致程度”（p.12）。定性研究方法包括通过采访、观察及记录来采集数据的方式，相比于定量研究方法，定性研究方法所需的样本较少。

“另一方面，定量研究方法要求使用标准化测量工具，使研究对象的不同观点及经历能够与之前设定的一定数量的选项类别相匹配，且这些选项类别都有标码”（Patton, 1990, pp. 13–14）。定量研究方法包括通过调查或其他手段采集数据的方式，相比于定性研究方法，定量研究方法样本要求更多。由此可从样本中总结有关研究对象的情况。

根据巴顿（1990）的观点，定量研究方法的优势在于“能够对总体就限定数量问题所作的回答进行测量，便于数据统计与分析并以简洁精练的方式呈现
36 一系列具有概括性特征的研究发现。与定量研究方法相比，定性研究方法呈现

的是小样本的细节性信息，对样本的了解更加深入，但概括性不强”（p. 14）。（关于两种方法的进一步探讨，参见本书第三章和第四章。）

哪种方法适合本案例研究呢？答案是二者兼用。一方面，学校要确保收集的信息事实上能够代表在读的全日制非裔美籍学生群体的观点，观点要具有代表性和概括性。因此，首先要对非裔美籍学生实施一项问卷调查，问卷应要求他们就为什么不充分利用咨询服务以及他们认为应如何解决这一问题回答一系列“客观”类型的问题。

另一方面，学校还需要更全面彻底地了解为什么非裔美籍学生不使用咨询服务，这就要求有更加深入的研究。定性的方法就是邀请一小部分非裔美籍学生进行小组访谈（focus group），就他们为什么不充分使用咨询服务以及如何改变这一状况采用开放性的访谈。

我们如何决定具体的研究对象？

在确定研究对象后，不管所选的是何种研究类型，要将整个研究总体纳入研究几乎是不可能的。如果研究总体规模很小范围很窄，倒有可能。例如，如果我们这个研究只针对住在校内的人类学专业非裔美籍全日制本科女生，那么将整个群体纳入研究或许行得通。但是，大多数评估研究中，研究总体范围非常广，因此必须通过某种方式从总体中抽取样本，并确保所选样本具有代表性。最典型的标准就是根据总体的人口学特征来抽取样本，如性别、年龄、种族或民族，以及其他特征。在大学生群体中，此类因素，如年级、居住地、社会阶层、全日制或非全日制、专业领域及其他因素也都很重要。事实上，如果样本具有代表性，那么研究人员就可以非常自信地依据样本中的发现对总体进行概括总结（Shulman, 1988）。

抽样方式大有不同，这取决于所选的是定性研究方法还是定量研究方法。 37
本案例中，由于两种方法兼用，所以接下来对两者的抽样方式进行简单概述。

定量研究

定量研究有几种不同的抽样方法（详细信息参见本书第四章）。该案例面临的第一个问题就是我们怎样选择样本并确保其能够代表该校中整个非裔美籍学生群体。鉴于研究的目的，我们决定采用计算机自动生成的简单随机抽样方法，依据学生学号后四位数字，从学校记录的所有全日制在读非裔美籍学生中抽出样本。在分析数据时不能仅仅把所有样本看成一个整体，还要对样本进行分类，根据性别、研究生或本科生身份以及样本所处的社会阶层等因素进行分类。

抽样的第二个问题是需要多大的样本量？这个问题的回答与方法、政治因素及资金有关。从方法来讲，这个问题的答案取决于三个因素。

第一，也是非常实际的一点，你预期的样本回收率是多少？如果需要收回500份有效问卷（基于以下描述的其他因素），那么预计需要多大的样本？如果回收率为25%，那么就需要至少2 000份样本。

第二，样本数量与我们所能容忍的“样本误差”有关。苏斯基（Suskie，1992）认为，样本误差“反映了你的发现与真实情况之间可能存在的差别”（p.8）。例如，如果能够容忍的样本误差是4%，那么就需要600份有效样本。（关于样本误差的进一步探讨以及计算问题，参见本书第四章。）

第三，样本数量还与研究所要求的分析单位有关。在该案例中，我们认为
38 还要从性别和社会阶层两个变量对样本进行分类。如果样本量不够大，每个变量中的样本量就不够多。根据我们的研究经验，每个变量至少需要35份样本。因此，本案例至少需要240份有效问卷，才能确保不同性别和社会阶层变量中有至少35份有效问卷。

读者可能会问，总体是决定样本大小的因素吗？我们从100个学生中抽样，或者从200个学生中抽样，难道二者没有区别吗？苏斯基（1992）认为除了总体过小的情况，这并无二致。因为样本的代表性比样本在总体中所占的比例更加重要。有些读者可能会把总体大小作为最重要的抽样标准，但是从方法论的角度来说，规模不如代表性重要。也就是说，具有人群代表性的较小样本量可能比不具有代表性的较大样本量更具研究意义。

第四，成本也是决定样本量大小的实际考量因素。样本量大小常常受制于有多少资金可用于相关开支，例如打印、邮寄、数据录入、对没有回复的受试的后续跟进、统计咨询、访谈以及其他与开展评估相关的工作都需要开支。

那么，我们必须做什么呢？基于约25%的预期样本回收率，我们需要2 000名受访人。基于样本误差，我们需要1 000名受访人。基于所选的变量类型，我们需要至少240名受访人。但是在回答这一问题之前，另一因素必须要考虑：样本量大小的可信度。不管所选样本数量是多么可靠——甚至使用了以上确定的三个标准——样本大小还是存在某种“表面信度”。根据我们的研究经验，少于300份有效问卷的定量分析所得出的任何研究结果在普通的大学生读者中都缺乏可信度。即使我们根据抽样标准可以证明采用规模较小的有效样
39 本（比如240份有效回复）是合理的，但这一研究还是很有可能被外行读者质

疑。外行读者会认为样本量太小，无法推广至更大范围的总体。对于这一范围，似乎没有任何特殊的理由解释，除非许多大学生读者具备某些难以解释的“常识”。

所以，我们回到了原来的问题：应该以多少人为样本？2 000？1 000？还是240？最佳答案当然是“越多越好”。然而，请记住，我们开篇就写道，学校评估总是一系列的妥协，它背离了“完美”的研究设计。在决定样本量大小时就必须作出一次妥协，并且做出这一决定并非总是易事。因此，我们回到现实中来，选定1 000个对象作为样本，预计使用电话采访会有60%的回复率（见下文）。这将回收约600份有效的问卷，让我们有充足的回复信息来满足下列要求：（1）4%的样本误差；（2）按照性别、研究生或本科生身份，以及本科生的社会群体等变量进行多变量分析；（3）取信于大学生读者群体。另外，这一样本规模也在资助范围内。

定性研究

定性研究方法的抽样问题在某些方面与定量研究方法一样，但是在其他方面大相径庭。巴顿（1990）认为，定量研究方法一般随机抽取大样本。这样的抽样方法能够真正随机选取具有代表性的样本，让我们能从样本中总结更大群体的特征。简而言之，定量研究就是作出可靠的概括。

定性研究方法一般着眼于小样本——甚至单个样本（比如个案）——这些样本是有目的地被选取出来的。根据巴顿（1990）的观点，有目的的抽样就是选取信息丰富的样本进行深入的研究。“信息丰富的样本指的就是那些能够从中得到很多至关重要信息的例子。”（p.169）

读者必须牢记，本案例的评估目的是要查明为什么非裔美籍学生不充分使用咨询服务。根据少量精挑细选出的非裔美籍学生提出的观点建议，深入探究其背后缘由，从中所得到的信息比通过具有代表性的大样本收集来的标准化数 *40*
据要多得多（Patton, 1990）。（读者可以通过阅读本书第三章详细了解有目的的抽样方法。）

本案例选用深度抽样方法。通过深度抽样方法抽取的样本信息丰富，能够为所研究的问题提供不同的观察视角（Patton, 1990）。本研究决定从没有使用过咨询服务的非裔美籍学生中抽取出少量样本。因此，少数研究生和本科生被随机抽出来作为研究样本。

那么，问题又来了，样本量应该多大呢？巴顿（1990）认为，“定性研究的样本量大小没有规定。样本量大小取决于你想知道什么、研究的目的是什么以及怎样利用有效时间和资源”（p.184）。具体来讲，鉴于本研究的目的，巴顿也建议要根据问题预期的合理覆盖范围抽取最小的样本。把所有的因素考虑在内，我们决定抽取约 30 人的小样本（10 个研究生、10 个低年级本科生、10 个高年级本科生，且男女人数相等）。再者，根据我们实施定性研究的经验来看，这一数量在大学生读者中具有“表面信度”（face credibility）。

如何采集数据？

读者应该记住，此项研究的定量样本大小是基于 60% 的有效问卷回收率来决定的。我们选择电话调查的方式，因为邮寄问卷调查也很难达到 50% 以上的问卷回收率，一般在 25% 至 30% 之间。相反，电话调查的问卷回复率较高
41 （Suskie, 1992）。此外，电话调查往往成本更少，速度更快，且访员能应对突发问题或疑问。当然，电话访员必须接受培训，养成“人性化”的回复记录方式。邮寄问卷调查成本更高，因为还要为回寄的调查问卷支付邮费，并对不回复的受访人开展后续调查。

鉴于研究的特殊目的和其他更加实际的因素，邮寄调查问卷被证明是最好的方式。以下是苏斯基（1992）给出的建议以及根据我们自身经验所给出的一些建议：

1. 随函附上一封说明信，信中解释此项研究的目的和意义，以及与受访人的关系。

2. 在印有抬头的信纸上写说明信，并由具有最高声望的调查评估人员签上姓名。

3. 每封说明信都要有受访人信息，除非受访人非常敏感，要求匿名。

4. 寄送一份研究结果的复印件给研究对象。

5. 列出受访人信息保密的措施。

6. 给受访人一定的奖励，例如校园活动入场券、图书卡、慈善捐款、抽奖机会或者其他有价值的物品。

7. 估算受访人完成问卷所需要的时间（越短越好）。如果完成一份问卷的时间超过 10 分钟，回复率就会大幅降低。

8. 附上一个有回寄地址并贴有邮票的信封，以让受访人寄回问卷。如果成本过高，那就在行政楼放个信箱，要求受访人把问卷放到该信箱里。

9. 列出某个调查评估人员的姓名和电话号码。受访人如有疑问，可以与其联系。

10. 邮寄问卷的时间要合适。如果在期中或期末考试前要求学生填写调查
问卷，回复率肯定不高。同样，工作日期间收到的问卷与周末收到的问卷相 42
比，前者更容易得到回复。

现在回到我们有关非裔美籍学生使用咨询服务中心这一研究话题上来，正如之前所讨论的那样，我们决定采用电话采访调查。那么我们如何来实施这一调查，使回复率最大化呢？或许最有名也是最有效的电话调查项目就是马萨诸塞大学阿姆赫斯特分校（University of Massachusetts, Amherst）开展的“项目脉搏”（Project Pulse），这一调查根据学校需求来确定话题。每周三下午 4:45 至晚上 10 点，约 35 名勤工俭学的学生（被称作“脉搏者”），对大约 1 000 名本科生组成的随机样本进行电话采访。一般回复率在 50% 至 60% 之间，所以得到结果的样本数量就在 500 至 600 之间。每年约有 20 项调查实施，这些调查都是按照客户的要求开展的，客户中就可能包括了主管学生事务的副校长、学生事务部门、学生会、二级学院、学术部门以及其他大学行政办公室。

“项目脉搏”采用的是学校学生事务研究、信息和系统办公室编订的采访协议，并在实施过程中始终与要求开展这一调查的办公室或客户保持协商。访谈问题首先在学生访员身上进行试测并进行相应的修改，然后访谈问题存储在计算机上，使用软件包安装到几台不同学生事务办公室的计算机上。学生访员拨打受访人电话介绍自己以及此项研究的目的。采访问题一般为多项选择，回答会被记录在计算机上，计算机再根据采访协议对答案进行处理。一名访员每晚可完成 15～20 个采访。我们这项研究就采用这一方法采集数据。

我们强烈建议对邮寄和电话问卷进行前测。苏斯基（1992）认为，有时
候，有些问题对调查评估人员来说一清二楚，但受访人可能会困惑或误解。最
简单的前测就是把问卷发给与你样本人群相似的一群人，要求他们不仅完成问 43
卷，还要告知你问卷中任何不清楚的、令人疑惑的、模棱两可的问题或说明，以及完成问卷所花的时间。

本研究的定性部分决定采用小组访谈而非单独访谈（individual interview）。这两者各有优劣（详细讨论参见本书第三章）。本研究决定采用小组访谈是因为其所需的时间更少，且受访人不用透露极度私密的信息。本案例将举行三组小组访谈，每组 10 名学生。第一组由非裔美籍研究生组成，第二组由非裔美籍低年级本科生组成，第三组由非裔美籍高年级本科生组成，每组男女人数相等。选择同类群体分组这一方式，是为了提高同龄群体的互动性，使收集的信息更容易分析。

使用什么测量工具?

测量工具的选择取决于所选择的研究方法。就定量研究方法而言，必须选择一种工具，其产生的结果能够进行统计分析。如果幸运的话，能满足我们需要的测量工具已经被开发出来了。使用这样的测量工具有许多优势。首先，我们可能没有时间或者技术来自己开发一款测量工具。其次，现在有些测量工具不仅开发出来了，而且已经进行了效度测试（是否测量了问卷所说的要测量的东西）和信度测试（群体内部以及群体之间结果是否一致）。再次，请测量工具的发行公司对评估数据进行分析能节省时间。最后，国家认可的测量工具相比于本地开发的测量工具，在读者中可能具有更大的“表面信度”。

我们还能使用现有的专业标准，让本地研究结果与之进行对比。如果有现
44 成的标准，必须确保这些标准具有代表性，能代表被研究群体的特征。典型的例子就是阿斯廷合作研究所的研究项目（Astin, Korn & Berz, 1991），这一项目每年都出版一本有新生个人信息和态度行为的手册。如果你的学校与该手册中的学校情况（如学生种族、是否全日制、学生年龄等）不一样，那就不要把你学校的学生情况与该手册的学生情况进行比较。当然，如果你的学校情况与标准的取样一致，那么就可以用标准评估你学校的情况。

现有的测量工具也有劣势。第一，往往很难找到一种能够完全满足本地需要的测量工具。常常存在折衷的情况，测量工具得到了不需要的信息，或者需要的信息没得到。第二，购买使用现有的测量工具花费高昂。毕竟这些测量工具的发行者要盈利。第三，现有测量工具常常很快就过时被淘汰，甚至会因此远远背离当前本地需要。第四，尽管大部分好的测量工具开发出来后进行了合适的检测，但是有些没有进行检测，因此可能还比不上一个本地设计的好工具。

在本案例中，没有现成的测量工具来判别为什么非裔美籍学生不充分使用咨询服务，所以我们不得不开发一款测量工具。虽然本章的目的不在于教导读者如何去开发一款测量工具。但苏斯基（1992）针对测量工具开发给了我们一些指导：

1. 为受访人着想。这里指的是问卷长度（越短越好）、清晰度、问题排序等问题。问卷要容易回答，便于回寄。

2. 问卷看起来要专业。问题要有趣，而且看起来重要。打印问卷的纸张质
45 量要好，打印要清楚，避免出现语法和拼写错误。

3. 内容要陈述清楚，易于理解。这里指的是内容要简明扼要，字迹清楚，生动有趣且具体明确。每项内容只问一个问题，所有假设、定义以及限定范围都要容易理解。还有一点非常重要，内容不能有隐晦含义、导向性或者偏见。

4. 得出的结论应具有一致性（信度）。这指的是同一测量工具内关于相似问题的回答也应当相似。为了测试信度，应就同一话题至少提两个问题。然而，为保证这一测量工具内容简明，这点却有可能做不到。

5. 测试结果应符合事实（要有效度）。理想情况下，每位受访人都应以同样方式理解各个问题。也就是说，所有的问题都要清楚明白。

6. 内容排序应合理，必须精心安排问卷前面几个问题。这些问题要能引起受访人的兴趣，而且容易回答，具有普遍性和非个人化。也就是说，一开始不要安排诸如性别、年龄、专业这类有关人口学特征调查的问题。剩余问题应当遵循一种逻辑和心理的自然顺序。应当避免出现后续问题（受访人如果在某些问题上选择了“是”，他就要“进入”另外一组问题），受访人不喜欢这样的问题。如果你有几个只想要少部分人回答的问题，那么就把这些问题放在测量工具的末尾，并告诉其他人在回答到这一部分时就停止答题。更好的办法就是给这一选定小组单独发另外的测量工具。

当然，有许多不同类型的定量问题，包括是/否问题、多选问题、排序、里克特量表（通常是呈现连续性的五种选项，从“非常同意”到“非常不同意”，从“优秀”到“差劲”或者从“从不”到“非常频繁”变化）、语义区分量表、自制的评定量表（要求受访人就某一话题进行量级评定：优秀、良好、一般、差劲；经常、有时、从不；同意、不同意、不确定）以及开放性问题（受访人就问题填写自己的回答）。通常开放性问题更适合定性研究方法，因为 46
它们不易编码和定量。

现在再回到关于非裔美籍学生没有充分使用咨询服务这一研究上来，我们决定采用自制的评定量表，要求受访人通过选择同意、不同意或不确定来回答一系列关于咨询服务利用率低的原因问题。这样做有以下几个原因。首先，由于采用的是电话调查，这就使得许多其他类型的问题令人困惑，不好回答。另一方面，通过要求受访人就“非裔美籍学生咨询服务利用率低是因为没有非裔美籍咨询师”或者“非裔美籍学生咨询服务使用率低是因为他们从其他非裔美籍学生那听到了负面的评价”等此类陈述，选择同意还是不同意或不确定，这要更为简单、容易，不让人费解。同样，受访人还被要求就暗示问题解决方法之类的陈述进行表态，如“咨询服务中心应增加非裔美籍咨询师”或者“咨询服务中心应在帮助非裔美籍学生了解服务方面做得更好”等。

读者一定会记得我们这一研究也决定采用定性研究方法。采用定性研究方法，就必须设计一份含有采访问题的访谈提纲。根据巴顿（1990）的观点，当问题准确地按照访谈中询问的方式提前以书面形式写出来时，书面形式的问题就是标准化的访谈提纲。说明或阐述部分，以及任何探索性问题应该包括在提纲中。标准化的访谈提纲能最大程度减小不同访员之间的差异，也能够使我们对各个采访进行比较。开放性问题就是没有固定答案（比如是 / 否）的问题，受访人可以随心所欲，畅所欲言。（关于这一问题的进一步讨论参见本书第三章。）

本研究中，有三个问题需要非裔美籍学生回答：

1. 我们的记录显示非裔美籍学生的咨询服务使用率低。你觉得为什么会这样？

2. 你觉得可以采用什么方法来提高非裔美籍学生的咨询服务使用率？

3. 关于这一话题，你还有何评论？

47 从本书第三章列出的适合作为定性采访问题的问题类型中，我们选择了情感问题，因为它们最能反映本研究的目的。这些问题的排序也存在一种逻辑关系。第一，这些问题与本研究的目的并行不悖。第二，第一个问题要求参与者大体讨论一下非裔美籍学生，而不是揭露他们自己不使用咨询服务的原因，这样问题就不会显得那么咄咄逼人。如果我们想要参与者说出他们自己的原因，采用单独访谈或许更为合适。第二个问题是寻求他们关于如何解决问题的意见。第三个问题让学生有机会谈论不是由前两个问题引出的话题。（关于如何实施小组访谈参见本书第三章。）

谁来采集数据？

乍看之下，这一问题似乎无关紧要。显然，这一任务应当交给能承担此任务的人。但是往往最有资格的人又与调查结果存在利益关系。这在定量研究方法中问题不大，但在定量研究方法中，偏见容易发生在工具的选择和研发过程中。然而，在定性研究方法中，数据采集与筛选都是由那些实施调研并记录数据的人进行，这时偏见就成了一个大问题。（关于这一问题的讨论参见本书第三章。）

当然，还有本研究的“表面信度”这一挥之不去的问题，这取决于谁来采集数据。例如，在本研究中，如果只让美国白人来收集和研究数据，那么这些研究结果对非裔美籍学生来说有多大信度呢？根据我们的经验，就算有的话信度也不大。所以，在本研究的定量部分，所有的电话访员都是接受了适当培训的非裔美籍学生。在研究的定性部分，小组访谈的组长都是来自心理咨询部门的非裔美国人。他们具有咨询方面的专业背景，但他们与研究结果没有利害关系，并且他们接受过关于如何开展小组访谈方面的培训。

如何记录数据？ 48

正如前文的讨论，定量研究中所收集的数据由电话访员直接保存在计算机文档中。如果测量工具采用计算机评分的答题纸答题（为一项具体调查而研发的内部答题纸更为有效），那么答题纸就必须扫描，归入数据文档。

有了今天的计算机技术，就绝不能用无法扫描的方式来记录受访人的回答，因为这之后又要人工把它转换成可扫描方式。这一过程要花费更多的时间和成本，且会增加数据录入错误的可能性。然而，可扫描方式也存在局限性，从受访人没按照要求回答问题到扫描设备出现故障，各类问题不一而足。

正如第三章所讨论的那样，定性研究中收集数据所遇到的问题大为不同。在本研究中，小组访谈用录音带记录，小组组长作总结陈词。由于访谈只有三个问题，所以总结发言也要围绕这三个问题。在众多有关咨询服务使用率低的原因中，有一个或几个原因是学生提到最频繁的原因，必须先确定和讨论这一个或几个原因，然后再讨论其他原因。即使这些原因只是由个别受访人提出的，那也要讨论。有关问题的解决方法及其他问题的建议同样如此。

如何分析数据？

定性数据的分析同样取决于研究目的（可参见本书第四章）。或许最重要的一步就是判断受访人在被研究人群中是否具有代表性（关于如何处理这一问题的细节同样参见第四章）。如果只想知道咨询服务使用率低的原因，我们可以只记录问卷回答的比例，并进行相应的总结。如果想要知道不同性别之间的差异，我们可以实施多变量分析来判断。多变量分析还可以依据研究生与本科 49
生身份、全日制与非全日制或者其所在的年级（一、二年级与三、四年级进行比较）来开展。然而，如果我们想要综合学生们的人口学特征来分析原因，采用多变量分析更加合适。

本案例采用多变量分析，是因为一方面要找出非裔美籍学生不充分使用咨询服务的原因，另一方面还要找出使用率低与年级、性别、研究生与本科生等因素有关的影响。数据分析由统计顾问进行，由他陈述数据分析结果，并对数据进行解释。（关于定量分析的详细讨论，参见本书第四章和第十一章。）

本案例的定性研究部分，应按照前面所述的方法对研究结果进行总结。本研究中，访员与咨询服务中心工作人员联系，一起探讨受访人的回答。访员书面记录受访人给出的原因及解决问题的建议。

如何汇报结果？

这里有两个问题。第一个问题是如何结合定量研究结果与定性研究结果？我们可能会希望两种研究重叠部分具有一致性，但又希望彼此能够提供有价值的信息，实现信息互补。在本案例中，定量研究和定性研究方法都调查了咨询服务使用率低的原因。定量数据显示了受访人的人口学特征，而定性分析产生的是关于咨询服务使用率低的原因及如何解决这一问题更深层的信息。所以，两种方法并用的好处就在于每种方法都能够得到既确切又独特的信息。

第二个问题关注的是结果汇报的方式与报告的阅读人群、他们要阅读报告的原因，以及他们如何处理报告的方式。读者会记得在本案例中有三个利益群体：咨询服务中心工作人员（因为非裔美籍学生咨询服务使用率低背离了咨询
50 服务中心的宗旨）、非裔美籍学生（因为他们觉得自己的需求没有得到满足）以及学校行政管理人员（他们关注咨询服务是因为他们把提高咨询服务使用率看作降低非裔学生退学率的一种方法）。根据这三个不同的读者群体及其关注点，报告要采用不同的方式撰写。（更多关于报告书写格式的指导与讨论参见本书第十三章。）

如何使用评估结果？

不能低估使用评估结果的意义与复杂性。换句话说，正如本书第一章所定义的那样，评估结果如何融入评估过程呢？甚至设计最精良、报告最细致的研究也有可能被束之高阁，因为学校出于种种原因无法使用这些评估结果，如缺乏资源、缺少执行这些建议的勇气、犹豫不决等原因。这些评估结果的使用非常重要，本书将在第十三章进一步讨论。

本案例的最终结果是令人满意的。研究结果显示咨询服务中心需要雇用更多的非裔美国人，因此，咨询服务中心雇佣了更多的非裔咨询工作人员，这使

得工作人员更加多样化。行政管理部门也根据这一结果，提供了更多资源来降低非裔美籍学生的退学率。研究结果表明应该加大力度改善针对非裔美籍学生的咨询服务，据此咨询服务中心得到了非裔美籍学生社团的支持，使咨询服务更为人所知、被更多人接受。

当然，并不是所有的研究结果都能被有效应用。由于资源缺乏，有些咨询服务中心可能会把研究结果看作遥不可及、难以实现的目标。学校的行政管理机构可能也会如此。我们都知道每年都有学生毕业，每年都有新生入学，所以有人等着非裔美籍学生社团负责人换届，他们希望下届负责人不会如此重视这一问题——或许这是一种非常玩世不恭的想法，但往往也是一种现实的想法。

小结 51

本章回答了关于如何实施评估研究的几个基本问题：界定研究问题、研究目的、研究对象、最佳评估方法、研究总体、研究样本，确定如何采集数据，选择合适的测量工具，选择数据采集人员，记录分析数据，报告评估结果以及应用评估结果。正如本章开头指出的那样，我们的目的不在于将学生事务从业人员培养成评估专家，而是为其提供充足的信息，让其在评估问题上做出明智决断。为了开展质量和可信度兼具的评估研究，这些问题必须予以解决。

第三章

52 # 采用定性研究方法

弗兰·斯特奇（Fran Stage）在其1992年出版的一本书中提出，对高校学生的研究与评估应该更加灵活。她认为："研究高校学生的学者发现许多引发热议的问题无法仅仅通过对定量数据的收集与分析得到解答。"（p. 4）作为对定量研究方法的补充，本章将讨论定性研究方法。本书将在第四章专门讨论定量研究方法。本章将首先定义什么是定性研究方法，然后介绍如何运用定性研究方法，并将定性研究方法与定量研究方法进行比较。这将帮助读者了解定性研究方法的研究背景和开展定性研究的实用信息。近年来，已经有很多关于定性研究方法的文章。本书在参考文献中列举了很多优秀资源，读者可以阅读这些资源以加深对定性研究方法的理解。

不熟悉定性研究方法的读者不能想当然地认为定性研究方法不够严谨。定性研究方法常常要么不为人所知，要么被误解，甚至被认为不如定量研究方法好用而被抛弃。这些错误的认识应该纠正。舒（Schuh, 1992）指出："精确使用定性研究方法需要花更多时间和资源，当然还要知道如何正确使用定性研究方法。举例来说，精确理解语言并不容易，因为语言无法用统计公式进行精简。使用定性研究方法与使用定量研究方法一样，都需要相当多的技巧。"（pp. xii–xiii）

53 ## 定性研究方法的定义

定义何为定性研究方法并非易事。事实上，艾斯纳和佩什金（Eisner & Peshkin, 1990）认为，"'定性研究方法'这一术语存在争议，也有学者称之为自然主义、案例研究和民族志。此外，每种定性研究方法应该怎样开展也未达成共识，也许永远也不会有这种共识，即无法像定量研究方法那样有一套标准化的程序，例如在路径分析或单一受试研究设计中”（p.1）。

以上争论或许为定性研究方法确定了内涵。基于本书目的，我们采用巴顿为定性研究方法下的定义。巴顿（1990）把定性研究方法定义为：对情景、事件、人物、交流以及所观察到行为的详尽描述；对他人的经历、态度、信仰、观点的直接引用；以及对文件、信件、记录和历史案例或部分或全篇的分析。其他学者如斯特奇（Stage, 1992）和沃尔科特（Wolcott, 1990）也认同这一定义。本章的其他内容将围绕这一定义展开，并与斯特奇提出的定量研究方法的定义进行比较。“定量研究方法要求用数字符号或其他评估符号来构建意义。”（p. 7）

基于巴顿的定义，有必要回顾一下博格丹和比克兰（Bogdan & Biklen, 1992）提出的定性研究方法的五个特点：（1）定性研究是在人们工作和娱乐的自然情境中，而非实验室里开展的。研究人员是主要的数据采集工具，定性研究不太关注标准化工具或控制变量。（2）定性研究本质上是描述性的。它收集的数据多为文字、图片而非数字。当回答“为什么”的问题时，定性研究方法能够更详尽地描述人们如何理解自身行为和经历。（3）定性研究既关注研究过程，又关注研究结果。在定性研究中，数据采集和分析同时进行。当研究人员对所研究课题的了解逐渐加深，新的研究方法也随之产生。（4）归纳分析法是 54
经常用到的理解信息策略。当收集到的信息越多，研究人员就提出假设。假设并不是在先验的基础上发展起来的。（5）定性研究人员的关注重点在于学生如何理解自身经历。在定性研究中，受试自身的观点最为重要。研究人员通常会将调查报告的草稿给受试审阅，以确定自己是否准确、完整地理解了受试的意思。

对那些在研究生院学习定量研究方法的人来说，尤其是对理科生和工科生来说，这五个特点挑战了他们的很多的原有认知。这些特征，以及本章后面要讨论的定性研究方法的其他特征，要求我们对研究、评价和评估要有不同的看法。

定性研究方法与定量研究方法的比较

研究文献中关于这两种方法的争论很多。莱德（Layder，1993）的观点比较有趣。他认为，“偏爱量化数据的研究人员认为宏观分析是社会学研究的主要方法。与之相反，主张定性研究方法的研究人员往往敌视量化数据的使用，他们认为量化数据‘给社会生活强加了其本来就没有的固定性’，并因此强调微观分析的首要地位”（pp.109–110）。

这种争论经常表现得好像非此即彼。然而在现实中，学生事务工作面临的问题只有通过两者结合才能得到最具说服力的解答。此外，虽然这里讨论了两种方法的不同点，但读者不应认为这两种方法完全对立。它们确实有不同特点，但都是判断真理的严谨方法。

主要概念

除非另有说明，以下对定性和定量研究方法差异的分析源自博格丹和比克兰（Bogdan & Biklen, 1992）以及沃森和桑德斯（Worthen & Sanders，1987）。

55 定性研究方法的一个主要概念是理解受试话语，定量研究方法则倾向于确定统计数据之间的关系。定性研究中，研究人员对受试如何理解自身所处的环境，即受试如何对问题作出回应抱有极大的兴趣。定量研究对数字本身不感兴趣，但关注数字间的关系，探寻其相关性，检验其显著性差异等。

巴顿（1990）认为，“定性研究方法使评估人员能就选定的问题进行深入、细致的研究。田野调查不受事先设定好的分类的制约，能帮助定性研究更加深入、开放、详尽地开展。另一方面，定量研究方法需要运用标准化手段，以便受试的不同观点和经历能适应预先确定的数量有限并分配好数字的类别”（pp.12–14）。简而言之，定量研究方法比较适合回答“是什么”的问题，而定性研究方法则适用于回答“为什么”的问题。

数据

两种方法采集的数据之间存在显著差异。通过定性研究采集的数据可以是受试的话语、研究人员的现场记录、文件，甚至图片或录像。定量数据通常是通过预先设计的工具采集来的数字、度量和计数等。从表面上看，定量数据似乎比定性数据更精确，然而定性数据也完全可以和定量数据一样精确，只要采集的数据详尽得当。

抽样

这两种方法具有不同的抽样方法，这一点很好理解。在定量研究方法中，研究人员根据一定的标准从总体中抽取具有代表性的样本。最典型的标准是人
56 口学特征，如性别、年龄、种族、民族等。如果样本确实具有代表性，研究人员就更有信心把从样本中归纳出来的研究结果推广到研究总体中去（Schulman，1988）。定量研究方法通常采用随机抽样。定量研究人员需要担心的问题是抽

样误差、样本回收率和其他问题。这些问题将会在第四章详细讨论。

另一方面，如巴顿（1990）所述，定性抽样带有目的性，通常深入关注小样本，有时甚至只是个例。“目的性抽样的优势在于案例的信息丰富，可供深入研究。我们可从中了解到很多信息。这些信息与研究问题息息相关。因此，我们称其为目的性抽样。”（p.169）

巴顿（1990）提出了15种定性抽样方法：

1. 极端个案或偏离个案抽样。该抽样方法侧重选取在某些方面异常或特殊但信息丰富的案例。

2. 精选案例抽样。该抽样方法选取多个信息丰富的案例。这些案例并非极端案例，但能体现出所研究问题的某些现象。

3. 最大差异抽样。这种抽样方法试图尽量减少小样本带来的问题，因为小样本存在较大的异质性，于是问题变成如何使小样本具有最大差异。首先，研究人员应确定构建样本的不同特征和标准，然后据此选出样本。最大差异抽样目的并不在于寻找总体的普遍特征，而在于发现能解释个体差异的信息和个体差异中存在的显著共同特征。

4. 同质抽样。研究人员需选取一个同质的小样本进行深入描述。小组访谈通常在同质小组内进行。

5. 典型案例抽样。样本为一个或多个“典型”案例。研究人员需要在某个对研究主题非常熟悉的关键人物的帮助下选出典型案例。

6. 分层目的性抽样。样本由高于平均水平、平均水平、低于平均水平三个层次的案例构成。

7. 关键案例抽样。该抽样方法能让研究人员提出重要观点的或出于某些原 57
因对研究特别重要的关键案例。这种抽样基于“（某事）如果发生在这里，也将发生在其他任何地方”的理念。

8. 滚雪球抽样或链式抽样。该抽样方法能让研究人员找出掌握丰富信息的关键人物或关键案例。寻找的方式为随机询问当前的受试“谁比较了解……？”和“我应该咨询谁？”之类的问题。

9. 标准抽样。这种抽样方法能够检验和研究所有达到预设标准的案例。关键事件也可作为标准抽样的案例来源。

10. 基于理论的抽样。该抽样要求研究人员根据重要理论建构的潜在表征或表现事件、生活片段、时间片段和人物等进行抽样。

11. 证实案例或证伪案例。这种抽样方法包括寻找确定案例并对其抽样（证实案例即适用于已有模式的案例，反之则为证伪案例）。

12. 机会抽样。该方法要求研究人员把在数据采集过程遇到的意外案例包括在内。

13. 随机目的性抽样。该方法是指研究人员先选案例，然后才能知道研究成果如何得出的抽样方法。抽取随机目的性小样本的目的在于减少读者对某些案例为何被选中的质疑。

14. 政治重要性个案。样本的选取建立在政治敏感度上。

15. 便利性抽样。该方法旨在选取性价比高、方便快捷的样本。这种抽样既无目的性也无策略性。虽然便利性和成本是实际考虑因素，但仍应先考虑该如何获得最多信息。便利性和成本应该是最后考虑的因素。

选择何种抽样方法取决于所研究问题的性质和研究目的。在研究过程中，
58 事先选择的抽样方法还可以更改，并不是说研究一旦开始，抽样方法就必定不能变化。定性研究方法的独特优势之一就是抽样方法可以随实际情况的变化而变化。举例来说，可能某研究开始选用随机目的性抽样方法，但是在对根据该抽样方法选出的受试进行访谈时发现还有其他人可能掌握的信息更加丰富，这时就可以改用滚雪球抽样或链式抽样方法。需要注意的是，抽样方法的变更必须在调查报告中注明。

研究人员的作用

定量研究方法与定性研究方法最大的区别也许在于研究人员的作用。根据巴顿（1990）所言，有人认为定性研究中研究人员既是数据的采集工具又是数据的分析工具，因此他们批评定性研究方法太过主观。此外，他们还认为在定性研究方法中研究人员与受试之间存在的私人联系会影响研究的客观性。在他们看来，主观性与科学研究是完全对立的。

另一方面，客观性被认为是科学研究方法的优势，并常被解读为独立于人类技能和感知，甚至独立于人类的存在。很明显，虽然研究人员可以是数据的客观采集者，但是他们的主观性和偏见不仅会对实施的评估和问卷调查产生影响，还会影响包括抽样和数据分析在内的研究设计。鉴于所有的研究方法都存在主观性，主观性与客观性的争论毫无意义。

虽然如此，巴顿（1990）认为，任何值得信赖的研究都要求研究人员对所研究的问题采取中立态度。换言之，研究人员的出发点不应是证明某特定观点或者运用数据来得到预设结果。中立的研究人员不应该含有私心，不为证明理论的目的进行研究，也无需刻意得到预设结果。要保持这种中立立场并不容

易。鉴于定性研究人员是数据采集工具，因此“研究人员应仔细思考、处理，
并报告偏见和错误的可能来源”（p.56）。另一方面，根据巴顿（1990）所言， 59
“中立并不意味着超然。……定性调查依赖、利用、增强研究人员的直接经验及其对这些经验的理解”（p.56）。

与受试的关系

根据以上讨论，我们可以判断，与定量研究相比，定性研究的研究人员与受试之间的关系较为不同。定量研究人员需要限制、消除自身与受试之间的联系；定性研究人员则不然。为建立双方信任以得到真实、深入的信息，定性研究人员须与受试建立个人联系。本章将在稍后讨论研究人员如何进行访谈和如何提问的技巧，以保持与受试的友好关系。

研究工具

定性研究中最重要的工具是研究人员，他们在定性研究过程中发挥核心作用。比如，开展深入访谈的是研究人员，直接在现场进行观察的是研究人员，查阅书面文件的还是研究人员。研究人员很大程度上决定了研究内容，也会对研究结果产生影响。在定量研究中，研究人员则以量表和调查问卷为工具，对研究结果不会产生影响。虽然只相信定量研究方法的研究人员很难接受“研究人员即为工具”的概念，但这一概念在正确实施的定性研究中确实存在，并且是恰当可信的。

数据分析

定量研究人员使用演绎法进行数据分析。先通过统计方法分析采集到的量
化数据，再从数据分析结果中推导出结论，并将该结论推广至更大的总体。定 60
性研究人员则使用归纳法。通常，在数据采集期间或完成数据采集后，研究人员对信息进行整理、解读、编码和分类，然后结合数据和自己的经验得出结论。

优势

与定量研究方法相比，定性研究方法的优势是相对的，而非绝对的。讨论定性研究方法优势时，重要的是要强调，无论是定性研究方法还是定量研究方法都要求研究人员要有逻辑，态度要严谨，并且努力工作。我们的观点是，优势（或不足）只针对大多数情况，并非全部。定性研究方法有三个明显的优

势。第一，定性研究方法非常灵活，它允许研究人员沿着研究过程中不断出现的线索推进研究。第二，定性研究注重了解人们如何理解自身所处环境。第三，研究人员可能会成为评估对象的支持者，特别是当对象库中有些教师对某些问题不太熟悉时。

另一方面，定量研究方法也有几个明显的优势。它操作简单，研究结论显得更为确定。这个原因是定量研究似乎更容易被人接受的多个原因之一。要让读者相信一个好的定量研究是严谨准确的并非难事。正如前文指出，定性研究也要严谨准确，但要让读者相信定性研究是客观准确的，则需要更多的努力。

不足

正如大家所想，每一种方法都存在不足。在定量研究中，控制干预变量很难。例如，针对校园安全的问卷调查可能会受多个因素的影响。如果受试在做问卷之前，学校发生了暴力犯罪事件，该事件就会影响受试的作答。定义总体也非易事。例如，校园里的学生群体可能每天都有变化。每天都有学生离校或有
61 学生因为参加函授课程而注册入学。还有，除非仔细阅读整个定量研究的过程，否则读者可能会简化研究结果。因为数字可能会显示出某种关系，但是实际上该关系并不一定真的存在。（关于定量研究局限性的讨论，请参见本书第四章。）

定性研究方法也有不足。进行定性研究需要花费大量时间，并非几天或是几个星期能够完成的。进行访谈和观察学生行为相当耗时，对数据的整理、编码、分析和解读也费时费力。在大批学生中进行定性研究与理解受试话语和经历都很困难。试想一下，在一所同时招收本科生和研究生的大学中进行学生生活质量调查会是怎样的情形。这一调查研究非常复杂，可能需要对研究做些改变，如研究一年级新生、文科生、高年级研究生的生活质量。这样调查更加可行。定性研究的另一问题在于可能会因研究方法不合理，不符合法律规定而遭到机构成员的抵制。巴顿（1990）认为，解决此问题的方法之一是将定性研究方法与定量研究方法结合起来（参见本书第二章，二者共同应用于同一研究）。最后，定性研究中的异常现象也许很难解释。如果使用个案分析法进行定性研究，异常现象将不被列入最终报告，但这并不意味着该异常现象不存在。

虽然对定性和定量研究方法之间差异的讨论尚未终止，但二者的主要区别还是得到认可的。有些差异比较明显，需要研究人员以不同的思维进行研究。尽管如此，伯格、高尔和高尔（Berg, Gall & Gall，1993）得出的结论是“运用得当的话，定性研究方法和定量研究方法都能对教育发挥很大的作用”（p.201）。两种方法的差异如表 3.1 所示。

表 3.1 定性与定量研究方法比较 62

定性研究方法	定量研究方法
关键概念	
意义	统计关系
研究设计	
根据需要进行设计，设计灵活	结构化，可预先设定
数据	
现场记录，受试的话语和行为，文献	度量，计数，数字
抽样	
不具代表性，样本小，滚雪球式抽样	样本大，分层抽样、随机抽样
数据采集方式	
现场观察，查阅书面文件，访谈	实验，调查工具，数据库
与受试的关系	
需要建立个人联系，强调信任	短期，不需要近距离接触
工具	
研究人员，录音机，相机	调查目录，问卷，计算机
数据分析	
边调查边分析，归纳法	演绎法，需要统计方法
优势	
灵活，强调理解	操作方便，认可度高
不足	
耗时长，数据难处理，难于运用于大样本，异常现象难解释	需要控制其他变量，有时研究结果不具有普遍性，结果容易被简化

资料来源：改编自博格丹和比克兰（1992）的《教育研究中的定性研究方法》（*Qualitative Research for Education*）以及沃森和桑德斯（1987）的《教育评价：研究方法与实践指导》（*Educational Evaluation: Alternative Approaches and Practical Guidelines*）。

数据采集方法 63

本章前文已提到，定性研究中采集数据的三种方法包括：访谈、书面材料查阅，以及在自然情境中对研究对象进行观察。在本节中，我们将对每一种方法进行探讨并就每种方法应如何实施提供实用建议。

访谈

定性研究中，访谈是最主要的数据采集方法。它涉及研究人员与受试的个人交往，从而使研究人员有机会深入探索研究课题（Manning，1992），并对假设做出即时检测（Carnaghi，1992）。我们还想补充一点，访谈需要访员具有卓越的人际交往技巧，因为“访谈中所获信息的质量在很大程度上与访员有关”（Patton，1990：279）。在访谈前，研究人员需要决定访谈类型、问题类型、提问顺序、问题措辞、导入问题和后续问题、访谈前的准备、访员所扮演的角色、访谈技巧以及访谈形式（单独访谈或小组访谈）。

访谈类型

巴顿（1990）确定了访谈的三种基本类型：非正式的会话访谈，基于提纲的访谈和标准化开放式访谈。每种访谈类型都需要做不同的准备、概念建构和选择研究工具。

1. 非正式的会话访谈完全靠在自然流畅的互动过程中自发产生的问题来推进。该访谈类型从访员和受试见面以及访员对受试进行观察时就开始了。有时候，受试甚至可能没意识到自己正在接受访谈。

2. 第二类访谈是基于提纲的访谈。用巴顿（1990）的话来说，“在访谈前，
64 访员和受访人要一起列出拟探讨的问题。这些问题不需以特定顺序提出，也不需为了得到更好的回应而预先决定措辞……访员因此需要根据实际情况调整自己的措辞和问题次序”（p. 280）。

3. 根据巴顿（1990）所言，标准化开放性访谈“由一系列措辞谨慎、次序相同的问题组成，以使访员能以同样的问题顺序对受试进行提问，且同一问题的措辞基本相同”（p. 280）。如果研究人员希望能尽量减少所提问题的差异，尤其在访员人数较多时，这种方法最为适用。[读者如果想深入了解访谈技术方面的内容，请参阅巴顿（1990）。]

根据我们的经验，标准化开放式访谈对评估最为合适，也最受读者信赖。受试回答的问题相同从而增强了回复的可比性，而且研究人员可获得每位受试关于研究主题的完整信息。如上所述，该访谈法能减少因访员不同产生的对研究结果的影响和偏差。同时，也使使用评价的人能在研究开展之前对所使用的研究工具进行仔细检查。最后，由于受试面临的是相同的问题，数据的整理和分析也更容易完成（Patton，1990）。当然，使用标准化开放式访谈法并不是说另外两种访谈法毫无用处。只不过，根据我们的经验，非正式的会话访谈和基于提纲的访谈在学生事务评估研究中的作用比较有限。

问题类型

根据研究目的，一次访谈中可能使用几种不同的问题。巴顿（1990）确定了六种问题类型：

1. 经历和行为类问题。该类问题研究人们正在做或已经做过的事情以引出对以往经历、行为和其他可观察的活动的描述——例如，“如果你想预约我们的就业咨询服务，而我要跟着你一起去，我会看到你做些什么？”

2. 观点和价值观类问题。该类问题旨在了解受试的认知和理解过程。这些问题告诉我们受试是如何看待某些问题的，包括他们的目标、打算、欲望和价值观——如“在你看来，我们应该怎样提升职业咨询服务质量？” 65

3. 感觉类问题。该类问题试图引出人们对自身经历和思想的情绪反应。询问此类问题时，我们要寻找受试话语中表达诸如焦虑、自信、生气、高兴、沮丧、心花怒放之类情绪的形容词。但问题是，感觉和观点容易混淆。例如，在回答关于上述职业咨询服务的问题时，学生可能会说：“我感觉应该更好地宣传职业咨询服务。”这是观点，不是感觉（在该语境中，“感觉”指的就是“认为”或“想”），访员应对此予以区分。表述恰当的感觉类问题可能是这样的：“当你在职业咨询中心预约成功时感觉如何？”适当的感觉类回复则可能是：“当没能成功预约咨询顾问时，我感到非常沮丧。”

4. 知识类问题。该类问题帮助研究人员探究受试是否知道某类真实信息。鉴于我们很担心学生是否了解我们的服务、项目和设施，以及他们的了解是否准确，所以在学生事务中，此类问题非常重要。例如，我们可能会问，“学生到医疗服务中心看一次医生大概需要花多少钱？”或者“学生中心的周末工作时间是怎样安排的？”

5. 感官类问题。该类问题关注的是受试看到什么、听到什么、摸到什么、尝到什么和闻到什么。这些问题的目的是探究受试的感官体验。该类问题可能是这样的：“当你走进学生中心时你看到了什么？”或者“当你第一次见到毒品咨询员时，你听到了什么？”从技术上讲，感官数据是一种行为数据，但它们彼此不同，因而值得单独列出。

6. 背景和人口学类问题。该类问题关注受试的特征，它能帮助研究人员在总体中对受试进行识别。学生的人口学特征可能包括年龄、学历、专业、年级、居住地等。如果受试名单是从学校的某个数据库中选出的，实际访谈中就 66
不需要采集此类信息，从而能节省宝贵的访谈时间。

提问次序

根据巴顿（1990）的观点，在访谈的时候，尤其使用非正式会话访谈法或基于提纲的访谈法时，提问次序并无固定规则。但是，在使用标准化开放式访谈法时，问题的提问次序要固定，这一点非常重要。我们的经验是，访谈应以一些“破冰”类问题开始，这能让受试吐露相对“安全”的信息，并让他们在访谈时更加放松。对参与访谈的访员而言，建立“研究人员即研究工具”的概念非常重要。如上所述，要尽量减少背景类问题，因为可以节省宝贵的访谈时间。如果确需提问背景类问题，则应在访谈开始时进行，特别是在访谈成员复杂的讨论小组时，这一点更加重要，因为受试的观点对于访员如何解读所采集的信息至关重要。

在巴顿（1990）看来，访员的提问应该从与无争议的行为、活动和经历有关的问题开始，因为它们易于回答，而且不会对受试产生威胁。接下来的问题应该侧重于观点、理解和感觉。把知识类问题留到最后，因为它们往往比较危险。考虑一下学生中心负责人如果不知道学生中心的周末工作时段会有何感受。

问题措辞

巴顿（1990）认为，访谈是一门艺术，好问题应该是开放式的、中立的、单个的、清晰的。在提问“为什么”类问题时，访员应格外小心。设计真正的不会使回复有所偏向的开放式问题不是一件容易的事情。例如，“你对我们的饮酒教育课程的满意度如何？”乍一看，这个问题似乎是一个完全恰当的开放
67 式问题。但是该问题并不恰当，因为它假设受试或多或少是满意的，并因此限制了其他可能的回复。对这一问题，更好的表述也许是这样的：“你怎么看待我们的饮酒教育课程？”或者“你觉得我们的饮酒教育课程怎么样？”如果是封闭式问题（“你对我们的酒精教育课程是否满意？”）那就更加糟糕，因为封闭式问题只需受试回答“是”或“否”，几乎无法要求受试作出详尽描述。

与已经存在偏向的问题比较，中立的问题更为可取。例如，“宿舍噪声是如何影响你的学习的？”设计这个问题时，访员已经做了有可能并非事实的前提假设，即噪声对学习有负面的影响。更恰当的问法可以是：“如果噪声对学习确实有影响，告诉我宿舍噪声是如何影响你的学习的？”这一问题并未假设噪声与学习之间存在联系，即使噪声与学习之间有联系，二者的联系是正面还是负面的也尚未确定，因而，问题的偏向被消除了。

单个问题（一个问题一个问题地提问）提问也很重要。例如，“我想知道更多关于你在我们的女性中心的经历。你是怎么看待我们中心的？当你第一次走进办公室时有什么感想？谁对你帮助最大？”这可能是访员的好意，访员想为受试回复问题列举一些例子。但这种做法违背了定性访谈的整体思路，因为这样提问无法让受试好好回答问题。如果单独来看这里的每个问题，每个问题

都挺好。一次性问这么多问题不仅让受试不好回答，而且访员在对回答进行整理编码时，也会遇到很多问题。

问题清晰明确也至关重要。根据巴顿（1990）的观点，访员有责任在访谈前查明受试熟悉的术语并确保注明受试不熟悉的或是语义模糊的所有术语。例如，“如何提升 CDPC 的服务质量？”这一问题假定学生知道 CDPC 代表职业发展与就业指导中心（Career Development and Placement Center）。要确保所使用的语言能被受试理解也不是一件简单的事情。在任何学校，学生互相交谈 68
时所使用的语言可能都存在独特性。在不同的校园，甚至是同一个校园中的不同群体，同一件事情可能都有不同的表达。例如，学生的“约会”可能有“相恋”“接触”或其他一些口语化的表达。因此，准备访谈问题时，一定要对当地学生所使用的语言有一定的认识。这一点对访员来说很重要。如果访员不明白受试所使用的术语，那么就会因不熟悉的术语而产生交流障碍，会不断受到困扰。在这种情况下访员即使感到别扭，也必须询问受试是否能准确理解所问的问题。

问“为什么”类问题时总会出现问题，因为这类问题假设存在某种因果关系，预先假定事情发生有其原因，而且这些原因皆为可知的原因（Patton，1990）。此类问题还可能对受试产生威胁，让他们觉得必须证明自己的行为是正当的。例如，“你为什么要在你的宿舍喝酒？”设计“为什么”类问题时，一定要注意避开这些缺陷。例如，不问“你为什么要加入兄弟会？”反之，我们可能会问，“兄弟会有什么吸引你加入？”

但是且慢。在本书第二章中，我们开展了一项以探究为什么非裔美籍学生未能充分使用咨询中心的研究。探究“为什么”类问题是完全适当的，但读者会察觉，虽然目的是探讨“为什么”的问题，实际问的却是：“我们的记录显示非裔美籍学生未能充分使用咨询服务。你认为为什么会这样？如果有可能的话，我们应该做些什么来增加非裔美籍学生对心理咨询中心的使用？”这相较于问“你为什么不使用我们的咨询中心？”这些问题要更好些，因为前一种问题没有个人针对性，而且明确地把不使用的责任归于咨询中心而非受试。

追问后续问题

在巴顿（1990）看来，追问后续问题用于更加深入地挖掘受试的回复。追问有注重细节的追问（提问时间、人物、地点、事件和方式），也有详尽说明性追问。根据我们的经验，“多告诉我一些关于……”或“帮助我更好地理解……”都是不错的详尽说明性追问，因为它们把详尽说明的焦点放在访员而非受试身上。追问内容不应超出受试先前未提及内容，或者说超出原有问题的 69

范畴。举例来说，如果要求受试提供关于对艾滋病项目的看法，受试说“我认为艾滋病项目的优势之一是为我们更加直观地了解艾滋病提供了帮助”，这时可能适合追问，“在帮助大家更加直观地了解艾滋病时，哪个方面让你印象深刻？”这样的问题能促使受试对此作出更加详尽的说明。

追问中要避免的事情是提示受试你认为他们可能忽略了的答案。例如，艾滋病项目的负责人可能花了大量的时间和精力开发高科技技术和视觉辅助工具。让我们进一步假设，访谈方案非常宽泛，访谈只涉及了“你对艾滋病项目有什么看法？”的问题而受试也未提及视觉辅助工具。那么访员可能忍不住接着问：“你觉得视觉辅助工具怎么样？”但是，在这种情况下，无论受试是否提及视觉辅助工具，我们从他们的回答中了解到的信息是一样多的。我们并不会因为给他们提示而得到更多的信息。如果所有的受试都没有提到视觉辅助工具，那么就很大程度上说明了视觉辅助工具对于受试的效果。另一方面，如果真想了解视觉辅助工具，那么不要以追问的形式而是把它作为单独的问题来问。总之，追问不应提示受试他们先前未提及的回复。

书面材料查阅

定性研究中，书面材料查阅是研究人员常用的第二种数据采集方法。惠特（1992a）指出，因访谈法和观察法等采集数据方法更积极或更富于互动性，书面材料查阅常常容易被忽略。尽管如此，研究人员认为，“书面材料是一手数据和二手数据的潜在丰富来源，正因为如此，我们需要关注所有有关大学生经历的研究”（p. 89）。

博格丹和比克兰（1992）指出，个人文件（包括日记、书信及自传）和官方文件（内部文件、外部交流文件、记录和文档）之类的书面材料，都可以提供有用的数据。此外，政府和私立机构已经建立了许多大型数据库，数据非常
70 翔实（Bowering，1984）。如惠特（1992a）指出，书面材料有优势，也有不足。一方面，书面材料容易得到，能提供稳定的数据来源，而且书面材料反映的数据往往是书面材料所处地方的数据。另一方面，书面材料可能会带有作者的偏向，有时数据也不完整。这意味着研究人员可能无法坐下来直接询问材料撰写人员那些不清楚的事项。尽管如此，书面材料还是提供了丰富的信息资源，因此，考虑对学生生活某些方面进行评估的研究人员不应忽略书面材料的作用。

观察法

观察法有两种方式：一种是研究人员仅仅观察人们在某个环境中的行为；

另一种是参与型观察，即研究人员参与受试的活动，并与他们互动。无论以何种方式进行，观察法都为研究人员提供了机会，使他们能观察人们在自然情境中的行为。一个著名的参与型观察例子是1988年莫法特（Moffatt）在罗格斯大学（Rogers University）进行的研究。在那里，他与学生一起在学生宿舍里住了很长一段时间。

在进行观察时，研究人员必须考虑各种问题。例如，是否需要告诉被观察的学生他们正被观察？观察是否进行了足够长的时间？（Russell，1992）。参与型观察者是否透露了他们参与该小组的目的？在特别活跃的环境中，研究人员能否观察到所有相关行为？例如，在演讲中，观察者到底是观察演讲者还是观察听众，或者两者都需要观察？如果观察者把观察学生行为作为评估项目的一部分，这些问题和其他问题对他们来说就是挑战。虽然有困难，但是仅仅观察在校生的行为就能采集可能有用的信息，因此开展定性评估项目时，应该考虑该方法。

研究人员的责任与作用

即使评估中的其他所有事项都是精心计划、妥善实施的，大多数定性研究人员仍一致认为，访谈的成功主要取决于访员在访谈前所做的准备、访员在访谈时发挥的作用和访谈技巧。当然，访员的首要任务是与受试建立融洽的关 71
系。巴顿（1990）认为必须以不影响访员中立态度的方式建立融洽关系。中立态度指受试能自由谈论任何事物而访员对其言行不做任何评判。作为访员：

> 我不能感到吃惊，不能愤怒，不能尴尬，不能悲伤——事实上，受试告诉我的信息中没什么能够或多或少让我产生这些感受的。同时，对被告知的内容我持中立态度，而且非常重视受试是否愿意告诉我他们正告诉我的事情。关系融洽是对受试的立场，中立则是对受试所述内容的立场。关系融洽意味着我尊重受试，所以他们所述的内容因为从他们口中说出因而显得重要。我想让他们知道他们的知识、经验、态度和情感很重要。但我不会根据他们所述的内容来评判他们。（p. 317）

根据巴顿（1990）的观点，促进自由开放的讨论的重要途径还包括给予受试强化和反馈。这意味着访员要时不时地让受试知道访谈的目的正在逐渐达到。感谢、支持和赞美的话语显得尤其重要。根据我们的经验，研究人员必须确保强化针对的是受试，而非受试所述的内容。对访员来说，偶尔对受试的前述内容进行查阅和总结并确保双方就前述内容达成一致很重要。然而，如果访员通过赞同受试的观点和态度来强化前述内容却不合适。此外，在访谈中，访员应按受试的反应而发生“变化”，感知受试有什么不适和困惑，或思绪混乱，并做出相应反馈。

鉴于本书的读者主要是从事学生事务工作的专业人士，而融洽、中立、强化、反馈和互动皆为学生咨询服务的指导原则，因此无需对此加以详细阐述。
72 对研究学生事务的专业人士而言，这里有个好消息。通过培训和经验积累，我们已为访谈做了充分准备以使受试在访谈期间能畅所欲言。所有优秀咨询服务所需具备的技能和措施同样适用于定性访谈。

然而，学生事务工作人员既是教育者也是咨询师，而我们的教育相关技能可能会引起问题。在访谈情境中，我们必须抵制“教导”和“研究”兼备的诱惑。当我们开展教育项目或上课时，我们有责任去纠正学生的错误。在定性访谈中，我们很可能也会情不自禁地去纠正学生的错误。假设你是宿舍主管，如果有学生说，“明年我想住宿舍，可我喜欢住单人间，但宿舍没有单人间”，作为宿舍主管，你知道学生宿舍有单人间，于是会不由得想脱离自己的访谈角色来澄清这一错误认识。但你必须抵制这一诱惑，因为它会严重损害你作为访员的中立性与公正性。

第二，访员有责任在开场陈述时告诉受试（1）研究目的；（2）谁来开展研究；（3）受试被选中的原因；（4）访谈问题；（5）保密条款；（6）充分参与的重要性；（7）访谈持续的时间；（8）研究结果的使用；（9）参与研究的奖励机制。如果学校审查委员会（Institutional Review Board）或人类受试委员会（Human Subjects Committee）（参阅本书第十四章）要求研究人员出具书面的知情同意书，访员应在开场陈述时进行说明并请受试签署该同意书。开场陈述应简洁明了，只需要一到两分钟时间。

第三，访员要控制好访谈内容和时间。访员要确保受试回答所提问题，且回复未偏离访谈目的。同时访员还要留心时间，确保所有的问题能在规定时间内问完。在小组访谈情境中，访员要确保所有受试都有机会发言，要确保受试能进行开放和自由的交流，且不能让任何一位受试独自滔滔不绝地回答问题。

73 第四，访员有责任准确记录受试所说的所有话语，因为如果访员未能抓住受试话语的精髓，整个访谈也就随之失败。要准确记录受试所说的话语，最佳和最有效的方法是对访谈内容进行录音或录像。虽然有人认为录音机的存在可能会影响受试的回答，但是根据我们的经验，受试很少质疑录音机的使用，而且在访谈开始后的几秒钟内，受试就会迅速遗忘录音机的存在。如果录音机正常工作，研究人员就会把注意力放在访谈的内容上。无论录音机等设备已经在过去成功使用过多少次，访员都应该在访谈前对设备进行测试。

其他记录访谈的方法都不如录音有效。例如，如果访员试图在访谈期间做笔记，受试可能会分心，因为他们会有这样的想法：“他把我刚才说的话记下来了。这句话一定很重要”或“他刚刚什么都没记，我说的肯定不重要”。访员也很难在记录的同时充分关注受试所讲的内容。这就有可能会遗漏受试的重要观点。请另一位研究人员做记录虽然可以让访员完全专注于受试所述内容，但这种方法有其他局限性。基于同样的原因，我们也不建议在访谈期间不做记录而在访谈后尝试重现访谈内容。

最后，访员有责任结束访谈。这一过程包括向参与访谈的受试致谢。访谈结束后，尤其试测访谈结束后，访员有必要邀请受试对访谈经历、所提的问题、访员进行评价。其他事项还可能包括将研究结果发送给受试或给予受试诸如电影票、书店折扣券或餐券之类的奖励。同样，根据我们的经验，在结束访谈前还要让受试有机会回来或打电话告知更多信息或做更多阐述，这或许能增强回复的效度。

单独访谈还是小组访谈？ 74

访谈应采用何种方法取决于几个因素。当讨论的话题可能要求受试透露某些在群体中不愿意透露的信息时，单独访谈可能更合适。在单独访谈时，受试在表达想法、情感和观点时无需与其他人争夺“时间”，也不会感受到群体的压力。对访员来说，与一个人快速建立融洽关系更加容易，与一个小组快速建立融洽关系则相对较难。记录一对一的互动也比记录群体互动要容易得多。此外，在对单独访谈录音后，我们很容易判断录音里的哪句话是由谁说的。但在小组访谈中，研究人员往往很难从录音中分辨出谁说了什么。

另一方面，小组访谈是一种高效的数据采集方式。小组访谈的样本更大。在一两个小时内，访员就可以从一小组人中（不超过十个人）而不只是从一个人那里获得信息。也许小组访谈最重要的优势是，受试在回答问题时可以互相帮助。小组中其他成员说的话可能会引发受试在单独访谈中可能没想到的观点。小组成员可以支持或反对其他成员，从而为访谈创造更多的活力和数据。

小组访谈的不足

首先，可选择的访谈类型会减少。非正式的会话访谈和基于提纲的访谈在小组访谈中效果不佳，因此必须使用标准化开放式访谈。其次，小组更加不好管理。访员不仅要完成所有在单独访谈中需要做的事情，还必须记录小组中发生的事情、意想不到的冲突，以及其他可能影响讨论的事情。腼腆的受试可能会被更加自信的受试吓住。一位受试可能会滔滔不绝，不让其他成员插话。如上所述，如果对小组访谈进行录音，研究人员往往很难区分谁说了什么。如果
75 研究目的比较重视小组成员的人口学特征（性别、种族、年级等），这可能就是个问题。

小组构成

小组成员应该是异质的（小组成员应该由能代表整个样本的各类人群组成）还是同质的（小组成员应该由整个样本中的同一个群体的成员组成）？当然，小组构成一方面取决于研究目的，另一方面取决于不同群体的回复是否重要。但是小组成员无论是异质还是同质，研究结果都会有偏差，因为即使使用同样的样本，异质小组也可能产生与同质小组完全不同的结果。例如，让男性和女性成员在同一个小组内探讨性别角色得到的研究结果可能与让男性和女性分开讨论得到的研究结果完全不同，会产生极为不同的结果，因为每位成员在有异性参与和无异性参与的情况下反应差异很大。因此，研究人员必须考虑由小组构成导致的潜在偏差。如果因为小组成员的构成产生结果偏差，那么同质和异质小组都应被使用。

最后，基于上述因素，研究人员必须决定小组访谈和单独访谈哪种方法更适用。当然，如果时间和资源允许，最好的解决方案是取两者的优势，两者同时使用。

数据分析

一旦数据采集完毕，研究人员需要对数据进行编码、整理和排序，以方便进一步分析。这一研究阶段的工作并不容易，同样需要花费大量的时间、精力和费用，但我们可以通过一些方法减少时间、精力和费用的投入。

在很大程度上，数据采集和分析是同时进行的。也就是说，当研究人员在
76 进行访谈或查阅书面材料时，他同时也正进一步了解人们的想法并在思考如何

开拓新的研究途径。例如，访员可能会在备忘录中记下自己经过几天的研究后或进行访谈后的研究设想（Bogdan & Biklen，1992）。在这一过程中，他会有一些假设，也可能会发现一些暂时性的研究结果。不过有时候，必须停止数据采集，开始正式的数据分析。此时，研究人员需要找到方法来进行数据分析。

数据简化

迈尔斯和休伯曼（Miles & Huberman，1988）、林肯和古伯（Lincoln & Guba，1985）为我们分析数据提供了很好的指导。一种方法是努力把收集的信息缩减为单个数据单位并进行记录。这些信息可能来自访谈、实地观察笔记或书面材料查阅笔记。研究人员能从这些单个数据单位中找到最终报告所立足的研究主题、趋势和模式。

隐喻

研究人员还可以以隐喻的方式进行思考。隐喻能帮助研究人员把某种环境中不熟悉的东西转化为他们相对较熟悉的元素。虽然两者可能不完全相符，但使用隐喻无疑是研究人员应该考虑的好办法，尤其在研究人员对该环境的很多特征都较为陌生时。例如，假设研究人员正在对名为 X 公司的神秘组织的文化进行研究。如果研究人员在研究中发现 X 公司在运营中极为注重等级、地位和处理日常事务的规则，他们则可能会把 X 公司比作武装部队。虽然 X 公司的运营目的与武装部队极为不同，但是把它比作武装部队的隐喻形象生动，能帮助对 X 公司不了解的人理解其文化。

主题和模式

研究人员可以告知受试研究过程中显现的主题和模式。几次访谈之后，大致的研究主题可能会开始出现。与受试探讨主题是否有意义对研究人员非常
有帮助。受试可能赞同或反对这些暂时性结论，但他们的意见会引发进一步的 77
讨论和交流。在一个研究项目中，评估小组初步得出的结论是：受试加入他们的组织的目的在于熟悉该组织文化的某些方面。当研究人员把这一初步结论告诉受试时，他们否认了这种说法并表示加入组织的目的并不在此（Schuh, Triponey, Heim & Nishimura，1992）。

理解数据

就实用层面而言，根据我们的研究经验给读者介绍几个分析访谈数据的具

体建议。第一个建议是要获得数据的准确描述。例如，决定是否要把访谈录音整理为文本。一方面，录音文本能让研究人员了解受试的确切话语，所以研究人员不会对所说内容产生误解；另一方面，把长达数小时的访谈录音整理为文本非常耗时，成本高昂，往往会耽误数据分析进程。转写小组在整理访谈录音时尤其困难，因为整理人经常无法分辨是谁在发言。

音频整理更实用的做法是研究人员把音频反复听几遍，记录下其中的主要概念、主要观点和趋势，并把它们摘录出来直接引用。这种做法能节省不少时间，也能减少将整个音频整理成文本的各项花费。如果有任何关于内容的问题，仍有准确的记录可以参考。几个人或单独或一起听录音是确保准确分析数据的好方法。

另一个建议是把受试的回答整理为可以输入计算机程序的代码。这种方式尤其适用于庞大的数据量。定性分析中计算机分析方法，法芬伯格（Pfaffenberger，1988）有详细探讨。目前不仅有用来记录数据的软件程序，也有用来整理、管理和分析数据的软件程序。

整理数据

因为访谈缺乏一致性，所以对会话访谈而言数据整理更成问题。我们必须
78 努力寻找整理有意义数据的方式。如果我们有访谈提纲，整理数据就不会太困难，因为大纲是我们整理数据的基础。当我们进行结构化访谈时，所提问题能为整理数据提供参考。然而，有些时候，访谈模式似乎无法为数据整理提供参考。在这种情况下，巴顿（1990）推荐了其他选择，包括按时间顺序描述数据，列出关键事件或重大活动，描述各种场所、地点、环境或位置，介绍群体或个体的案例研究，确认关键流程或关键问题。

分析数据

另一个必须解决的问题是决定“这些数据能说明什么”。研究人员对采集到的数据没有异议，对整理和分析数据的方式也达成一致，但可能会对研究结论产生分歧。在定量分析中，数据多半决定结论。在定性分析中，数据与结论之间的关系则更为模糊。正如巴顿（1990）所说，“我们面临的挑战是……构建一个框架用来交流数据揭示的本质”（p. 372）。但根据迈尔斯和休伯曼（1988）所言，“在结论总结方面，在定性数据分析上我们几乎没有普遍认同的学说”（p. 16）。该问题的解决方法只能由研究人员不断讨论、探索和思考，直到对“这些数据能说明什么”达成共识。正如上文所指出的，这可

能意味着要回访自己的受试或请未参与最初研究的人提供想法和意见。但是，无论做了什么，巴顿（1990）认为，“数据分析人员有义务尽量翔实地汇报自己的分析方法和过程”（p. 373）。

没有经验的研究人员也许会对描述、整理、分析和得出结论的过程心生敬畏。然而，依我们的经验，这远远没有最初想象的那么艰难。大多数时间，研究结论会自己“跳出来”，并经过反复确认。受试产生分歧的部分也很容易识别。如果有一群研究人员参与这个过程，那么他们会更容易得出结论。我们所 79
能说的是，在大多数情况下，说起来难但做起来不那么难。

定性研究案例

正如本章多次提出，对研究人员而言，当研究旨在了解学生在自然情境中的行为方式以及他们是如何理解自身经历时，定性研究方法最为适用。定量研究方法可以帮助研究人员了解学生生活中有什么或发生了什么，而定性研究方法则帮助研究人员能够回答如何发生和为什么会发生。此外，定性研究方法允许学生决定对某些问题他们可以提供的回答范围，但在定量研究方法中这一范围由研究人员决定。在本书第二章中，我们向读者介绍了一个同时运用定量研究方法和定性研究方法来评估非裔美籍学生未能充分利用咨询服务的案例。以下三个例子能告诉读者如何运用定性研究方法解决学生事务管理人员和校园中其他人员所面对的常见问题。

当我们希望学生或他人对自身的学习经历进行评估时，定性研究方法尤其适用。在第一个例子中，问题是学生似乎对在学生自治会任职的兴趣逐年下降。研究人员使用访谈法来评估学生从担任学生自治会干事的经历中学到了什么。研究人员可以问学生社团领导以下问题：

- 你决定加入学生自治会的原因是什么？
- 如果你决定加入学生自治会，事情会如何发展？
- 有什么事情是你希望去做但实际没做的？
- 如果你有机会完全从头再做一次，你想改变什么？
- 在你的学生自治会任职经历中，你认为得到的最宝贵的经验是什么？如果有的话，你为什么认为它们宝贵？
- 假设你担任学生自治会负责人一天时间，有什么是你不会改变的或者 80
会保留的？

显然，这些开放式的问题不可能用一两句话回答清楚，会迫使受试对他们的经历和态度加以阐述与讨论。鉴于两种访谈方式各有优势，因此访谈既可以采用单独访谈也可以采用小组访谈。现任学生社团领导能为研究人员提供最直接、最有价值的数据。

第二个例子是要确定某一校园事件的历史。假设你所在的大学聘用了一位新校长，他要求你针对过去两年学生认为最重要的事件准备一份简短报告，你会如何撰写这份报告？在这种情况下，书面材料查阅是最合适的方法。到学生报刊资料室浏览过去两年的报纸可能会为你提供有用的信息。写给编辑的信或故事也许会揭示社论作者和写信的学生关注的事情。根据对书面材料的分析，重要校园事件的画面会慢慢浮现。你的工作就到此为止了？或许不是，因为年度报告和其他书面材料可能也是潜在的信息来源。

第三个例子阐述如何使用另外一种定性研究方法来满足学生需求。该学生需求是通过观察学生行为确定的。在该校园里，多年来学生们在人行道旁张贴传单和海报，以告知学生校内发生的项目和活动等。这些传单和海报把附近的环境弄得很乱，尤其在大风和大雨过后，环境更加糟糕。这种张贴传单和海报的行为实际上代表了学生互相沟通的需求。如果以维护学校整洁的名义禁止学生在人行道旁张贴传单和海报，并不能解决他们的交流需求问题。因此，学校建造了大量的布告栏，专门让学生张贴传单和海报。这样既解决了环境脏乱的问题，又能保持学生间的信息交流。

这三个例子——了解学生自治的经历、通过书面材料查阅学校重大事件和观察学生行为来确定学生需求，为我们如何运用定性研究方法来处理日常学生
81 事务提供了很好的例子。显然，当我们处理学生事务的常规工作时，定性研究方法在我们的决策过程中能发挥非常重要的作用。

确保严谨

定性评估的原则和方法往往不符合传统科学研究的严谨标准，比如说信度和效度（Crowson，1987）。然而，这并不意味着定性研究不必或不可能是严谨的。像所有的研究人员一样，进行定性研究的研究人员必须证明他们的研究“值得关注”（Lincoln & Guba，1985：290）。

许多研究人员采用由林肯和古伯（1985）提出的可信标准来说明自己评估的严谨性。诚信的定性研究方法标准包括可信度（数据、阐释和结论对研究的参与者和他人而言是可信的）、可迁移性（该研究在另一环境下仍有效）、可靠

性（能解释时间变化对研究的影响）和可验证性（数据和阐释经得起研究人员之外的其他人的验证）（Lincoln & Guba，1985）。

满足这些标准的方法在林肯和古伯（1985）、梅里亚姆（Merriam，1988）和惠特（1991）的著作中有详尽描述，但这里必须要提一个例子。数据和阐释的可信度可以通过多种方式来构建，如三角验证（使用多种数据采集法和多种数据来源）、同行汇报（让同行来确保研究人员知晓自己的个人观点，并帮助自己制定下一步工作步骤）、受试汇报（让受试与研究人员一起审查和检验数据、解释结论的真实性）（Whitt，1991）。让受试做事后情况汇报很有必要，因为“定性研究是否成功取决于该研究取得该领域资深人士和同行的认同程度……他们会承认描述的细节是准确的”（Fetterman，1989：21）。受试汇报应贯穿整个评估过程，包括数据采集期间和撰写每个阶段的研究成果期间（Kuh 等，1991）。

其他定性研究方法 82

研究人员能使用的其他定性研究方法虽然可能较为复杂，但仍值得一提。读者可以参阅原始资料，以获得这些方法更为详尽的论述。其他方法包括：

1. 鉴赏（赏析的艺术）和评论（揭露的艺术）。该方法起源于人文学科研究而非自然科学研究。艾斯纳（Eisner，1988）曾对这个有趣的话题做过大量论述。他指出，“评论语言，实际上它在评论方面的成功，是由其带给人们的启迪来衡量的。评论家的任务是帮助我们发现问题”（p. 143）。艾斯纳认为，他在斯坦福大学进行的鉴赏和评论实践为我们看待课堂教育的种种现象提供了新方式。评论家如何工作？“他们对自己所见进行介绍、诠释、评价或评估。”（p. 144）

2. 根据史密斯（Smith，1988）的观点，本章前文提及的隐喻，是用一种事物为另一种事物建立新视角的方法。史密斯认为，“作为定性研究工具，隐喻被证明是进行探索性研究的可选策略，而且富有成效”（p. 155）。惠特介绍了隐喻的潜在来源，包括法律、新闻、经济、地理和摄影。例如，惠特介绍了“最少抗议”（least protest）这一概念。该概念原来是个地理学概念，现在被用于表达决策过程中的最小阻力。在他看来，“最少抗议”可应用于例如学校停课和员工调动之类的研究（pp.164-165）。

3. 第三种方法是现象描述，马顿（Marton，1988）把现象描述定义为“关

于人们经历和看待各种现象的定性研究方法”（p.179）。人们以不同的方式经
历、构想、感知和理解他们周围世界的各个方面、种种现象。马顿列举了一个
83 政治权利研究的例子来说明现象描述。在这项研究中，人们抗议在某地建设汽
车修理厂。因为他们的抗议，该项目搁浅，没能成功。

小　结

在本章中，我们强烈建议使用定性研究方法来评估某些类型的学生事务，并对定性和定量研究方法进行了比较。我们确认了具体的研究方法，并对研究人员的作用和责任进行了论述。在讨论中我们的观点可能有些过激，但因为当前高等教育界对定性研究方法的有效性和严谨性尚存疑虑，所以我们认为这种过激是必要的。很多时候，要想真正解决问题，就必须同时使用定性和定量研究方法。但有时定性研究方法更加适用。学生事务工作人员必须知道为什么、什么时候以及如何进行定性研究。

第四章

采用定量研究方法 84

帕特里克·T. 特伦兹尼、M. 李·厄普克拉夫特

通常情况下，对大多数学生事务工作人员而言，学生事务评估就是意味着开展定量研究。尽管我们不认为定量研究方法是唯一正确有效的评估方法，但定量研究方法确实非常重要。如果能正确使用这种研究方法，效果会非常明显。

在本书第二章，我们对定性研究和定量研究中的一些关键问题进行了解答，并通过例子（非裔美籍学生对咨询服务使用不足）逐步分析如何开展特定的定量评估。在第三章，我们比较了定性研究方法和定量研究方法。在本章，我们将更加详尽地介绍定量研究方法。定量研究的整个过程包括 11 个步骤：（1）界定问题；（2）确定研究目的；（3）确定何时使用定量研究方法；（4）确定研究总体和抽样方法；（5）选择和设计测量工具；（6）确定统计分析方法；（7）制订并实施数据采集计划；（8）以可用的形式记录数据；（9）进行恰当的统计分析；（10）确定数据分析结果对政策制定和工作实践有何意义；（11）制定使用研究结果的策略。

本章并不打算对定量研究方法做全面系统的介绍。我们认为琳达·苏斯基（Linda Suski，1992）的《问卷调查研究：哪些方法有用》（*Questionnaire Survey Research: What Works*）一书十分有用，并且我们在撰写本章时大量引用了该书的观点。如有学生事务工作人员对定量研究方法知之甚少，我们强烈 85
推荐阅读此书。想要了解更多关于定量研究方法方面的知识，读者还可以阅读下列书籍：克林格（Kerlinger，1986）的《行为研究基础》（*Foundations of Behavioral Research*），伯格和高尔（Borg & Gall，1989）合著的《教育研究》

（*Educational Research*），以及欣克尔、威尔斯马和朱尔斯（Hinkle, Wiersma & Jurs，1994）合著的《行为科学应用统计》（*Applied Statistics for the Behavioral Sciences*）。

定量研究方法的定义和使用

在第三章，我们详细讨论了定性研究方法的使用时间和使用方法。除了定性研究方法，本书还将为读者举例说明如何采用定量研究方法开展学生事务评估（本书其他章节对某些例子的讨论更加具体），包括记录使用服务、项目和设施的学生、学生需求评估、学生满意度评估、结果评估、特定环境评估等。定量研究为我们描述和分析“有什么问题”打下坚实的基础，并针对“为什么”会出现这样的问题为我们提供了更加深入的探究。

我们先从最基本的定义开始。罗斯曼和埃尔－卡沃思（Rossman & El-Khawas，1987）认为，定量研究方法是根据某种规则为事物、事件或观测结果编号。巴顿（1990）认为，定量研究方法要求使用某种标准，使具有不同观点和不同经验的人符合有限的预先设定的答案类别，并对其进行编号。因此，它可以通过一组有限的问题来测试很多人的反应，这样便于比较、汇总和分析数据。舒尔曼（Schulman，1988）认为，在定量研究中，根据某种既定准则，采用某种方法从总体中抽取样本，确保其具有代表性。事实上，如果样本具有代表性，研究人员就可以放心地将样本中发现的研究结果推广到总体。

定量研究的步骤

我们认为，如果要向读者阐释和传播定量研究方法理念，最好的做法就是
86 通过一个真实的学生事务的例子一步一步地向读者展示定量评估是如何开展的。读者还可以参考本书第十章。第十章将通过例子阐述如何采用定量研究方法开展结果评估，而且第十章的例子更加复杂。

第一步：界定问题

如前所述，所有的评估都源于某个问题。案例的问题是：一所大学的就业服务中心遭到企业招聘人员的投诉，他们对校园招聘面试过程中该校提供的服务质量表示不满。学生认为学校就业服务中心是一个重要的服务部门，如果他

们提供的服务不能让企业的招聘人员满意的话，下次这些企业就不来学校招聘学生了。事实上，有些过去一直在该校招聘大量毕业生的企业如今已经不来了，因此对就业服务中心的评估刻不容缓。该校就业服务中心迫切需要企业招聘人员对其服务质量满意度的相关信息。

第二步：确定研究目的

学校就业服务中心需要了解企业招聘人员对其服务满意度的更多信息。具体地说，研究目的如下：

1. 确定招聘人员选择来该校招聘学生的原因。
2. 确定招聘人员为学校就业服务中心的各项服务打分定级。
3. 确定招聘人员对该校就业服务中心的满意度是否受性别、种族或民族、企业规模和以往来该校招聘次数的影响。

第三步：确定恰当的评估方法

定量研究方法的选择取决于研究目的、总体大小、时间限制和资源限制。问题是该校就业服务中心隐约感觉到企业招聘人员不满意，因此需要鉴定他们对什么不满意。对小样本受试开展深入调查可能效果不好，甚至会有误导嫌 87
疑，因为就业服务中心并不清楚招聘人员的不满意程度到底是怎样的，而且并不是所有的不满意的招聘人员都会致电投诉。因此评估不能只在打电话投诉的那几位招聘人员中进行，还要考虑其他招聘人员，以确定是否只有打电话投诉的那几位招聘人员对就业服务中心的服务质量不满意。

选择定量研究方法需考虑研究总体的大小。去年大约 2 500 位招聘人员来该校进行招聘面试。因时间和资源有限，不能在所有的招聘人员中开展评估，只能抽样进行。在抽样时要对研究总体进行分组，考虑男性和女性、白人和非白人、服务业和制造业等因素。此外，还要考虑评估方案设计、数据采集和结果分析等过程可用的时间量。同理，也要考虑人力和财力。基于上述原因，该案例采用定量研究方法，但一定要抽取具有代表性的样本。

第四步：定义总体

如上所述，该案例的总体是大约 2 500 名招聘人员。没有足够的时间或资源从所有的招聘人员那里采集信息，因此需要抽取样本。根据伯格和高尔（1989）的方法分类，有以下四种不同的抽样方法。

1. 简单随机抽样（simple random sampling）。总体中每个个体被抽中的概率平等且相互独立。此处“独立”指某个个体被选择的可能性不会以任何方式影响其他个体。随机样本可通过随机数表（通常在统计文本可用）或计算机程序获得。

2. 系统抽样（systematic sampling）。将总体中的所有个体按一定顺序排列，然后随机确定起点，每隔一定的间隔（比如 3 个）抽取一个样本。系统抽样抽
88 取的样本不可能都属于同一个次级总体。与随机抽样不同，系统抽样抽取的样本个体之间存在某种联系，并不相互独立。一旦第一个样本产生，其他样本也随之确定。

3. 分层抽样（stratified sampling）。该方法确保每一组抽取的对象数量与该组个体的数量成正比。在考虑各次级总体的差异对研究结果的影响时，分层抽样尤为合适。按比例分层抽样意味着从各个次级总体随机抽取的样本与该次级总体的容量大小成正比。样本数量通常取决于最小次级总体所需的最小样本数量，通常约为 35 个。

4. 聚类抽样（cluster sampling）。该抽样方法的样本单位并非个体，而是一组自然存在的个体。如果不同次级总体之间的差别不大，但是每个次级总体内部的差异比较大时，聚类抽样比较适合。例如，在本研究中，我们可以随机抽取一些企业，然后把这些企业派遣的招聘人员合并成整群样本。

本案例采用分层随机抽样法，因为它的研究目的之一是比较不同次级总体对就业服务中心所提供服务的满意度。每个企业派出的校园招聘人员并不平均。一般来说，规模小的企业通常派出一名招聘人员，规模大的企业可能会派出多名招聘人员。此外，大部分招聘人员都是白人。因此，简单随机样本可能会导致大部分的样本都来自大企业的男性白人，而样本中小企业的女性和少数族裔的招聘人员比例过低。

样本量大小

第二章中我们讨论了与样本量大小有关的问题。抽样误差便是其中之一。
89 根据苏斯基（1992）的观点，抽样误差描述的是根据对样本的研究得到的研究结果与根据对总体的研究得到的研究结果之间的差异。假设本研究抽取 1 100 份样本，35%的受访人认为就业服务中心提供的服务非常好，抽样误差为 3%。这就意味着我们可以确定（95%确定），32%～38% 的受访人认为就业服务中心服务非常好。样本容量越大，抽样误差越低。如果样本容量高达 10 000 份，抽样误差就小于 1%。表 4.1（Suskie, 1992）列出了特定样本误差所需的样本容量。

表 4.1

随机样本容量	抽样误差
196	7%
264	6%
384	5%
600	4%
1067	3%
2401	2%
9604	1%

一般情况下，样本容量不影响抽样误差的估计。读者如果想要了解更多有关样本误差计算的细节，请参阅苏斯基（1992）相关论述。

那么本研究应该抽取多少名招聘人员作为样本？考虑到次级总体分析的最小样本数量应该大于等于 30，12 个次级总体（根据性别、企业规模、种族或民族来分类）至少需要 360 份有效样本。同时，我们希望样本误差低于 5%，因此我们至少需要 400 份有效样本。读者应当注意，5%的误差边际适用于所有可用的有效样本。独立分析单元（例如来自小企业的招聘人员）的抽样误差会更大。

此外，我们还要估算样本回收率。如果样本的预期回收率是 40%，要得到 400 份有效样本，样本容量应该超过 800。

根据我们以往的工作经验，评估其实就是一系列的妥协。本案例是一个很好的例子。本案例的样本大小为 1 000，预期样本回收率为 40%。因此，可用的有效样本约为 400 份，样本大小足以做次级总体的分析。这样可以将总体抽样误差降到 5%，而且时间和资源的花费都在可控范围内，与读者建立“表面信度”。 90

第五步：确定测量工具

该步骤第一个要问的问题是：是否有可用的测量工具能够满足我们的需求？如本书第二章所述，我们需要的测量工具能够生成可用于统计分析的数据，信度和效度都已得到验证，并且有能与我们的研究结果进行比较的标准。当然，目前可能还没有直接能用的测量工具。即使有，也难以满足我们的需求。实际情况是目前确实还没有能直接用于本例评估的测量工具，我们自行设计了一个测量工具。有关设计本地化测量工具的局限性和测量工具设计指南，请参阅本书第二章和苏斯基（1992）相关论述。但是，为达到本章之目的，我们将更详细地讨论测量工具的设计，因为量表类型的选择在某种程度上能决定统计分析方法。

量表类型

设计定量工具时，必须考虑如何建构可能的答案阵列。量表类型分为四种：分类量表、顺序量表、等距量表和等比量表。

分类量表（norminal scale）简单地对对象进行分类，并为其“命名”。因此，性别、种族或民族、宗教信仰和院校类型（文科、综合性大学和社区大学）都是分类变量。一个对象要么从属于某个类别（并且相应地“得分”，因为它有某种类别的特征），要么不属于某个类别。各个变量的维度不分先后顺
91 序，“是 / 否”的回答也属于这一类别。显然，如果受试对某个问题的回答是“是”，那他就不能回答“否”。

顺序量表（ordinal scale）指的是按照事物属性的大小、等级、程度来排列顺序。例如，赛马中马匹到达终点的顺序是一个顺序变量。与教育相关的顺序变量包括成绩（班级排名）、受教育程度（最高文凭）和大学的选择偏好（按学生选择某大学的意愿强弱排名）。顺序变量反映变量的不同数量或层次（排名由高到低），但该测量并没有绝对零值（我们不能确定某个对象是否完全没有某种特性，比如我们不能确定赛马的最后一名是没有参赛还是参赛了但排名最后）。并非所有相邻顺序变量的间隔都一样。从学习成绩的班级排名来看，第一名的成绩比第二名要好，第二名的成绩要比第三名要好。但顺序量表不能显示，第一名和第二名之间的差距是否与第二名和第三名之间的差距相等。

等距量表（interval scale）和顺序量表一样，能根据事物的属性对事物排序。但与顺序量表不同，等距量表中各个数字间的差值相等。在里克特量表中，1=强烈反对，2=不同意，3=无意见，4=同意，5=非常同意，这是大家认可的等距量表。相邻变量的等量差值可反映被测量对象的属性差值。因此，可假设 1 和 2 之间的差值与 4 和 5 之间的差值相等。尽管测量专家和统计人员对此假设的有效性持怀疑态度（一些人认为如果是这样的话，那该量表顶多算是顺序量表），但出于分析目的，研究人员还是通常将它们看作等距量表。请注意，等距量表中没有绝对的零点。因此，美国学术能力测试（Scholastic Aptitude Test，简称 SAT）和智商测试的测量量表没有“零”值，因为我们不愿意说有人的学术能力为零或智商为零。

92 等比量表（ratio scale）是测量的最高形式，既有分类量表、顺序量表和等距量表的顺序属性，又有真正的零点。家庭收入、年龄、在校时间、学生与教师

的见面次数都能成为等比量表中的变量。

这些量表非常重要，因为数据统计方法的选择与所使用的测量量表有关。（读者想要了解更多测量量表和数据统计方法方面的信息，请参阅本章的分析部分。）什么时候使用哪种测量量表也取决于研究目的。本例研究使用分类量表来收集基本的人口信息，使用顺序量表（出于排序原因）收集招聘人员为什么来该校招聘学生的原因，使用等距量表收集就业服务中心服务质量的信息（用里克特量表），使用等比量表来收集招聘人员来就业服务中心招聘次数的信息。

本例研究的分类变量包括性别、种族和企业规模：

性别：______女______男
种族：______白人______亚裔______西班牙裔
______非裔______印第安人______其他
企业员工人数：______<25______26~100
______101~500______500+

顺序量表要求招聘人员为选择来该校招聘学生的原因进行排序，1 代表最重要的原因，2 代表第二重要的原因，并依次类推：

______学校的教学质量 93
______学生的质量
______该校毕业生在我们企业成功的比例
______就业服务中心的质量
______学校的声誉
______其他（请具体说明）

等距量表要求受试从 1~5 五个数字中选择一个来评价就业服务中心的服务质量，5 为最高值，1 为最低值：

______面试的时间安排
______面试场地设施
______停车设施
______先进的求职筛选机制
______参加面试的求职学生的证明材料
______招聘人员核对表
______关于求职学生更多的信息

______通风设备
______与办公室工作人员的合作
______纸质宣传材料
______如何处理因故没有参加面试的学生
______与就业服务中心工作人员的合作
______职位空缺表
______就业服务中心的总体服务质量

等比量表要求受试陈述在该校就业服务中心面试学生的次数：

______之前来该校就业服务中心招聘的次数

第六步：确定统计分析方法

学生事务工作人员大都不具备决定选用何种统计分析方法的专业知识，所以我们强烈建议向学校的统计顾问进行咨询。但这并不是说学生事务工作人员不需要了解统计分析方法。他们可能不需要知道如何开展某种统计分析，但是他们最起码需要知道为什么某个统计分析方法合适，其他方法不合适，要知道如何解读某个统计分析得出的数据。

克林格认为（Kerlinger, 1986），分析“指的是对数据进行分类、排序、控制和总结以回答研究问题，目的在于将数据转换成可理解和可解释的形式，进而可以研究问题之间的关系”（p. 125）。分析通过统计工具完成，使用统计工
94 具有两个目的：（1）控制和总结数值数据（描述统计）；（2）比较预期和实际结果（推断统计）（Kerlinger, 1986；Hinkle, Wiersma & Jurs, 1994）。

统计的第一目的是“‘描述’收集的数据。平均值、中位数和标准差是主要的描述统计指标，它们用于表示样本的平均数值和样本数值之间的差异。描述统计的优点是：使研究人员能用一个或两个数字（如平均值和标准差）来表示样本中所有样本个体的数值”（Borg & Gall，1989：336）。

根据贝斯特和卡恩（Best & Kahn，1986）的观点，四种不同类型的统计度量均能用于有效地描述和分析数据，包括集中趋势、离散程度、相对位置和相关性。

1. 集中趋势度量（measures of central tendency）。平均数指一组数据的算术平均值。中位数指一组数据排序后处于中间位置上的变量值。众数是一组数据中出现次数最多的变量值。

2. 离散程度度量（measures of spread or dispersion）。极差是一组数据中

的最大值与最小值的差加 1。平均差，也称平均绝对离差，是各变量值与其平均数离差绝对值的平均数。方差是各个变量值与其平均数离差平方的平均数（Best & Kahn，1986）。标准差反映组内数值与平均值之间的离散程度。样本的每个数值减去平均值得到一个新数值，然后算出该新数值的平方值，接着把所有的平方值相加，最后除以样本量，得到的商就是标准差（Borg & Gall，1989）。

"通常平均差和标准差共同反映一组数据的离散程度。例如，如果我们知道一组受试在测试中得到的数据的平均值是 10，标准差是 2，我们可以推断 68％的受试的得分在 8 和 12 之间，大约 95% 的受试的分数在 6 到 14 之间。"（Borg & Gall，1989：344）

3. 相对位置度量（measures of relative position）。百分比排名指的是在一组
数据中低于某个数值的数据总数的比例（Best & Kahn，1986）。例如，假设百 95
分比排名为 80%，数值为 65，说明 80% 的样本数值在 65 以下。标准分数是某个变量值与其平均数的离差除以标准差后得到的数值。

4. 相关性度量（measures of relationships）。相关性是两个变量相关的程度。欣克尔、威尔斯马和朱尔斯（1994）提出，相关系数是描述两组数据相关程度的指标，测量两个变量间的相关性。"相关系数取值在 −1.0 到 +1.0 之间，包含两个临界值。正负号表示关系的方向。正号表示正相关，负号表示负相关。完全正相关系数的值为 +1.0。完全负相关系数的值是 −1.0。若两个变量无关，相关系数为 0。"（pp.104−105）

读者一定要注意两个变量之间相关系数的准确含义。"相关系数并不意味着变量间存在因果关系……同理，零（或甚至负）相关不一定意味着不存在因果关系。"（Best & Kahn，1986）相关系数大小的解读也非常重要。不幸的是，很多时候我们高估了相关系数的重要性，但事实上这些相关系数可能无足重轻。认识相关系数对普通读者来说可能也很重要，尤其在他们要做重要决策或制定重要政策的时候。

要想了解相关系数的意义，就要知道决定系数的计算。相关系数的平方就是决定系数。例如，如果大学成绩和学术能力测试分数间的相关系数为 0.50，那么研究人员参考学习能力或成绩，可预测或解释学术能力测试分数和大学学分绩点间的变异为 25％（0.50 的平方）。换句话说，如果 r 是 0.30，r^2 是 0.09，那么 91% 的学分绩点变异与学习能力无关。按照经验，我们可以说，如果相关
系数小于 0.30，说明变量间的相关性很小（Hinkle, Wiersma & Jurs，1994），以 96
下是评价相关程度的大致标准：

相关系数	决定系数	相关性高低
.00 ~ .20	.00 ~ .04	忽略不计
.21 ~ .40	.05 ~ .16	低
.41 ~ .60	.17 ~ .36	中等
.61 ~ .80	.37 ~ .64	显著
.81 ~ 1.0	.65 ~ 1.0	高到非常高

描述样本和样本回复有多种方法。根据苏斯基（1992）的观点，数据描述的方法取决于研究人员想要了解什么，使用哪种类型的数据（测量量表）。最原始的描述数据的方法是频率分布图、曲线图、散点图和交叉表。根据欣克尔、威尔斯马和朱尔斯（1994）的观点，频率分布表示某个或某组特定数据出现的次数分布；曲线图是以图的方式展示一组数据；折线图表示横纵坐标中两个变量之间的关系；柱状图表示两个变量（其中一个变量是分类数据）之间的关系；散点图也描述横纵坐标中两个定量变量之间的关系。根据 Selltiz, Jahoda, Deutsch & Cook（1962）的观点，交叉表显示"由两个或两个以上变量进行交叉分类的频数分布。例如，交叉表可以显示由受教育程度高和低收入这两个变量进行交叉分类的样本数量"（p.407）。交叉表相当于用两个或两个以上的分类变量将样本分类。

为总结和简化这些概念，苏斯基（1990）设计了一个表格，帮助读者理解如何根据研究目的和测量量表的类型决定使用什么方法来描述数据。我们对苏斯基的表格进行了修改，修改将等比数据加了进去（见表 4.2）。

表 4.2 如何描述小组回复

研究目的	数据类型	数据描述方法
检验一组受试对同一个问题的回复	等距数据、等比数据、顺序数据	频率分布图、柱状图、曲线图
	分类数据	频率分布图、柱状图
比较两组不同受试对同一个问题的回复	四类数据都可以	成对频率分布图、曲线图
比较一组对象对两个不同问题的回复	等距数据、等比数据	散点图
	顺序数据、分类数据	交叉表

资料来源：苏斯基，1992，第 64 页。经高校研究协会（Association for Institutional Research）许可重印。

在招聘人员对就业服务中心满意度的调查研究中，第一层分析是描述性分

析。第一个任务是描述受试。在本研究中，样本回收率与预期相近，所以可用
的有效样本为 410。读者要记住，研究人员通过两种测量量表收集样本信息： 97
分类量表（性别、种族和企业规模）和等比量表（以往招聘人员到就业服务中心招聘的次数）。对通过分类量表得到分类数据进行恰当的描述方法是频率分布图和柱状图，列出男性招聘人员与女性招聘人员的数量和比例，白人与非白人的数量和比例，以及代表不同规模企业的样本数量和比例。

频率分布图也适用于通过等比量表得出的数据。本研究要求受试陈述先前到就业服务中心招聘的次数。频率分布图能列出曾经来校招聘的招聘人员数量和每个招聘人员来校招聘的次数。

第二个任务是描述样本的回复。根据表 4.2，测试一组受试对同一个问题的回复（男性对停车设施的评级）可用频率分布图来描述。测试两组不同受试对同一个问题的回复（男性和女性对停车设施的评级）可用成对频率分布图来描述。散点图可用于比较一组受试对两个问题的回复（男性对停车设施和职位空缺表的评级），数据类型为通过等距量表和等比量表得到的等距数据和等比数据。交叉表也是用于比较一组受试对两个问题的回复，但是数据类型为分类数据和顺序数据。

第二种描述数据的方法是统计分析方法。同理，描述数据的统计分析方法 98
也取决于研究人员的研究目的和数据类型（测量工具类型）。苏斯基（1992）提出了多种用来描述数据的统计分析方法，具体如下：

均值和中位数是描述等距数据（如对停车设施的评级）和等比数据（受试到就业服务中心招聘的次数）平均值的最好方法。中位数是描述顺序数据（对选择该校招聘学生的原因进行排序）平均值的最好方法。众数是描述分类数据（对停车设施的评级）平均值的最好方法。读者可以参考表 4.3 了解其他统计分析方法。

表 4.3　使用统计学方法来描述受试回复 99

想要描述什么	数据类型	测量值
对某一问题的普遍回答	等距数据、等比数据	平均值、中位数
	顺序数据	中位数
	分类数据	众数
对某一问题的回答的分布或多样性	等距数据、等比数据	标准差
	顺序数据	半四分位距
	分类数据	非众数

续表

想要描述什么	数据类型	测量值
对两个不同问题回答的相关性	等距数据、等比数据	皮尔逊积矩相关系数
	顺序数据	斯皮尔曼等级相关系数
	分类数据	克莱姆列联指数
对三个及三个以上问题回答的相关性	等距数据、等比数据	多重相关系数
		偏相关系数
	顺序数据	肯德尔偏秩相关

资料来源：苏斯基，1992，第 65～66 页。经高校研究协会许可重印。

虽然以上描述帮助读者对样本和样本回复有了总体概念，但是这还不足以帮助读者理解数据的含义，仅仅知道这些还不足以解决实际要研究的问题。因此，接下来为读者介绍推断统计（inferential statistics），帮助读者对统计分析方法有更加深入的了解。

推断统计

使用统计分析的第二目的是对统计结果和可能预期进行比较（Kerlinger，1986; Hinkle, Wiersma & Jurs，1994）。与描述性统计不同，推断统计用于从样本推论到总体，并“让我们在概括某研究问题的同时能够举一反三”（Borg & Gall，1989：336）。当然很多情况下我们不能把从样本中得出的研究结果推论到总体。在伯格和高尔（1989）看来，研究人员必须要问这样一个问题：这是偶然结果吗？如果换个样本是否有可能得到相同结果？答案是要采用显著性检验。

100 当研究结果显示“差异显著”时，这说明什么呢？这说明在大多数情况下，两组数据具有显著性差异。推断一般这样写：“在置信水平 0.05 的时候，差异显著。”即使没有经过统计培训，我们也知道 $p<0.001$ 比 $p<0.05$ 的差异更“显著”。然而，显著性差异程度只能说明两组样本之间的差异（比如，两组样本在批判性思维或心理社会发展方面的测量值的平均值的差异）具有偶然性而非“实质性”。“$p<0.05$”意味着研究人员期望从 100 个数据中找 5 个偶然性差异；“$p<0.001$”是指研究人员期望从 1 000 个数据中只找 1 个偶然性差异。需要注意的是显著性差异不能解读为两个变量间相关度的强弱。它只反映我们在表达两个变量之间的差异或关系是真实而非偶然时的自信度。

此外还需要注意，显著性差异与样本容量大小有关。若样本容量大（比如，1 500 到 2 000 甚至更大），当 $p=0.05$ 时，即使差异很小也会显示差异显著。把

p 调到 0.001 或更低时便可以解决这个问题，微弱的差异就不会显示出来。

因此，研究结果中的“显著性差异”并不一定意味着它在教育、教学法、教学活动或管理上具有意义或重要性。为判断某种效果是否需要关注，研究人员还必须知道差异性的大小和关系的强度。大多数研究和报告并没有深入分析显著性差异，该指标对评价研究结果在管理或教学活动层面是否有用是必要不充分条件。为评估实质意义，预估关系的幅度和强度可提供更多的信息。管理者在设计项目、制定政策或做预算决定时至少需要部分参考结果评估，他们有权利知道——研究人员在评估时也有义务提供相关信息——是否大学或部分大学经历的影响达到了需要得到关注、保证资源分配和要采取行动的程度。这种估算有时被称为“效应量”（effective sizes）。

推断统计的类型 101

推断统计有两种基本类型：双变量分析（bivariate analyses）和多变量分析（multivariate analyses）。双变量分析指为检验两个变量的相关性而设计的统计分析。双变量统计包括卡方关联检验或卡方拟合优度检验（goodness-of-fit）、t 检验和单因素方差分析等。

卡方检验（chi-square test）评估两个分类变量（比如性别和专业），或者一个分类变量和一个顺序变量（比如种族、民族以及所取得的最高学位）是否相关。卡方检验不能说明两个变量之间关系的强度，只能反映两个变量之间的关系真实存在而非偶然的可能性。

t 检验（t-test）用于确定一组分类或顺序变量（例如性别、全职 / 兼职工作状态或两届学生的入学年份）与一组等距量或等比变量之间是否存在相关。t 检验评估两组等比或等距数据的平均值是否有差异。例如，t 检验适合解答女性是否普遍比男性学习成绩更好或全日制和非全日制学生在批判性思维能力是否存在差异等问题。

方差分析（analysis of variance, ANOVA）是 t 检验的多组扩展。和 t 检验一样，方差分析用于确定一组变量（不论分类还是顺序变量）和另一组等距或等比变量是否相关。但是当分组变量有两个以上类别（例如学术专业、种族或民族、年级），必须使用方差分析，而非 t 检验。如果有三组或三组以上变量时，方差分析检验只能显示所有可能的样本均值中，不止一组存在显著性差异。F 检验不能说明哪些组存在显著性差异。研究人员需要一些事后检验，但本章不深入讨论事后检验。

从理论上来说，分组变量没有分组种类数量的限制（大型综合性大学可能开设的专业超过 100 个）。分组变量里的分组种类数量越大，组间差异就越难 102

确定，我们也越难解读。

双变量分析的第一个好处是确定样本中可用的受试能否真实代表总体。就业服务中心企业招聘人员研究案例中存在的问题是：400 个受试能否代表 2 000 个使用就业服务中心服务的招聘人员总体。重申一下，所用测量量表的类型决定使用哪种统计分析方法。因为使用两种不同的测量量表来描述样本，所以我们建议采用两种不同的统计分析方法。参照表 4.4，根据人口学分类数据（性别、种族或民族、企业的规模），采用卡方拟合优度检验比较合适。如果是等比数据，建议使用 *t* 检验。

如果幸运的话，检验将证实样本和总体分布间的拟合优度大，我们可以大胆推测（大约 95%）样本具很强的代表性。

表 4.4 检验组间差异的统计分析方法类型

数据类型	次级总体数量	统计分析方法
等距数据或等比数据	2	如是两种独立方法，使用 *t* 检验
	3 或 3 以上	单因素方差分析
顺序数据	2	曼 – 惠特尼 *U* 检验
	3 或 3 以上	克鲁斯卡 – 沃利斯单因素方差分析
分类数据	2	如是两个比例，使用 *t* 检验
	3 或 3 以上	卡方关联检验

资料来源：苏斯基，1992 年，第 69 页。经高校研究协会许可重印。

103 但如果没那么幸运，我们该怎么办？假设统计分析表明有效样本不能代表总体。例如，样本中女性的比例远远高于其在总体中的比例。这时我们有两种办法。首先，我们可以直接告诉读者拟合优度低，描述样本与总体之间存在什么差异，将拟合优度低列为本研究的局限，并请读者注意。这种办法可能不是很好，因为拟合优度低会大大降低研究的信度。第二个方法可能更加可行，根据有效样本在总体中的比重，为有效样本数据增加权重。换言之，如果样本中女性的比例远远低于女性在总体中的比例，在分析时要提升女性样本数据的权重。这样可以降低因样本中男性数据比重过大而产生的影响。

双变量分析的第二个好处是确定两个或两个以上次总体是否存在差异。重申一下，选用哪种双变量分析方法取决于测量量表的类型和样本中次级总体的数量。苏斯基（1992）总结了几种双变量分析的恰当使用方法。具体方法如下：

在对就业服务中心的企业招聘人员的研究案例中，性别因素非常重要。我们使用顺序量表采集了选择来该校招聘学生的原因这一数据，在比较男性和女性回复时，曼 – 惠特尼 U 检验统计比较合适。同理，在评估种族或民族区别对回复是否存在影响时，也同样采用该统计分析方法。我们还使用了等距量表来采集招聘人员对就业服务中心的评级数据，但是针对这类数据，在比较男性和女性的回答时，独立样本 t 检验最合适。然而在比较 6 个种族或民族的样本回答时，应使用单因素方差分析。

在本例研究中，企业规模也分成了 4 类。根据表 4.4，分析顺序数据（对选择来该校招聘学生的原因进行排序），使用克鲁斯卡 – 沃利斯单因素方差分析比较合适。分析等距数据（服务质量评级），单因素方差分析比较合适。

双变量分析的第三个好处是确定样本对两个或两个以上问题的回答是否存在显著性差异及样本是否会随时间发生改变。再次说明，苏斯基（1992）认为使用哪种双变量分析方法取决于所使用的测量工具或量表的类型和需要 104
比较的回复的数量。

在本例研究中，只有在分析服务评级这一数据时使用双变量分析是恰当的。换言之，受试类型（如男性和女性）与他们对 14 个服务项目的评级是否有关？根据表 4.5，因为数据类型是等距数据，所以单因素方差分析是合适的统计分析方法。

表 4.5　测试回复差异性的统计分析方法类型

数据类型	想要比较的回复的数量	统计分析方法
等距数据、等比数据	2	如是配对回答，使用 t 检验
	3 或 3 以上	单因素方差分析
顺序数据	2	符号检验
		威尔科克森配对符号秩检验
	3 或 3 以上	弗里德曼双因素方差分析
分类数据	2	麦克尼马尔变化显著性检验
	3 或 3 以上	科克伦 Q 检验

资料来源：苏斯基，1992 年，第 70 页。经高校研究协会许可重印。

但读者应注意，尽管双变量分析在本研究中被广泛、恰当地使用，但它确实存在严重的局限性。例如，如果某位研究人员感兴趣的变量不止两个，按照常识该研究人员会对每组变量进行一次双变量分析（绝大多数研究人员通常都会这样处理），如上所述，选择哪种双变量分析方法取决于被研究数据的测量工具的性质。根据常识，方法非常简单也非常直接：如果你想知道两个变量是否相关，那么测试两个变量之间的相关度。

105 但这样的逻辑有缺陷。如果这样来使用统计分析方法，统计显著性检验是不适当的，原因有以下两点。首先，当该双变量检验次数增加，获得错误“显著”发现的可能性也随之增加。例如，每 100 次检验可能获得 5 个错误的显著性结果（这是“$p<0.05$”代表的含义）。如果 100 次检验中获得 10 个错误的显著性结果，我们认为其中 5 个仅仅是偶然事件。但哪些错误是“正确”的，哪些是“错误”的呢？很遗憾，无人知晓。

其次，也是更重要的原因。双变量检验（根据定义）仅限于同时检测两个变量的相关性。在许多情况下，研究的结果不相互独立（即它们是相关的）。我们知道，例如，一些学生入学前的特点（包括社会经济地位、种族或民族、高中成绩、入学考试成绩）以及一些大学经历（与教师联系的频率、是否住校、与同伴的交流、学术水平和社会融合度），都与学生能否坚持学业和学生的学习成绩相关。每个变量的影响不可能一样大，但哪一个变量或哪一些变量的影响更大呢？如果我们要评估哪些是“可能导致”学生无法完成大学学业的潜在因素，哪些大学经历更能帮助学生取得成功，不能用双变量统计程度来回答这两个问题。在分析数据时，我们要假设所有变量彼此无关（或独立）（使用重复双变量检验时必须这样假设），但这样的假设在现实中或在大学生研究中几乎没有立足点。例如，评估学校的影响和学生的变化之间的相关性更复杂。因此，重复双变量分析不仅耗时，而且研究人员也不能清晰或自信地解读重复双变量检验得到的结果。为评估多个变量的相对重要性，必须使用多变量统计程序，以下讨论将涉及其中几个。

106 **多变量分析**

如上所述，如果双变量统计本身问题很多，那么就可能生成误导性的结果，如果结果非常不准确，那么应当使用哪些分析程序？多元分析能够研究多个回复与某个回复或结果的相关性。

多元回归

这实际上是统计程序群，而非单一的统计方法，包括逐步回归、分层回归、分对数分析和概率分析。由于本章的案例未使用多变量分析，我们将在第十章讨论结果评估时详细介绍这些统计方法。

第七步：数据采集计划

这项研究的数据采集计划包括将问卷邮寄给通过分层抽样抽取的 1 000 个企业招聘人员。关于如何通过邮寄问卷进行研究，读者可以参考本书第二章，该章对此有详细的论述。

第八步：以可用的形式记录数据

如本书第二章所述，有多种方法可将测量工具中的数据转化成计算机数据文件。当然最简单的方法是使用机读形式，测量工具中的数据可被扫描并编译成计算机数据文件。这种方法也非常节省成本，当样本容量很大时尤为如此。如果测量工具不可以被机读，那么数据分析人员必须将测量工具中的数据转化成计算机文件。本案例采用第二种方法。

第九步：进行恰当的统计分析

数据转化成恰当的计算机数据文件后，下一步是选择一个可购买的计算机 107
软件程序包，如统计分析系统（SAS）（购于 SAS 公司，北卡罗来纳州）或社会科学统计软件包（SPSS）（购于 SPSS 公司，芝加哥）进行上述统计分析。由于篇幅有限，我们不能展开讨论所有统计分析结果，但以下所选的几种结果能使读者大致了解本例的研究概况：

1. 卡方拟合优度检验结果显示，与性别、种族和企业规模相关的有效样本能代表总体，所以无需为哪个变量增加权重。另外，每个次级总体的有效回复至少需要 35 个。

2. 频率分布图显示，选择来该校招聘学生的原因中，排在首位的是学术课程的质量。随后的原因分别是该校毕业生成功的比例高、学生质量、就业服务中心的服务质量和该学校的声誉等。

3. 克鲁斯卡－沃利斯单因素方差分析显示，选择来该校招聘学生的原因排序不受招聘人员的性别、种族或民族和企业的规模等变量影响。

4. 皮尔森积矩相关系数分析结果显示，各个招聘人员来该校招聘学生的次数没有显著差异。

5. 每个服务项目的评级平均值显示，得分最高的服务项目分别是关于求职学生的更多信息（4.52）、面试的日程安排（4.43）、就业服务中心的整体服务质量（4.41）。得分最低的服务项目分别是停车设施（1.52）、通风设备（1.98）、如何处理因故没有参加面试的学生（2.74）。

6. 单因素方差分析显示，服务项目的评级与招聘人员的种族或民族无关，但与性别和企业规模有关：

- 男性招聘人员与就业服务中心办公室工作人员的合作、面试活动工作人员的合作和对没有参加面试的学生的处理情况等服务项目评级分数高于女性。女性招聘人员对更多申请人的相关信息的评级分数比男性高。

- 大企业派出的招聘人员与就业服务中心办公室工作人员的合作、面试
108 活动工作人员的合作和对没有参加面试的学生的处理情况等服务项目评级分数高于小企业。小企业对空缺职位表的评级分数高于大企业。

7. 单因素方差分析显示，招聘人员对服务项目的评级不受他们之前来该校招聘学生的次数影响。

第十步：分析结果对政策 / 实践的意义

研究结果中有几件事情比较明显。首先，总体而言，选择来该校招聘学生的原因肯定涉及一些就业服务中心几乎没有或根本无法控制的因素：学术课程质量、毕业生的成功率、学生质量和该大学的声誉。但是就业服务中心服务的质量仅排名第四，有提高的空间。

其次，尽管对就业服务中心的服务项目评级分数较高（日程安排系统是一年前引进的，所以等级评分非常高），但仍有一些令人不满意的地方，包括停车设施、通风设备和如何处理因故没有参加面试的学生。这几个服务项目的等级评分非常低，明显导致招聘人员的不满。

再次，种族或民族和以往来该校招聘学生的次数似乎并不影响招聘人员的问卷回答。但是性别和企业规模对他们的问卷回答有影响。比如，男性招聘人员对就业服务中心工作人员和面试活动工作人员合作的评级分数比女性高。同理，大企业派出的招聘人员对就业服务中心工作人员和面试活动工作人员合作的评级分数比小企业高。显然，不管是何种原因，这说明就业服务中心的工作人员对待男性招聘人员的态度比女性好，对大企业派出的招聘人员的态度比小企业好。

第十一步：使用研究结果的策略

使用策略的目的是更加深入探究某些结论。针对研究发现，该校就业服务中心开展了另外一项定性研究，旨在更深入地了解就业服务中心工作人员对小企业派出的招聘人员和女性招聘人员的明显偏见，修改培训项目和绩效考核，
109 并最终解决问题。就业服务中心主管和该校相关的管理人员就如何解决停车场和通风设备的问题进行了商榷，并决定两年后再开展一次类似的评估，以确认招聘人员的态度是否发生了变化。

小　结

本章旨在帮助读者熟悉学生事务评估中需要使用的定量研究方法。我们逐步向读

者讲解如何开展定量研究，通过案例向读者呈现如何了解招聘人员对就业服务中心态度。在描述案例时，我们逐步向读者介绍了定量研究方法的方方面面，包括抽样、测量工具、统计分析方法（包括描述性分析和推断统计）、数据采集、数据记录，以及如何使用评估结果来影响政策和实践。

请读者记住，这只是定量研究方法的粗略描述。如果读者想对定量研究方法有更加全面的理解，请参考本章列出的参考文献。我们也强烈建议读者在设计定量研究时要咨询设计顾问和统计顾问，原因有二。其一，顾问可以帮助确保研究的设计和统计分析的质量。其二，或许更重要的是，优秀的顾问可以帮助研究人员更加深入地理解研究结果，即研究意义、优点和局限性。因此，学生事务工作人员不仅能自信地开展评估，为自己的评估辩护，还要把研究结果运用到政策和实践中去。

第二部分

学生事务评估维度

第五章

记录用户使用学生服务、项目和设施的情况 113

正如本书第二章所述，学生事务综合性评估模型的第一个组成部分就是记录谁使用了学生服务、项目和设施。具体来讲，就是要掌握使用了学生事务服务、项目和设施的用户数量，以及他们的性别、种族、民族、年龄、年级、住址和其他重要变量信息。除了学生，还有其他用户需要考虑，并加以统计吗?本章将首先阐述记录用户使用情况的重要性，然后举例说明如何记录用户的使用情况，同时特别强调计算机信息系统是记录用户信息时必须要掌握的技术。

为什么要记录用户情况?

有很多理由表明记录用户使用和参与情况很重要。

第一，如果我们的目标用户没有使用我们提供的服务，那么我们的预期目标就不可能实现。学生事务工作的目的就在于为学生提供服务，从而改变学生生活。但是要为学生生活带来改变并非易事，除非学生接受学生事务部门提供的各种服务。

第二，学生事务部门应该记录谁使用了学生服务、项目、设施和用户数量，因为这些信息能帮助我们决定应该提供什么样的服务、项目和设施。仅仅是用户数量也可以用来说明我们所提供的服务是否符合学生的需求，或者我们的服务是否需要调整。比如，如果咨询服务中心有长长的等待名单，这就告诉 114
我们可能应该把更多的资源投入咨询服务，或者说应该以更加有效的方式提供咨询服务（比如提供更多的群体性咨询服务或者限定个体咨询时间）。同理，如果用户不多，这就说明该服务或项目可能需要调整或者取消。

第三，我们记录用户使用情况，还因为用户数量虽然重要却并不一定能全面地反映情况。我们必须确保用户或参加人员能够代表我们的学生群体。学生事务工作就是要为所有学生服务，换句话说，就是要满足所有用户的需求。在第二章，我们讨论了非裔美籍学生咨询服务使用不足的例子。在该例子中，使用咨询服务的学生并不少，问题在于非裔美籍学生用户的比例偏小。如果不记录用户的种族或民族信息，就无法说明非裔美籍学生是否充分使用咨询服务。

第四，记录用户信息能帮助我们进行资源分配，确定资源需求类型，选择不同方式为学生提供某项特定的服务、项目和设施，同时帮助我们判断是否需要扩大服务范围。

第五，只有知道是谁在使用学生服务、项目和设施，我们才能开展其他评估活动。例如，要开展用户满意度评估，首先就要明确谁是我们的用户。同理，结果评估就要对使用我们的服务、项目和设施的用户进行前测和后测，然后对前测和后测的结果进行比较。无论是用户满意度评估还是结果评估，都要事先掌握用户的人口学信息。没有性别、种族、民族、年龄、年级等基本信息，我们就不能开展更加复杂的分析。

最后，只有知道是谁使用了学生服务、项目和设施，我们才能找到学习的标杆，从而提升服务质量。如果我们不知道是谁在使用学生服务、项目和设施，我们就找不到衡量标准，也就无法提高服务质量。

115 因为以上原因，记录使用学生咨询服务、项目和设施的用户就显得非常重要。但是到底有多重要呢？收集分析这些数据的确非常费时费力费钱，但是这些信息非常有价值。一般情况下，这些工作会占用学生事务工作人员大量的时间，影响他们为学生提供服务、项目和设施的日常工作，但他们又非常希望能够提高其服务、项目和设施的质量。

在那些具有独立的、明确的用户群体的学生事务工作部门，如咨询服务中心、健康医疗中心、学生宿舍管理中心等，收集用户信息要相对简单。但学生中心就没有明确的用户群体，要开展这类研究就显得困难重重。有些教育项目（如艾滋病宣传教育），由于参与者可能不想透露身份，开展起来也比较困难。

采集什么信息

第一步是要明确应当采集使用学生服务、项目和设施的学生和其他用户的什么信息。正如之前所述，记录用户数量是重要的，尤其是要与潜在用户的总数进行比较。第二步就是要确定还需要采集其他什么信息，哪些信息最重要。这里的信息可分为三个层次：基本信息、期望信息和最佳信息。

在基本信息层面，我们至少应当知道用户的下列信息：

性别
种族或民族
年龄
年级（学期；研究生 / 本科生）
居住地
身体状况（是否残疾）
国籍
招生方式（全日制或非全日制）
就读学院
学时数

这些用户信息基本上能帮助我们判断我们所提供的服务是否能让所有的学生都享受到，不管他是什么身份或具有什么样的特征。 116

在期望信息层面，用户的很多信息有助于帮助我们开展更为复杂的分析，特别是结果评估。期望信息不仅包括某些背景性特征，还包括学生入学后的经历：

社会经济变量：家庭收入和教育
入学前的学业成绩：高中成绩和学术能力测试（SAT）/ 美国大学入学考试（American College Testing，简称 ACT）分数
当前平均绩点
专业
入读情况（转学学生还是直接录取到本校的学生）

在最佳信息层面，许多种类信息对我们的工作很有帮助，但采集难度更大。最佳信息包括：

家庭价值观、家庭支持、家族病史、家庭稳定性
高中和大学之间的间隔时间
大学期望

宗教信仰
学习动因
人际交往技巧
成熟度、自尊、自信
是否有明确的教育目标
心理健康状况
职业期望、职业成熟度
大学生活的融入度和参与度
与同学关系
与教师关系

117 如何采集和存储信息

显然，采集信息的最佳时机就是在提供服务时直接从学生那里采集信息。但是，由于种种原因，该方法有时并不适用。比如，学生来咨询服务中心接受咨询服务时，可能会因为太费时间而拒绝提供自己的信息。有时也可能是因为学生自己的确不了解情况（如家庭收入）而无法提供信息，有时学生提供的成绩有水分（如平均绩点）。但是在这些情况下，还有在那些没有学生数据库的机构或单位中，这可能是学生事务工作人员唯一的采集信息的方式，他们没有其他方法可用。

第二种方法是利用其他组织部门采集的学生信息。例如，招生处办公室的数据库可能已经有了种族、民族、性别、年龄、入学前的学业成绩等信息。与学生信息系统还处于分散状态的学校相比，那些已经开发出了综合性学生信息系统的学校在采集学生信息方面就容易多了。

当然也有可能会出现以下情况：学校没有学生信息数据库，即便学校有数据库，但是它们也没有综合性信息系统，即使有综合性信息系统但访问也许受限或者无法访问。因此，开发一个学生事务数据库或者部门专用数据库就显得非常重要。目前，很少有哪个学生事务部门有一个通用的学生事务类学生信息数据库。一般来说，每个学生事务部门只采集与本部门事务相关的学生信息。

尽管有学生信息系统总要比没有要好，但这样的信息系统仍存在一些问题。问题之一是不同的部门会要求学生一遍又一遍地提供相同的信息，有时甚至是同一个部门多次要求学生提供同一信息。但更重要的是，如果要涉及不同

的数据库，跨部门评估就很困难，因为不同的部门往往采集不同的信息，或者
以不同的方式采集信息，这样跨部门比较就很难开展。即使各数据库具有兼容 118
性，合并数据文档也要耗费大量的时间和精力。

综合性信息系统

宾夕法尼亚州立大学有个综合性的学生信息系统（Integrated Student Information System，简称 ISIS），这个系统包含了过去 10 年内所有入学就读学生的相关数据。该学生信息系统包括招生处、注册处、财务处、食宿服务部、助学金管理部以及研究生院等部门的子数据库。这些子数据库的基本功能就是为学生信息创建电子存储库，从而根据信息自动产生数据报告。

该学生信息系统经过加密，只有授权用户才能进入。学生事务工作人员可以把选中的信息下载到桌面上进行查看和分析。该系统既是当前在校学生的线上数据库，也是包含当前或者过去就读学生信息的数据库。

线上报告生成器能够让学生事务工作人员不需要使用计算机编码语言或者求助于程序员就可以查询检索学生信息系统数据。这些报告生成器包括未来学生和申请者文件夹、注册文件夹、继续在该校学习的学生信息文件夹、招生文件夹、流动学生文件夹，还有教学活动汇报文件夹。

使用综合性学生信息系统有几个优势。第一，或许也是最为重要的一点，所有学生的综合信息能够即时提供，不需要每一次有需要时都从学生那里采集。第二，只需要一个来源就可以看到所有信息，避免了从不同信息源查找信息的麻烦，也不需要合并数据。第三，报告生成功能非常简单易用，不需要编写程序来管理下载的文件。第四，能提供所有学生的背景信息，没有必要再从学生那里采集，信息更加可靠。

学生事务数据库

第二种方法就是建立一个独立的、纵向的学生数据文件。每隔几年挑选一 119
些新生，对这些新生进行一段时间的追踪调查。首先选择一些要调查的变量
信息，然后通过现有的学校数据库采集信息或者对学生进行问卷调查来采集信
息。调查问卷既可以采用本地开发的，也可采用商家开发的。

采集信息可以通过调查问卷的方式，可以选择由高等教育研究合作项

目（Cooperative Institutional Research Program）、国家高等教育管理系统中心（National Center for Higher Educational Management Systems）、大学委员会学生成绩信息服务中心（College Board Student Outcomes Information Services）、美国大学考试项目评估调查服务中心（American College Testing Program Evaluation Survey Service）以及其他机构开发的问卷来采集学生信息。根据这些信息建立一个数据文件。在学生完成学业和即将离校时，增加相应的信息。这一数据库可以为开展各种研究提供数据来源，为针对录取后的学生开展的研究提供参考标准。

学生事务部门数据库

部门数据库领域的最有趣的发展在于职业规划和就业规划方面。学生使用与整个数据库兼容的几个简历模板，根据模板填写好简历，然后把简历保存到就业服务中心专门保存简历的数据库文件夹内。需要招聘新员工的公司可以打电话给就业服务中心，索要特定学历、专业、有特定资格证书或技能的学生简历。资格证书包括教师资格证、护士从业资格证、理疗师资格证或者其他与健康行业相关的证书。外语水平证书或计算机编程语言水平证书也可以录入数据库。

该类数据库的发展也存在一些问题。首先，学生受聘于某单位但未告知保管简历数据库的相关部门。其次，有些学生更愿意使用自己的简历模板而不是就业服务中心提供的模板。

该类系统的优势也是非常明显的。首先，能够快速地向招聘单位提供服务。其次，提供的岗位信息能够迅速获得学生关注。学生不会像以前一样错过
120 阅读发布在公告栏或时事通讯栏上的招聘信息。再次，有助于学生安排好校园面试，使学生能够迅速罗列出任何时间点所能参加的岗位招聘。最后，能够帮助就业服务中心统计学生就业信息。这类数据库还可以应用于实习及合作办学。

数据采集模型

在记录使用学生服务、项目和设施的用户方面还存在一些问题。一个主要问题就是要确定采集什么信息。对学生事务工作人员来说，数据采集工作的确

烦琐。有时他们的上班时间主要用来采集数据，根本无暇顾及他们本应该做的服务和项目。当然这只是个极端的例子。换句话说，设计的数据采集程序应该操作简单，使用方便。既要方便采集信息，又要方便提供信息。另一个问题是什么是“使用”。如何定义学生服务、项目和设施的“使用”，所以要弄清楚什么是学生服务、项目和设施的“使用”。

服务使用

至少每个学生事务工作部门都应该记录学生接触服务的情况以及这些接触的类别。可能有些部门无法在工作期间顺便记录这些信息，或者记录信息会影响他们的正常工作。针对这种情况，我们建议采用抽样记录的方法。比如，要记录全年的所有电话咨询就过于烦琐，耗时太多，但是可以抽取 3～4 周的电话咨询进行记录。

但是什么是学生“接触”呢？为了方便讨论，我们把学生接触分为两类：信息性接触和援助性接触。学生要求学生事务部门提供针对某个问题的信息或他所关心的事务的信息，而且学生事务工作人员能提供他所需要的信息，这类接触是信息性接触。

按照惯例，对于当面办理或通过电话办理的信息性接触，工作人员应该记 121
录接触的编号和类别。如果可能的话，还要根据学生性别、种族或民族进行分类记录。对于当面办理的援助性接触，如果可行的话，学生事务办公人员还应该记录其他信息，例如是否是全日制学生、年龄以及本章前面提到的其他基本信息。采集学生信息有个便捷的方法，那就是确认学生的学号，然后根据学生学号从现有的数据库中查找该学生的相关信息。如果使用该方法，学生就会知道为什么需要提供他的学号，以及什么信息将被用到。

教育性项目的使用

最起码每个学生事务部门都应该记录所提供的课程数量、选课学生数量和其他相关信息。有两类结构化项目类型：教育性项目和学术性课程。教育性项目指在群体背景下教授知识、培养意识或者教育个人的任何努力行为。学术型课程指通过教授课程达到教育学生、传达信息、培养意识等目的的课程。课程实行学分制，全部或部分由学生事务部门人员授课。

对于教育性项目，所要采集的信息包括课程的编号、选课学生数量以及课程性质。如果时间允许，本章前面提及的基本信息，如性别、种族或民族等，都应该被采集。对于每门学术型课程，采集的信息应该包括注册学生数、学时数、课程名称、课程内容、上课时数、培训和准备所费的时间、授课教师数量等。

设施的使用

要追踪设施的使用非常困难，特别是学生中心的设施。这些部门常常突然
122 通知临时开会，每个学生设施部门至少应该记录设施的开放时间和设施的用途，使用该设施的学生数量。无论是计划内还是计划外的设施使用，工作人员都要记录下是什么活动或什么会议。对于计划内的设施使用，采集的信息应该包括设施使用的单位或个人、设施类别、使用频率和使用时间。可行的话还可以记录下本章开头所提及的基本信息。对于计划外的使用，采集的信息应当包括设施类别、使用时间、大概的用户数量。要记录设施的使用，一定要采用“时间段”的方法来记录。

计算机技术的使用

很明显，使用计算机来记录谁使用了学生服务、项目和设施就要简单很多。例如，如果用笔记本记录电话号码就非常费时，那就更别说用这种方法记录和总结采集来的数据了。而 D-Base 或 Lotus 之类的数据软件程序可以用来记录和总结从学生那里采集来的信息。调度软件包，例如事件管理系统（event management system）（Dean Evans & Associates, 1994）对记录和总结设施使用情况能够提供很大帮助。

现在的现实情况是，只要没有基于计算机辅助技术的信息采集与数据库，就不可能记录是谁使用了学生服务、项目和设施。因此，没有基于计算机辅助技术的信息采集与数据库，那就不可能开展学生事务评估。如果数据采集程序和数据库建设得好的话，我们就可以节省数据采集和存储的时间，这使我们花在数据采集和存储上的时间最小化，从而帮助学生事务工作人员腾出更多的时间来为用户服务。

基于计算机辅助技术的信息采集与数据库还存在一些问题。首先，要将硬件和软件落实到位，虽然成本高昂且耗费时间，但必须精心设计。其次，必须配备具有专业知识与技能的人员来维护系统运行，并为使用系统的其他人员提
123 供培训。最后，负责采集信息的人员必须认可该系统，觉得该系统能为他们的工作提供帮助而不是带来麻烦。

缺陷：保密性问题

无论采集什么信息，无论对数据进行怎样的分析、解释、报告和使用，都要善待学生和其他用户，要注意信息保密，不违反伦理原则。一般来说，有两种情况需要采集学生信息。第一种情况是采集用于招生、注册报到、助学等目的的数据。学生认为这些信息只供内部使用。例如，招生办公室在写招生报告时要用到学生的性别信息，在检验招生标准的效度时也要用到学生的基本信息。在这些情况下，信息仅供负责采集该信息的部门内部使用。使用信息时通常不需要得到学生的知情同意。然而哪怕在这些情况下，也有必要告诉学生他们的信息是如何保密和使用的。

第二种情况是一个部门采集的信息可能会录入一个通用的、综合性的信息系统，或者转移给另一个部门用于评估分析。如果信息仅供内部使用（例如，比较男生和女生的巩固率），通常不用获得正式许可。然而，如果信息用于公共用途（例如，说服立法委员会给学校拨款或者在正式的公共文件中引用这些信息），就必须使学生知情并得到学生的同意，甚至使用最基本的人口统计信息，也要得到学生的知情同意。

然而，关于学生信息的采集与使用也有一些通用的指导方法。首先，在采集信息时，应当让学生和其他用户充分理解采集信息的原因，即使是个体部门例行常规采集信息也是一样的。如果这些数据是用于其他目的而非原来的目的时，那就更要向学生和其他用户陈述清楚采集信息的原因。

其次，应该告知学生和其他用户他们的个人信息将会得到保密，甚至还要告诉他们信息保密的一些细节信息。如果评估报告涉及这些信息时，也应当告 124
诉他们保密方面的信息。

再次，学生和其他用户应当知道信息是如何使用的。最后，应当让学生和其他用户知道负责保管这些信息人员的信息（他的姓名、职位、办公室位置、电话号码都是非常重要的），以及他们可以在哪里咨询或查询自己的信息。

有时候并不一定要获得用户的知情同意才能使用信息，但是保护被调查人员不仅仅是正确合理的事情，而且是法律规定的事情（见本书第十四章）。大部分学校一般会根据美国卫生研究院（National Institutes of Health）下设的研究风险规避联邦办公室（the Federal Office for Protection from Research Risks，简称 OPRR）所发布的美国联邦法律第 46 编 45 章的规定内容，制定学校关于在研究中使用受试的政策。甚至在采集学生的基本信息时，这些法律制度如果适用的话（有时基于行政目的的数据采集并不受这些法律约束），应该用来指导信息采集，保护学生和其他用户所提供的信息。

其他事宜

要记录用户使用服务、项目和设施，学生事务工作人员就应该相互协作。由于系统在开发设计时往往不会考虑是由谁来完成这项工作，因此，在设计记录系统时有必要把终端用户考虑进来。例如，如果办事员参与了数据录入，他们也应该同学生事务工作部门的主任和员工一样参与到系统设计中来。

同理，任何记录用户的系统都必须灵活，使不同的学生事务职能部门采集不同类别的信息。虽然每个部门需要的信息可能不同，但还是应该有一个共同的数据核心和针对不同部门的专用数据库。

此外，精心设计的追踪系统能让学生事务工作部门查看不同服务、项目和设施的共同影响。任何一个特定项目的影响程度都无法同多个项目的综合性影响相提并论。

125

小结

评估的首要任务就是要知道谁使用了学生服务、项目和设施，因为这一信息能有助于我们（1）确定提供何种学生服务、项目和设施；（2）确保用户能够代表我们的学生群体，并判断哪些群体在学生服务、项目和设施上的使用率不足；（3）进行资源分配；（4）为其他类型的评估提供基本信息；（5）为质量改进提供标准。

我们必须了解为什么要采集这些信息、信息的类别、信息采集的方法、信息的用途，并为用户保密。后续评估工作的开展，如需求评估、用户满意度评估和结果评估，特别是结果评估，都几乎完全取决于学生事务工作部门能否描述学生及其服务、项目和设施的使用情况。

第六章

评估学生需求 126

需求评估（need assessment）有点像天气——人们总是谈天气谈得很多，针对天气却做得很少。在天气问题上，我们做得少可能是因为我们的确是无能为力。但在学生需求评估上，我们还是有些办法的。有些技术如果使用恰当的话，还是能够有效开展学生需求评估的。本章专门讨论如何有效开展需求评估。如何区分学生的需求与学生的欲望？需求评估需要理论支撑吗？什么方法能够有效开展需求评估？需求评估时会遇到什么问题？这些都是本章的重点问题。

除此之外，本章还将讨论多个与需求评估有关的事项。首先，本章将为需求评估提供一个框架，因此要定义什么是需求评估，并界定评估的目标人群。其次，介绍需求评估所需的各种方法。有些方法在本书的其他章节已有介绍。最后，比较需求评估过程中的步骤和观点。学生事务工作人员阅读本章内容后，对如何开展需求评估将会有一个全面的了解。

需求评估的定义

不同的研究人员对需求评估有不同的定义。罗塞特（Rossett，1990）从人力资源发展的角度，把需求评估定义为“实施干预之前对背景、技能、知识和
工作人员的深入调查研究”（p.191）。斯塔弗尔比姆、麦考密克、布林格霍夫 127
和纳尔森（Stufflebeam, McCormick, Bringerhoff, Nelson，1985）把需求评估定义为“确定某些能帮助实现合理目标的必要或有用的东西的过程”（p.16）。他们认为，需求评估具有两大功能：（1）确定学生有什么需求，如何满足学生需求；（2）为项目评估提供标准。

需求评估的难点之一在于区分学生需求和学生欲望。以汽车为例，似乎很多学生，甚至住宿学院的学生都需要汽车。但是他们是真的需要汽车（需求）还是想要汽车（欲望）？即便他们的需求合情合理，那什么样的汽车合适，不至于太铺张浪费？这可不好确定。伦宁和麦克艾伦南（Lenning & MacAleenan，1979）指出，需求评估首先要看学生是否真的缺少某样东西，然后考虑该东西的必需程度（p.188）。在他们看来，需求水平与必需程度和东西的数量直接相关（pp.188-189）。重新回到汽车的例子，学生是否真的需要昂贵的跑车？可能没有这个需要。除了跑车，其他汽车也可以保证学生外出打工时不被雨淋湿。一辆靠谱的二手汽车也可以保证学生外出打工时不被雨淋湿，而且完胜雨中骑车或步行。二手车和跑车都可以满足学生需求，但是二手车更加经济，是一个令人满意的解决办法，虽然在学生看来，二手车不是他们最想要的。

库（1982）提出的需求定义与上述定义有所不同。他把需求定义为大部分人一致认为需要的东西。该定义存在问题，因为校园里出现的很多问题与此定义有关。在有些学校，虽然是少数学生，但是他们的人数还是比较多的。例如，有些学校的非住校生，虽然只占学生总数的一小部分，但是总人数不少。
128 学校在做项目规划时常忽视少数学生（Jacoby, 1991）。学生事务工作人员如果只听大部分学生的意见，就很容易得出这样的结论：现有的学生项目能够满足学生需求。这样，非住校学生的特殊需求就不会得到重视。本章后面将介绍的研究手段能帮助学生事务工作人员在决定如何满足少数部分学生需求时有更加开阔的视野。

本章要介绍的最后一个定义由斯塔弗尔比姆及其同事（1985）提出。他们把需求分成两种类型：分析型需求和诊断型需求。分析型需求指的是如果不提供某物，就会有问题出现。例如，如果学生事务工作人员在入职前不进行相关法律条文的学习，以后在工作中就会出现问题。他们有可能把体育生的成绩单泄露给媒体记者。这种行为会触犯法律，是非常严重的工作失误。诊断型需求指的是缺乏某样东西会导致伤害的发生。以学生宿舍楼的消防设施为例，如果这些消防设施配置不到位，就会带来非常严重的消防问题。学生宿舍管理员对此非常清楚。

根据以上分析和我们对需求评估的理解，本书对学生需求评估的定义如下：学生需求评估指的是确定学校是否具备学生所需的能帮助他们实现教育目标和目的的条件、资源、服务和学习机会的过程。

开展需求评估的原因

开展需求评估的原因多种多样。最直接的原因是学生事务工作人员手头的资源有限，他们希望自己为学生提供的项目和学习机会能受到学生喜爱并对学生成长有益。刚入职的学生事务工作人员最害怕的事情便是辛辛苦苦为学生设
计了一个项目，但参加的学生寥寥无几。因此，开展需求评估的一个目的就是 129
确保学生项目符合学生需求。

当然，开展需求评估的目的不仅于此。库（1982）提出了开展需求评估的5个目的（见表6.1）。与学生事务的其他方面相似，这5个方面互有关联。读者可以参考库、舒和惠特（1991）的文章。注意这5个目的的优点和不足。毫无疑问，库的观点能为拟开展需求评估但不知如何开展的学生事务工作人员提供极好的知识背景。

表6.1　需求评估的目的 130

类型	目的	优点	缺点
监控利益相关人员的认识	了解利益相关人员对某些议题的观点	具有探索性，不损害任何人的利益	需求与欲望可能区分不开，与行动不直接相关
项目政策的合理性判断	采集信息用于支持可能会推出的政策	在决策时能用到采集到的信息	需求与欲望可能区分不开
满意度指数	测试不同方案的可接受度	帮助识别潜在的有争议议题	可能会出现强调学生想要的东西，而不是需要的东西的情况，可能会出现支持可疑或有争议政策的现象
参与政策制定	从众多政策中选出接受度最高的政策	利益相关人员能够影响学校各个部门对学生需求的态度和决策	可能会出现支持可疑或有争议政策的现象
可测性提升	确定需求是否得到满足	提升文件的执行效率	可能不能有效呈现问题或需求，只关注先前存在的问题

资料来源：库，学生事务中需求评估的目的与原则（Purposes and Principles of Needs Assessments in Student Affairs），《学生人事期刊》（*Journal of College Student Personel*），1982, 23（3），p.205。允许重印。

一方面，对学生事务工作部门来说，需求评估能帮助学生事务工作人员制

定政策、设计项目和提供服务，帮助他们确定本部门的活动是否与学生直接相关。另一方面，需求评估可以向学校的其他管理部门、董事会成员、立法机构和公众表明某个项目的开展或取消、某项政策的制定、某项活动的开展都是有根据的。此外，需求评估还能帮助工作人员向学生解释学生为什么一定要具备某些经历，如在校内学生宿舍住宿的经历、参加社区活动的经历以及上新生英语课的经历。

如大家所想，开展需求评估也有不好的一面。有时开展需求评估的动机不纯。斯塔弗尔比姆等（1985）指出了几类动机不纯的需求评估。其中之一是通过需求评估事后证明某个行政决定的正确性。一般来说，某些项目可以取消，但是应该在取消之前开展需求评估，而不是取消之后才开展。同理，在解雇员工之前也要开展需求评估，而不是解雇之后。

一般来说，几乎不存在没有目的的需求评估（Kuh, 1982），但通过需求评估来攻击对手的行为是龌龊的。虽然很难区分组织政治和需求评估，但是需求评估的目的不在于加强机构的政治地位。另一方面，如本书第二章所述，有时候我们也要向某些重要的政治机构证明我们的服务和项目的合理性，证明的方法就是需求评估。同理，需求评估也不能以加强机构的存在感和可靠度为目的。有些时候，需求评估结果显示如果是由某些人来开展评估的话，效果会更好。但是，这个发现不应该是需求评估的主要目的，这只是需求评估的副产品。全国学生人事管理者协会的《专业实践的标准与规范》（1992—1993）（*Standards of Professional Practice*）专门对评估中的伦理作出了要求，值得评估人员在评估之前仔细阅读。

131

基于理论的需求评估

在选取需求评估方法时，我们首先要做的是看评估是否需要某个理论的支撑。可采用的理论包括与人类需求有关的理论，如马斯洛需求层次理论（引自 De Coster & Mable, 1980）。该理论已经被应用于需求评估几十年了（Riker & De Coster, 1971；引自 De Coster & Mable, 1974）。基于理论的项目规划的例子很多，安德烈亚斯（Andreas，1993）和罗杰斯（Rodgers，1990）就提供了多个例子。

如何在评估中应用理论？先思考一下如何评估新生对环境熟悉与适应项目的需求。不需要理论的做法是在大一结束时对学生进行调查，让他们回忆最初刚进学校时他们想了解学校的哪些信息，也可以让他们回答在他们看来新生环境熟悉与适应项目中的哪些内容是不需要的。评估工作人员一方面应该整合以上所有数据，同时为新生准备一份需求评估工具。根据对结束大一学习的学生 132 和即将入学的新生的需求调查，评估工作人员能够确定学生需要什么，能计划好新生环境熟悉与适应项目的内容安排。这种评估方法没有参考学生发展理论（student development theory），不需要理论支撑。

另外一种做法就是基于理论的评估。根据奇克林（Chickering，1993）的学生心理社会发展理论（psychosocial theory of student development），学生，尤其是大学生，会经历三个发展阶段：发展能力、管理情绪、从自主走向互赖。因此，需求评估的调查问卷和访谈应该根据该理论进行设计。调查问卷中的每个项目和访谈中的每个问题都要与这三个阶段相关。新生环境熟悉与适应项目的内容安排应该根据问卷和访谈的结果来设计。

埃文斯（Evans，1985）曾经做过一项关于需求评估方法研究，探究是基于理论的调查问卷，还是基于经验的调查问卷得到的数据更加有效，与学生的实际情况更加相关。研究结果显示，“基于理论的调查问卷得出的结论与学生的实际情况更加相关”（p.112）。同时，她还发现，“有理论支撑的精心设计的调查问卷更能全面并准确反映学生的情况”（p.114）。选择哪个理论用于支撑需求评估取决于很多因素，如评估的对象群体和评估人员的工作能力。无论如何，理论支撑能够提升评估的质量。

需求评估方法

可用于需求评估的方法很多。埃文斯（1985）指出，在选择方法时，“要考虑评估的目标、评估群体的大小、可用的时间和资金等因素”（p.114）。可用的方法很多，因此不易确定要采用哪个方法。布朗、考克斯、塞比奇、斯皮瓦 133 克（Brown, Cox, Sepich & Spivak，1989）建议大家要同时采用多种方法来开展一项评估。“研究结果显示，学生需求评估应该采用多种来源的信息。”（p.80）接下来，本章将介绍几种常用的评估方法。

调查问卷

罗塞特（Rossett，1990）为我们提供了非常详细的开展问卷调查的提示和注意事项。下面呈现的内容主要依据她的讨论。

采用调查问卷的方式进行需求评估有多种优点，比如成本较低、能保证受试匿名、有足够的时间进行数据处理等。

开展问卷调查的成本相对较低。除了评估人员的时间花费，其他主要的花费是打印费和邮寄费。受试不需要在问卷上填写姓名，因此可以保证匿名。使用量化评分表，数据统计方便，用时较少，短时间内就能给出评估报告。及时给出评估报告能给参与评估的学生带来更多信心，让他们觉得需求评估是一项严肃的工作，能够帮助学生事务工作人员决定如何满足学生需求。

如果能遵循以下指导原则（虽然该指导原则不够完整），那么需求评估能够开展得更好。读者还可以参考本书第二章关于提高调查工具质量的讨论。

134 第一，调查问卷的每个问题陈述要尽可能短。学生很忙，有很多活动要参加。他们可能不会优先选择参与问卷调查。缩短问题陈述可以让更多的学生参与调查。

第二，至少要有一次后续跟进。后续跟进花不了多少时间。毫无疑问，有些受试可能会忘记回寄调查问卷。再给他们寄一次调查问卷，问卷回收率会大大提高。

第三，要有试测（或前测）。试测群体的规模不需要太大。在受试完成问卷之后，我们应该问他们如下问题：问题陈述是否清晰易懂？完成问卷花了你多长时间？你觉得该问卷对你的同学有吸引力吗？要想吸引更多的学生来参与问卷调查，我们还应该做些什么？

最后，在开展需求评估之前，还要在学生报纸、宿舍楼报纸、校园广播、布告栏等处公布调查问卷，让学生知道他们的需求将要被评估。这样做或许能引起学生的兴趣。

当然，使用调查问卷也会有一些问题。罗塞特列举了其中的几个，如问卷调查缺少人际互动。受试只需回答问卷上的问题，评估人员不会要求他们回答其他问题。此外，如果问卷中的问题陈述得不够清楚的话，得到的回答也是没有意义的，因为受试可能对问卷中的问题理解有误。问卷中的打印错误、空白太多、排版松散等都会分散受试的注意力。虽然调查问卷应用广泛，但是通过问卷得到的信息还是不如访谈来得丰富。

如本书第二章所述，电话调查也可以用于学生需求评估。该方法没有邮寄调查问卷的缺点，它成本更低，问卷回收率更高，对学生来说更加方便。

135 访谈

与调查问卷相比，访谈能得到更多的信息（Evans, 1985），但是也更加费时费钱。访谈有单独访谈和小组访谈两种形式（Carnaghi, 1992）。惠特（1991，

1993）对访谈做过非常详细的描述。读者可以参考本书第三章了解更多关于单独访谈和小组访谈的内容。

其他需求评估方法

在某些情况下，书面材料查阅和观察法也适用于需求评估，虽然它们不如问卷调查和访谈那么常用。卫奇塔州立大学（Wichita State University）的学生事务工作人员通过观察学生的行为来判断学生是否需要儿童保育的需求。该校的学生事务中心副主任听说有些学生去上课时会把孩子留在车里，然后她就时不时地去停车场观察这一现象是否普遍。结果她发现这种现象的确比较普遍，值得做需求评估。最终她在校内设计了一个综合性的儿童保育项目。

书面材料也能为需求评估提供有用信息，比如给学生报纸主编的来信能反映学生的某些想法。当然，仅仅通过阅读这些信件就作出资助某项目或服务的决定不太妥当，还需要更加深入的调查。但是如果很多学生来信反映的是校园生活中同一领域的事情，该领域就该引起学生事务工作人员的注意，从而做些改变。

除了书面材料查阅和观察法，布朗和波多尔斯基（1993b）推荐了其他形式的需求评估方法。这些方法不如其他方法正式，但也可以使用。比如，可以在学生宿舍让学生对拟开展的新项目进行排名，可以在餐厅与学生边用餐边交 136
谈，了解他们的想法，也可以在开会时要求学生举手表决。虽然没有一种方法能帮助我们全面了解学生需求，但是像学生给主编的来信一样，这些方法至少能告诉我们从哪里开始进行需求调查。有时，仅仅询问学生诸如“学校生活怎么样？”等简单问题，也能得到意想不到的答案。当然，没有哪个学生事务工作人员会仅仅根据与一个学生的聊天就作出资助某项目或服务的决定，但是与学生聊天能够带领评估人员开始进行深入系统的调查。

需求评估步骤

在确定好以上讨论的各个事项之后，接下来评估人员要思考的就是采用什么样的评估步骤。相关文献中有许多关于需求评估步骤的讨论。本书为读者提供的评估步骤参考了罗塞特（1990）和斯塔弗尔比姆等人（1985）的观点，第二章讨论了与如何开展评估有关的常见问题，以及我们自己的评估经验。为了展示需求评估过程，本章为读者提供一个真实场景的评估方案。

评估方案：以某常春藤学院为例

问题是什么？

正如本书第二章所述，问题驱动评估。问题也驱动需求评估。项目和服务设置的问题在于缺少学生需求方面的信息，这导致工作效能不足。因此，所有的需求评估都是因为需要学生信息。一般来说，开展需求评估主要为了应对以
137 下三个问题：（1）学校层面没有宏观的学生需求方面的信息；（2）学校有宏观需求信息，但是缺少某些学生群体，如女生、非裔美籍学生等的具体需求信息；（3）缺少对学生学习至关重要的某些信息，如职业发展、戒酒、戒毒等方面的具体需求信息。

因此，我们要问的第一个问题是，我们的评估要解决上面三个问题中的哪一个问题。一般的需求评估应该解决以上所有问题，而且有现成的评估工具可用（评估工具见本书附录）。有些评估工具不仅能提供宏观的信息，而且能提供具体问题和某些学生群体的具体信息。根据我们的工作经验，宏观的需求信息有助于我们理解学生的普遍需求，但是这些信息对提升项目和服务质量的帮助不大。

因此，要聚焦需求评估针对的问题，扩大评估范围，这样评估结果就能直接促进学生项目和服务的质量提升。接下来我们以某常春藤学院的例子解释如何设计更加具体的需求评估。

该学院是一所具有200多年历史的私立学校。学院开设的所有专业都是文科专业。原来只招男生，直到20世纪60年代末学校才开始招收女生。现在学校里的男生和女生各占一半。

在招收女生之前，学院的校内学生体育比赛搞得非常红火。男生们以宿舍为单位，或以社团为单位组织各种体育比赛。比赛项目多达15个。女生进校之后，学校也为她们组织同样的体育比赛，但是项目效果一直不如男生的好。

针对这种不平衡现象，各个学生社团的女性负责人要求重新思考一下学院的学生体育休闲项目。她们认为，女生和男生一样对体育休闲项目有兴趣，但是学院的学生体育休闲项目是根据男生的喜好来设定的。女生和男生在兴趣方面本来就存在差异。女生更喜欢有氧健身、体型保持、负重训练等项目，不太
138 喜欢比赛型项目。但是，学院不仅没有提供女生喜欢的体育休闲项目，而且拒绝改变原有的体育休闲项目。

女生们苦苦争斗了三年，学院终于同意为女生选择一些体育休闲项目，并

在学生和教职工中进行调查，看他们对现有的体育休闲项目是否满意。校长任命了蓝带委员会（成员包括教师、学生、体育休闲项目负责人、毕业生）。该委员会的任务是“调查学校是否有扩大体育休闲项目的必要，以满足目前越来越多样化的学生群体的需求”。

需求评估目的是什么？

根据本书第三章的讨论，评估的目的由评估问题决定。在该案例中，评估目的是评估学生的体育休闲需求，并为体育休闲项目的设置提供参考意见。

哪些人是受试？

因为该学院规模较小，只有 1 570 名学生。所有的学生都住在校内，因此蓝带委员会决定把所有的学生都选为受试。换句话说，总体就是受试，不再从总体中抽出样本。

最合适的需求评估方法是什么？

蓝带委员会决定同时采用定性和定量两种方法。首先，委员会对所有的学生的背景和特征进行问卷调查，调查数据根据性别、年级和其他变量进行分类。

然后，根据调查结果决定从哪些方面进行更加深入的调查。委员会决定
采用三种定性研究方法对目前学生的体育休闲生活进行深入调查。第一种方 139
法是小组访谈，分别访谈积极参加体育休闲项目的学生和不参加体育休闲项目的学生。不参加的学生的需求在任何需求评估中都很重要，不应忽视。第二种方法是在校园内开设论坛讨论校内体育休闲项目的设置。任何学生都可以参加论坛。第三种方法是蓝带委员会成员在校内的体育休闲场所进行观察并与学生交谈。

谁来采集数据？

首先，委员会决定要求学校科研办公室把调查问卷邮寄给学生，并负责回收问卷、分析数据，完成定量研究方面的工作。

其次，委员会决定派委员会成员开展小组访谈、公开论坛，观察并与学生交谈，自行采集数据。原因有二：（1）他们觉得很有必要与学生直接沟通，以便更好地评估他们的需求；（2）委员会成员具有代表性（有教师、学生、管理人员、毕业生），他们看问题的视角很全面。

采用什么评估工具?

本案例使用的调查问卷由委员会成员自行设计，并咨询了学校科研办公室问卷调查方面的专家。通过问卷调查学生愿意参加或不愿意参加现有的体育休闲项目的原因，以及他们希望学校新开设哪些项目。

小组访谈主要有两个问题：（1）你觉得我们现有的体育休闲项目怎么样？（2）你觉得如何提升和改进我们现有的体育休闲项目？

公开论坛没有特别的规程，除非邀请学生分享他们对体育休闲项目的认识，而且蓝带委员会成员要在场聆听。针对在体育休闲场所使用现有设施的学生来说，委员会成员有两大任务。第一，他们要观察学生如何使用设施，时常
140 在体育休闲场所内走动，注意哪些人在使用什么设施。第二，与学生交谈要问两个问题：（1）你为什么使用这个设施？（2）你觉得如何提升和改进我们现有的体育休闲项目？

一切评估工作按照以上陈述的进行。学校科研办公室把调查问卷邮寄给每位学生，问卷回收率不错，超过 50%。因此，蓝带委员会没有给未反馈的学生第二次邮寄问卷。收到学生反馈的问卷之后，学校科研办公室对数据进行汇总分析，根据学生的问卷作答区分出要参加体育休闲项目和不参加体育休闲项目的学生。然后委员会对学生进行小组访谈，每次访谈由委员会派两名成员参加。学生很愿意参加小组访谈，他们自由发表意见，告诉委员会成员他们喜欢和不喜欢什么体育休闲项目。公开论坛开展得不好，参与的学生不多，得到的信息与小组访谈类似。在与使用体育休闲设施的学生交流中倒是获得了不少有用信息。

如何记录数据?

问卷调查数据保存在计算机数据文件中。小组访谈和公开论坛的数据以录音的形式记录。观察得到的数据记录在观察人员的笔记中。（读者如果要想了解如何记录数据，请阅读本书第二、第三、第四章。）

如何分析数据?

通过对问卷调查数据进行多变量分析，蓝带委员会不仅能得到描述性统计结果，而且能解释为什么不同的人群有不同的反应。通过小组访谈、公开论坛和观察得到的数据，委员会要进行总结分析并得到不同主题类型的信息。

数据分析显示，在该常春藤学院，学生社团女性负责人的观点是对的。很多女生的确是在寻找现有项目之外的其他体育休闲项目。令委员会成员吃惊的

是，大量的男生还对野营、徒步、攀岩、划船和其他户外体育休闲项目感兴 141
趣。此外，女生也愿意参加校内的体育比赛，只要是她们喜欢的体育项目。

如何汇报数据？

讨论之后，蓝带委员会要做的事情就是向校长汇报调查研究发现，并给出解决问题的办法（如何报告评估结果请参考本书第十三章）。他们提交了三个报告。第一个是完整报告，汇报评估什么、如何评估、为什么要这样评估，以及评估发现和总结。第二个是缩略版的完整报告，只有 5 页。读者可以快速了解该评估各个部分的内容。第三个是执行总结，目标受众是普通学生、教师和公众。

报告专门陈述了体育休闲项目的改进方案。首先要改变项目设计的理念和目标陈述。蓝带委员会的建议如下：体育休闲项目的顾问团要具有代表性，顾问团要能代表全体学生的意愿；不仅要在体育休闲场所配备熟悉学生健康项目的协调员，在学生宿舍也要有这样的人员配置；学校要增加资金投入，改善并增加现有的体育休闲项目设施。

如何使用评估结果？

事实上，蓝带委员会的建议很难落实。学校缺少资金，教职工的工作负担
已经超额，还有其他需要优先考虑的事情。我们也不能因为需求评估结果显 142
示学生的某些需求没有得到满足，就期望学校会很快拨出资金采取行动。我们也知道学生事务工作人员的工作任务之一是设计项目，而不是满足学生需求（Hurst & Jacobson, 1985）。

该常春藤学院是这样做的。校长收到评估报告后，把报告在校园里进行了公示，让所有学生都能看到这份报告。然后校长与学校董事会成员讨论，并要求学生事务工作人员拿出一份解决问题的工作方案（包括需要多少资金）。最终，校长同意增加体育休闲项目，重新配置顾问团，增聘一名学生健康项目的协调员。因为资金不足，此次行动不增加体育设施，但校长把增加体育设施列入学校将来的发展项目。

案例点评

这一需求评估的过程同样适用于其他学校的学生需求评估。我们不能想当

然地认为，很容易就能对原有的项目做出改变。校园有些问题也很复杂，不是那么容易就能想出可行的措施。就本案例来说，解决办法不是那么复杂。要注意，现实生活中的问题并不都是这么简单。此外，本案例运用了多种研究方法。读者要注意，一个案例的研究方法可能并不适用于另一个案例。每个案例都有自己的独特之处。这个独特之处会影响评估的过程。最后，读者还要注意，在某些案例中，有些研究方法可能会比其他方法更好用，但这并不能说明研究方法之间存在孰优孰劣的问题。这只能说明有时实际情况并不如我们原先计划的那样好。

需求评估中可能会出现的问题

在准备开展学生需求评估之前，要认真思考一下需求评估可能会出现的问
143 题。有些问题在前面其他章节已经有所涉及。本节我们拟将这些问题集中起来
详细讨论，方便人们在开展需求评估之前解决好这些问题。

组织政治行为

在本书第一章，我们提到开展学生事务评估的原因之一是“政治性因素”。布朗和波多尔斯基（1993b），以及斯塔弗尔比姆、麦考密克、布林格霍夫和纳尔森（1985）讨论过需求评估过程中各方组织政治行为的影响。布朗和波多尔斯基的观点是不能忽视需求评估中的组织政治行为因素。他们认为：“不同学生群体有不同的观点，不同教职工有不同的观点，学生的观点与教职工的观点又有可能不同。我们要认识到需求决策中各方力量的影响。”（p.408）如果校长已经决定让男生和女生分别住在不同楼层，这时如果还要开展需求评估看学生的需求是否与校长的决定相反，那么这样的评估是没有意义的。无论评估结果如何，男生和女生都不可能住在同一个楼层，因为校长已经决定了。

此外，如果校长和其他高层领导对评估结果的解释与评估人员的解释不同，那也是他们的权利。评估人员也没必要一定要接受领导们的解释，但是他们应该意识到领导层可能有其他问题需要解决。正因为如此，领导层的做法可能会与评估人员不同。

斯塔弗尔比姆、麦考密克、布林格霍夫和纳尔森（1985）对需求评估中的组织政治的看法与布朗和波多尔斯基（1993b）有所不同。他们提出的建议比较实用。他们认为：“我们必须把需求评估的作用牢记在心。需求评估能够影响人和其他资源，尤其是钱。”（p.11）真实的情况是，需求评估做完以后，评

估结果会揭示一些学生需求。这些学生需求还没有得到满足或者应该得到满足。如果学生的某项需求没有得到满足，我们经常会认为负责该事情的人工作 144
不到位。接着我们可能会问这样的问题：工作是否需要重新布置？资源是否需要重新分配？人员是否需要调整？这些问题对需求评估具有很大的影响。真正的需求评估与我们的设想有区别。在现实生活中，有些人的工作与评估结果相关。

要避免评估中可能会出现的情感问题，可行的方法是在评估之前让各方协商同意评估结果只用于提升项目质量。各方要事先答应如果出现问题，要支持帮助员工把工作做得更好，不得辞退员工。

危机取向

第二个可能出现的问题是出现危机时开展的需求评估。比如，某个学校学生的流失率特别高，对招生都产生了很大的影响。在这种情况下，有必要开展需求评估，看退学或转学学生的在校需求是否得到满足。其他可能出现的危机包括：校内学生宿舍的空置率突然提高、某个学生在校内遭到袭击等。因为危机才开展的需求评估会令学校的各个部门陷入被动和难堪的局面。

常规需求评估

需求评估往往由问题引发，但是从需求评估的概念来看，需求评估应该是一个持续的过程，我们要将需求评估常规化。如果能做到常规化的需求评估，
那么会出现很多意想不到的结果。库（1982）的说法很到位，他说："我们的 145
评估经验告诉我们，有计划地开展需求评估会有一系列好处，无论是学校的发展还是学生的发展都能从中受益。"（p.208）这些额外的好处在应对危机的需求评估中是不会出现的。

缺少协调

在托马斯（Thomas，1984）看来，各个学校的需求评估很少会与校内其他组织活动相协调，也很少会与校内同期开展的其他需求评估相协调。接下来我们举例说明这一问题是如何产生的。某学校的健康服务中心对新生进行了胆固醇筛查，然后建议学生进行更多的锻炼，少吃油腻的食品。与此同时，学生会在检查学校费用结构时要求学校把休闲健身项目取消，以减少开支。食品服务部主任也对学生进行了小组访谈，在访谈中，学生要求学校在校内提供更多的快餐，学校不用考虑饮食结构。因此，食品服务部主任计划为学生提供更多的

汉堡、薯条之类的快餐，减少沙拉和酸奶的供应量。显然，这不是个真实的例子，但它告诉我们，所有的部门都想满足学生的需求，但是校内各个部门的做法自相矛盾。如果各个部门能相互协调，效果肯定会更好。

有多少评估结果能拿出来共享呢？可能很少（参见本书第十三章）。每年很多学生事务工作部门开展的评估或许有重叠。如果各个部门能够相互协调，那么可以节省很多人力物力。哪个办公室来协调各个部门的评估工作？这是一个大问题。就像哪些部门需要分享我们的评估结果一样，这很难决定。如果学校规模很大，没有哪个办公室能协调好所有的评估工作。首先，如果某个部门
146 发现了学生的某种需求，该部门要让全校的其他学生事务工作部门知道学生的这个需求，并把需求报告发送给各个学生事务工作部门的负责人。然后各个部门的负责人把需求报告传达到每个员工。开一个小型会议让每个学生事务工作部门分享自己部门收集到的学生需求方面的信息。然后，各个部门应选取一名有经验的顾问。如果部门要开展评估，就要和评估顾问讨论，并一起开展评估。

只采用一种数据采集方法

托马斯（1984）发现，很多需求评估只采用一种数据采集方法。采用多种数据采集方法能收集到更多信息。当然，采用的数据采集方法越多，时间和金钱的花费也就越多。但是，一种数据采集方法很难保证数据的可靠性。

一定要尽量采用多种数据采集方法。布朗和波多尔斯基（1993a）指出，仅仅采用调查问卷来开展需求评估是不对的。“问卷调查的工作量的确很大，工作人员要花大量的时间来设计、邮寄问卷以及处理分析数据”（p.407），但是问卷的效度值得怀疑。评估人员需要采用多种方法来评估学生的需求。如果有其他适用的方法，就应该采用多种方法。多一种方法，就会多一份信息。

评估的目标群体

巴罗和他的同事（Barrow，1989）在分析数据时发现了一个有趣的现象。
147 “调查数据对全体学生来说可能并不准确，但对某个群体来说非常准确；某个群体表达的需求比总体样本提供的需求更加真实。”（p.81）

还是以前文的某常春藤学院为例。在这一案例中，以某个群体的学生为受试效果可能更好。仅仅调查新生的需求或某个系的研究生的需求，调查结果可能更加准确。比如，要调查残疾学生的特殊需求，受试就应该是残疾学生，而不是所有的学生。同理，女生才有资格表达女生的诉求。弱势群体学生的声音

才能代表他们自己的意愿。评估人员在设计评估项目时，要确定评估的目标学生群体。

小　结

开展真实可信的需求评估并不容易。很多时候，需求评估的开展方式并不正确。本章详细讨论了与需求评估有关的重要事项：（1）确定需求评估的目的；（2）选取评估方法；（3）确定评估程序；（4）避免评估可能会出现的问题。评估人员如果具备了以上知识，就可以随时开展需求评估。

第七章

148 # 评估学生满意度

学生事务工作人员如何判断学生对校园生活是否满意？传统的做法是向学生分发调查问卷，然后分析回收的问卷。近年来，小组访谈常被用来了解学生的学习生活情况。这种方法不仅可行，而且取得了良好的效果。采用其他方法也能了解学生对校园生活是否满意，其他方法至少在某种程度上能确定学生是否对他们的校园生活满意。本章将呈现并详细描述学生满意度评估的一系列方法。

本章的几个核心内容如下。首先，将用几句话描述满意度测量的标准。其次，讨论满意度静态测量的一系列方法。这些测量方法不使用定性和定量的研究工具。再次，介绍满意度动态测量方法，包括使用定性和定量的研究工具。最后是指导原则与总结。

满意度评估的定义与目的

要评估学生满意度，首先要为什么是高品质的校园生活提供概念化框架。
149 伯格和桑德斯（Bogue & Saunders，1992：20）把品质定义为“目标描述和目标达成具有一致性——具有广泛认可的责任心和诚信标准”。假设高品质的校园生活能成就学生的高满意度，那么如果学生具有高品质的校园生活，他们对校园生活就有很高的满意度。如果能接受这一概念化框架的话，我们就可以认为学生满意度评估的目的就是判断学生是否拥有高品质的教育体验。这样的体验能促进学生的学习和成长。伯格和桑德斯（1992）呈现的案例表明所有的学校都有为学生提供高品质校园生活的潜力。

需要注意的一点是，学生对校园生活的高满意度并不意味着拥有高品质的教育体验，因为学生觉得某个教师和蔼可亲并不意味着学生在学该教师的课程时就学得很好。同理，如果学生喜欢住在校内学生宿舍，但又不遵守学生宿舍的规章制度，想做什么就做什么，那学生就不可能拥有良好的校内宿舍生活体验。因此，学生事务工作人员不要轻易认为学生对校园生活的高满意度一定会带来良好的教育质量。本章将详细讨论学生满意度评估方法。

满意度测量

首先，负责学生满意度评估的学生事务管理人员要确定评估标准。评估的第一步就是要重新审视学校的办学宗旨和办学目标。莱昂斯（Lyons，1993：14）认为，学校的办学宗旨是“决定学生事务的性质和内容最重要的因素”。

虽然有些人没有把办学宗旨看得如此重要，但是一系列的研究表明，办学宗旨的确非常有用，因为它描述了一所高校希望通过教育项目达到什么样的目标（参见库、舒、惠特等，1991）。不同的高校有不同的办学宗旨。办学宗旨取决于学校的期望、教职工的工作热情、学校所服务的对象和学校实现办学目标的方式。

在重新审视了学校的办学宗旨后，研究人员必须再审视一下满意度评估中 150
每个部分的目的。不同的学校也有不同的目的。例如，在为普通本科生提供住宿的寄宿学校中，其住宿项目的范围和作用就与大城市的高校不同。大城市的高校主要为国际学生提供住宿。因此，在评估每个项目时，要先了解项目目标。这样才能对学生满意度进行客观的评价。

根据以上的分析，我们有必要先提供一个评估框架。仅仅知道学生是否对校园生活满意不是评估的全部内容。判断学生对校园生活是否满意、他们的校园生活是否与学校的办学目标一致，能更好地了解学生的校园生活。

全面质量管理

虽然本书的目的不是讨论全面质量管理（Total Quality Management，简称TQM），但重要的是要注意，在评论方面，全面质量管理可以用于学生满意度评估，以提出改善学生校园生活质量的机制。全面质量管理的目标是提升整个学校或机构的工作表现（Krueger, 1993），其工作核心在于改善工作系统。根据克鲁格（Krueger，1993：274）的研究，“85%～90%的问题是工作系统原因导致，而非个人原因”。因此，如果工作系统得以改进，学生满意度就会提升。霍根（Hogan，1992）认为，全面质量管理的一个好处就是让教职工逐渐了解

"客户满意"的概念。

开展全面质量管理需要很多方法。有意思的是，很多方法都需要使用我们手头现有的数据，如选课人数在 15 人以下的课程数、师生比、新生的美国大学入学考试或学术能力测试成绩、实践课程数量、实习项目数量等（Krueger,
151 1993）。这些因素会影响学生的校园生活质量，并有可能影响学生对学校的满意度。更多关于全面质量管理和高品质教育体验的内容请参见戴明（Deming，1986）以及奇克林和盖姆森（Chickering & Gamson，1987）。

静态测量方法

目前，我们手头拥有一系列的学生满意度测量方法。我们将这些方法称为"静态测量方法"，因为使用这些方法时，不需要开展复杂的研究就能够测量学生满意度。本章接下来将会详细讨论这些测量方法，在哪里可以找到想要的数据。研究人员在使用这些测量方法时，下结论要谨慎。

坚持度

测量学生对大学生活满意度的方法之一就是看有多少学生坚持在某所学校学习直到毕业，中途有多少学生转学或退学。这是美国联邦法律要求提供的数据。学校手头已经有了这些数据。

但要注意，以学生能否坚持学习直到毕业为标准的坚持度并不能完全反映学生对学校的满意度。比如，有些学生在入学之前就有转学的意愿。他们可能会在某所学校先修预科，然后转到其他学校完成大学学业。在这种情况下，学生没有在第一所学校完成学业并不代表他们对该学校不满意。

另外有些学生压根就没有毕业的打算。一项对卫奇塔州立大学一年级新生的调查显示（Schuh, 1993b），2.6% 的被调查者表示他们并不打算在某所大学或其他大学获取学位，虽然他们所在的专业有学位授予权。

如前所述，因为美国联邦法律的要求，每所学校必须要有坚持在校学习的学生数据。这些数据可以从教务处、研究事务处等部门获取。

152

活动参与率

测量学生满意度的第二个方法是考查学生参加各种活动和项目的积极程度（参见本书第五章）。我们的假设是：学生参加各种能给他们带来满足感的活动，不参加不能给他们带来满足感的活动（这一假设也可能不对）。

活动参与率似乎也不能完全反映学生的满意度。学生参加活动的原因有很多，可能是因为有些活动有助于提升他们的校内地位和就业竞争力，也可能有助于他们被著名大学的研究生院录取。如果学生参加某些校内活动能帮助他们的社团在社团竞赛中获得加分，他们也有动力参加这些活动。

大部分社团都要记录参加他们社团组织的活动的学生人数，至少要有一个大概的数字。例如学生活动办公室应该知道有多少学生跳舞、看电影、听音乐会，尤其要记录需要购买门票才能入场的活动人数。

消费支出形态

很多学生认为钱不够花。根据助学贷款承诺（参考 Schuh, 1993a），他们没有大量的可支配收入，但要花钱的地方很多。校内住宿、教材、休闲娱乐活动和健身都要花钱。因此，我们是否能得出这样的结论：学生如果没有把钱花在校内，而是花在了校外，这就说明他们对校内提供的产品和服务不满意。

或许这样的结论不完全正确，因为有些产品和服务在某些校园内是不提供的。如教会学校不提供避孕工具，某些学校不允许在校内出售香烟等。在这种 153
情况下，学生就要外出购买。

因为有专门的经费用于本节所讨论的校内服务和产品，因此，我们手头应该有不同年份的数据。对不同年份的销售总额进行比较能够帮助我们了解学生的消费支出形态。如果学生每年的消费支出形态变化很大，那么这种起伏变化或许能说明学生满意度的变化。无论如何，这种变化能告诉我们这也是一种调查方法。

社团成员招募和留存

有些学生组织在成员招募和留存方面几乎没有问题，有些学生组织却很难招募到足够的人马。为什么？原因之一是有些组织能满足学生的需求，有些组织却不能。因此，有必要研究一下让学生满意的因素有哪些，为什么有些学生组织会做得越来越好。

另一方面，学生参加不符合他们需求的社团是由多个原因造成的。比如同伴压力，有时同伴压力会非常强大（Astin, 1993）。迫于压力，学生有可能会参加他们并不喜欢的社团。还有些学生认为，加入社团能增加他们今后的就业机会。但无论如何，社团成员的增长率能反映出学生对社团的满意度。

通常，社团每年都要向学生社团管理部门提交成员的姓名和地址等信息。学生活动办公室、学生宿舍办公室等部门有这方面的信息。 154

社团活动

如何测量社团成员对社团的满意度？一个方法就是看社团开展的活动。如果活动数量越来越多，种类越来越广，社团就越有活力。反之，社团的问题就越来越多。

注意，根据活动的数量和种类得出的结论又不一定正确，因为仅仅考虑社团活动的数量，会忽视质量问题。有时学生参加某个社团活动并非出于自愿。因此，调查研究需要更加深入。但无论如何，用社团活动数量的增加来证明社团成员对社团的满意度还是有一定说服力的。

有些社团会出于活动目的和社团发展的考虑，会记录下各种活动信息，有些社团则不会。学校应该鼓励所有的社团都要保存信息记录。如果想要大型校园活动的记录，可以在校报档案室里查找。

学生报刊

学生报刊被认为是大学校园里最令人恼火的潜在因素。它到底有多令人恼火？这取决于它在多大程度上能正确表达学生的观点和反映校园生活（Schuh, 1986）。事实上，学生事务管理人员（Asher, 1986）、校长（Magrath & Magrath, 1986），甚至报刊顾问（Siddons, 1986）一致认为，学生报刊一方面是令人头痛的事情，另一方面也是学校的骄傲。请记住，学生报刊工作人员有他们自己的观点，他们不可能总是正确反映学生对校园生活的态度。学生报刊能为我们了解学生对校园生活的满意度提供两个信息来源。

第一，从学生报刊编辑人员选登的文章中能看出他们对校园生活的态度。这些文章有可能产生轰动效应，因为学校教学出色不会成为新闻，学校管理规
155 范、财务制度谨慎也不会成为新闻，但我们可以根据文章内容来判断学生对校内的什么事情不满意，因为这些文章反映的至少是在学生眼里存在争议的事情。不要想当然地认为学生报刊编辑人员是在煽动民意，为了让学校难堪。学生报刊编辑人员虽然是学生，但他们具有良好的全局观念，会考虑校园生活的方方面面。

第二，阅读学生报刊上的读者来信是个好方法。这些来信通常都附有写信人的姓名，能够反映学生对大学生活的某个方面是满意还是不满意。有时候，学生来信显示他们对学校的某个政策或工作程序有误解。有时候，学生的观点也是有道理的。因此，学生事务工作人员有必要打电话给写信的学生，了解学生写信的理由。如果学生有误解，那学生事务工作人员就应该多提供点相关信息。但无论怎么做，学生事务工作人员都会更加理解学生为什么对校园生活的某个方面不满意。在这种情况下，教育过程当然可以双向工作。

学校数据库

本书第五章详细讨论了如何使用学校数据库跟踪学生信息。数据库能提供大量有意思的数据，虽然这些数据不能全面反映学生对大学生活的某个方面是否满意，但能提示评估人员哪些东西值得深入研究。下面举两个例子来说明如何使用数据库调查学生满意度。

学校保存学生的选课信息，如课程退选和增选信息，以及哪位教师的课选 156
课人数已满，有多少人在等待名单上。影响学生选课的因素很多，如是否必修、课程质量、授课教师是否平易近人等。如果某一门课程在预选时就被抢选一空，那就说明学生对该课程很满意。如果大量的学生退选某一门课程，那就说明学生对该课程不满意。虽然选课信息不能完全反映学生对教师和课程的满意程度，但也能提示我们从哪里入手调查研究学生对课程是否满意。

另一个例子是关于学校图书馆的数据库。学校图书馆数据库也能提示我们如何深入调查，其中有学生使用图书馆的各种信息，如多少学生使用过图书馆、多少学生使用特色服务、哪些图书被学生借走等。这些信息能告诉我们学生喜欢阅读什么书籍。学生借阅这些书籍是上课需要，还是个人阅读兴趣使然？教师如何评价学生用于消遣阅读的书籍？如果学生没有消遣阅读，这能够说明什么问题？图书馆的数据库显然不可能回答这些问题，但它能提示我们从哪里着手进行调查研究。如果图书馆的数据库显示学生一般不使用图书馆，这就值得我们深究。如果把图书馆看作学校的学术心脏，那么学生对图书馆的使用情况方面的数据能为我们的学生满意度调查奠定良好的基础。

餐饮服务

许多学校认为，促进学生身体健康是学校教育的一大目标（Leafgren,
1993）。为学生提供干净卫生、营养均衡的食物便是实现该目标的关键。餐饮 157
服务部门有学生就餐情况的记录。这些记录能为我们提供数据，让我们了解学生对学校的餐饮服务是否满意。

学生可以自行选择自己的餐饮计划（Fairbrook，1993）。他们可以选择在学生宿舍区就餐，也可以选择在学生中心或校园的其他地方就餐。他们购买的食物种类都会被自动记录下来。因此，餐饮服务部门的记录能告诉我们学生购买的食物种类。这些食物搭配是否健康？学生是否倾向于整年吃同一类食品？一年内学生在校内的就餐次数是增加还是减少了？增加了多少？减少了多少？为什么？学生在校内的饮食习惯能帮助我们判断学生对校园的餐饮服务是否满意。

动态测量方法

对学生满意度进行评估的另外一个好方法就是采用动态测量工具。在讨论动态测量工具之前，有必要看一下由蔡特摩尔、帕拉苏拉曼和贝里（Zeithaml, Parasuraman & Berry，1990）开发的用于市场营销领域的满意度评估模型。该模型能帮助评估人员在开展评估之前回答这样一个问题：要对哪个特定的方面进行评估？

158 这些研究人员在开发用于测量客户“服务质量意识”工具时，提出了 10 个服务质量维度（后来被削减为 5 个）。这 5 个维度不具有排他性，还有所重合。这 5 个维度分别是

1. 有形：设施、装备、人事沟通设备等看得见摸得着的外在事物。
2. 可靠：能够独立正确地开展承诺的服务。
3. 反应及时：乐意帮助客户，及时提供帮助。
4. 令人放心（包含 4 个方面）：

（1）能力：拥有开展服务所需的知识和技能。

（2）礼仪：与客户接触的人员要友好、体贴、有礼貌、尊敬客户。

（3）可信：工作人员要诚实可信。

（4）安全：没有危险和怀疑。

5. 移情（包含 3 个方面）：

（1）容易接近：服务容易接近，容易沟通。

（2）交流：用客户容易理解的语言告诉客户相关信息。

（3）理解客户：努力理解客户，了解客户所需（Zeithaml, Parasuraman & Berry, 1990, pp. 21–22, 24）。

我们认为该模型也能用于评估学生对学生服务、项目和设施的满意度。当然，在这个框架里，仅仅使用一种方法是无法全面评估学生满意度的，使用多种方法才能使评估结果更加准确。本节将介绍学生事务工作人员可能会使用的其他方法。

神秘买家

商业企业经常使用“神秘买家”策略，让“神秘买家”汇报作为客户的消费体验。在任务开始之前，“神秘买家”要接受培训，知道自己的任务是什么、

159 企业对自己有哪些要求和期望、如何汇报自己的客户体验。客户汇报的信息通常包括在接受服务之前要等待多长时间，在完成交易的地方表格之类的材料是否已经准备齐全，服务人员是否热情接待，完成交易要多长时间，服务人员是否感谢他们使用产品和服务，他们对整个交易过程是否满意。此外，“神秘买家”还要汇报服务场所的情形，谁为他们提供服务，服务人员是否友好，工作人员对产品和服务的了解情况。

在高校中，“神秘买家”在校内完成某项体验后，例如在财务部门或图书

馆处理某项业务后，要立即填一张表格。这张表格会被送往某个办公室，在那里工作人员对所有“神秘买家”填的表格进行信息汇总。汇总好的信息要送到相应部门的负责人手上。随后，这些负责人要向“神秘买家”进行信息反馈。各个部门的工作人员就会定期收到提升服务质量的各种信息。

“神秘买家”策略的效果不可能立竿见影，不可能立马提升服务质量，但这是测量学生满意度的有效方法。在商业领域，使用这种方法的目的是让更多的顾客购买产品和服务。当然，该方法也适用于高校。高校的学生也使用学校提供的各种服务，参加各种校内活动。如果方法运用得好的话，使用“神秘买家”不仅不会让工作人员害怕，相反，这还能给我们提供很多关于提升学生体验的信息。

这种方法提供的信息质量如何？这取决于“神秘买家”们接受的培训如何。充当“神秘买家”的学生需要充分理解，优秀的教育活动或教育政策的目 *160*
的不是让学生为所欲为，不要期望一夜之间看到服务质量的改变，他们需要耐心等待服务质量逐渐提升。如果培训工作做得很好，“神秘买家”的汇报工作也做得很好，那么这种评估方法一定能提供非常有用的信息。

定量测量工具

本书第四章详细讨论了在评估工作中如何使用定量的测量方法。本章将介绍一系列定量研究。这些研究有的与高等教育有关，有的与高等教育无关，但都展现了人们在生活某个方面的满意程度。这些研究包括西尔弗曼等人（Silverman 等，1983）所调查的人们对教堂的满意度、肯尼迪（Kennedy，1989）所调查的人们对家庭的满意度、梅雷迪思（Meredith，1985）所调查的学生对校园生活的满意度。这些研究的共同点是使用定量研究方法测量受试对各自体验的满意程度。正如这些研究所示，使用定量研究方法测量学生的满意度非常可行。

阿斯廷（1993）的书中也有学生对大学生活满意度调查的例子。他要求学生用“非常满意、满意、中立、不满意、不评分、没有体验”对大学生活的 20 个方面进行评价，剔除“不评分、没有体验”的评价，然后进行因子分析。他把 20 项内容分成 5 个类别，分析结果成为测量学生对大学生活满意度的依据。佩斯（Pace，1979，1987）也进行过类似的研究。

阿斯廷（1993）还对被试进行提问，如果再选一次，你还愿意来这个学校就读吗？该问题为学生满意度调查提供了非常有用的信息。很明显，对学校满 *161*
意的学生还是愿意再次就读，不满意的学生就不愿意再选择该学校。

欧文（Ervin，1991）认为，适合开展评估的定量研究方法有很多。研究人员首先需要选择使用标准化的测量工具还是另外开发一套针对性更强的工具。欧文的观点是，如果要让评估信息在决策中能发挥作用，那么评估方法必须可靠，证据必须有效（p.59）。欧文同时提出了如何让评估方法可靠、证据有效的指导意见。研究人员如果想要自己开发一套工具，必须先阅读他的指导意见。

想要自己开发针对性更强的工具，可以参考一下现有的各类工具，如调查问卷、打分量表、调查清单等。欧文（1991）也针对校园评估工具提出过很好的建议，不妨参考一下。

当然，也可以使用现有的标准化测量工具进行学生满意度评估。标准化测量工具在多个学校使用过，且根据多次使用形成了自己的标准。近年来最常用的测量工具是由罗伯特·佩斯（C. Robert Pace，1979）设计的大学生体验调查问卷（College Student Experience Questionnaire，简称 CSEQ）。该问卷设计科学，它主要调查学校环境、学生入学时对自己的成长预期和对学校的看法等，不仅能很好地测量学生的满意度，而且能够提供学生在校生活的其他信息。如果不想自行开发测量工具，该问卷是个不错的选择。

第二个标准化测量工具是由贝茨、门内、斯塔尔和克林根史密斯（Betz, Menne, Starr & Klingensmith，1971）共同开发的大学生满意度调查问卷
162 （College Student Satisfaction Questionnaire，简称 CSSQ）。该问卷包含 6 个维度：政策和程序、工作条件、赔偿机制、教育质量、社会生活等，里克特评分制已经被用于一系列的学生满意度研究中。CSSQ 有良好的信度和效度，能替代 CSEQ。

第三个全美知名的标准化测量工具是由诺埃尔·莱维兹公司（Noel Levitz, Inc.）1994 年出版的大学生满意度量表（Student Satisfaction Inventory）。该量表用于测量大学生活的方方面面对学生发展发挥如何重要的作用，同时评估学生对学业咨询、校园氛围、教学质量、校园服务、招生工作、助学贷款、安全、以学生为中心等方面的满意度。该量表有两个版本，一个版本适用于四年制本科生，另一个版本适用于社区学院、职业院校的学生。

还有一些测量工具可以用于测量学生对某个具体的学生服务和项目的满意度。如果想了解这些测量工具，请参见本书附录。

定性测量工具

当然，测量学生满意度的另外一个方法就是使用本书第三章讨论的定性测

量工具。如果饭店老板想要了解顾客是否喜欢自己饭店的饭菜，可以在结账时询问顾客。这是一种终结性评价（Brown, 1979），即在事情结束之后进行。与 163
终结性评价相反，形成性评价是在某件事情运行的过程中进行评估。如果饭店老板采用形成性评价，他得在顾客就餐过程当中询问他们是否喜欢这里的饭菜。同理，对学生进行满意度评估可以在过程当中，也可以在过程结束之后。佩斯（Pace，1979）提供的例子是一个极好的案例。这个例子记录了研究人员如何在学生就读期间和毕业之后调查学生的在校经历对他们的成长起什么作用。定性研究比询问顾客如何评价饭菜复杂得多。无论是在学生就读期间，还是毕业之后，定性研究方法都可以用来进行学生满意度评估。

定性研究方法包括对学生进行访谈、查阅书面材料、观察学生行为等方法。学生事务工作人员可以采用多种方法来开展评估。欧文（1993）认为，可以对单个学生进行访谈，也可以对一组学生同时进行访谈。对一组学生同时进行访谈时，学生对其他学生的发言会有补充。如想了解更多的定性研究方法，请参见本书第三章。

满意度评估的指导原则

虽然对学生进行满意度评估不容易，但是有丰厚的回报，值得一做。学生事务工作人员手头有很多可供选择的测量工具和研究方法。后文将对本章内容进行小结，并提出指导原则。

办学宗旨的作用

工作人员要注意，判断学生的满意度取决于多种因素，而不仅仅是看学生是否高兴。“满意度”这个概念需要根据学校的办学宗旨，学生服务、项目和设施的目标进行界定。学习机会也是评估的一部分。对“满意度”概念进行界
定可能会引起学生不悦，因为有些教育政策和教育实践要求高得超乎学生想 164
象。因此，评估工作要精心设计，研究结果要仔细分析，要确保评估工作与学校的办学宗旨、教育目标一致。

静态测量方法

学生事务工作人员可以采取一系列的静态测量方法进行评估。有些测量工作是学生事务工作人员的日常工作，例如查阅学生报刊。有些则是专门为满意度评估而开展的工作。使用一种或者几种方法都不足以对学生满意度进行全面

评估。要想把评估工作做得更好，一定要多使用几种方法。

动态测量方法

采用动态测量方法时需要工作人员开展具体的行动。动态评估既可以采用定性研究方法，又可以采用定量研究方法。定量研究方法要求工作人员选择到底是使用标准化测量工具还是自行开发测量工具。定性研究方法包括对学生进行访谈、查阅书面材料、观察学生行为等方法。

混合法

混合使用各种研究方法或许效果最好，它能对学生满意度进行全面评估。
165 既然没有哪种方法能够全面测量学生满意度，为什么不同时使用静态测量方法和动态测量方法？时间、经费、研究人员的能力、评估对象等因素都会影响评估结果。最后，混合使用各种方法能完成满意度评估，获得有效的信息，从而促使学校为学生提供更好的教育体验。

小 结

本章主要讨论如何评估学生满意度。根据学校的办学宗旨，学校应该为学生提供高质量的校园体验。学生满意度评估应该在这样的思想指导下进行。评估人员可以采用静态测量方法或动态测量方法，或者两种方法一起使用来评估学生满意度。同时，评估人员还要关注测量工具的选择。定性测量工具和定量测量工具都可用于学生满意度评估。

第八章

评估校园环境

如果学校董事会的董事让一位高级学生事务主管描述一下学生学习和生活的校园环境，这位主管多半会感到为难。对于这个相对简单的问题，主管的回复可能会是："具体是哪位学生呢？"学生上不同的课程，住在不同的地方，有不同的朋友圈和家庭背景。因此，他们的大学体验和经历会受到不同因素的影响。可以说，每一名学生所处的环境都是独一无二的。 *166*

或许正是由于上面所描述的情况，校园环境评估并非易事。关于校园环境评估，阿斯廷（1993）做出了如下评论："迄今为止，环境评估给评估领域带来了最困难和最复杂的挑战，它也是长期以来最被人们忽视的课题。"（p. 81）本章将从以下几个方面对环境评估展开探讨：首先，介绍一些关于人与环境之间相互作用的理论背景知识；其次，将介绍几种环境评估方式的模型，并进一步归纳总结不同评估方式的共同要素；最后，通过实例阐述如何针对校园里的具体问题实施环境评估。

读者应当认识到，近些年来出现了大量关于环境评估和生态管理的优秀论述。鉴于该课题的复杂性，对任何一个想要深入了解的人来说，查阅他人的相关论述是极为必要的。本章将努力为读者提供有助于实施校园环境评估的具体信息。正 *167*
如前文所述，该课题的素材十分丰富，这些素材可以为我们的评估提供非常可靠的理论支撑。为了能对环境评估问题有一个更加全面的认识，我们应当对很多研究文献（如 Huebner, 1989；Huebner & Lawson, 1990；Strange, 1991）进行全面梳理。

环境评估的定义与目的

环境评估是要确定和评价大学校园环境中的不同因素与条件是如何影响学

生学习和成长的。这些因素与条件会因校园的不同而产生不同的影响。例如，一所坐落于大都市并致力于技术教育的大学与一所位于乡村并注重文科教育的院校相比，无论在物理环境还是在心理环境方面都有本质差异。因此，我们可以毫不夸张地说，每一所高校的校园环境都是独一无二的。

那么，环境评估的目的是什么呢？它是为了帮助负责校园环境建设的人尽可能地给学生提供一个最佳的学习和成长环境。校园生态（参考 Banning，1989）管理者面临的一个巨大挑战就是校园环境是多维度的，它包括物理基础设施、物理环境特征、全校课程及辅助课程、人员（教师、员工及学生等）、社会与心理氛围以及大学理念（Huebner & Lawson, 1990）。校园环境以不同的方式影响着每一个人，可以说每个人所处的环境都是独一无二的。这一事实为实施评估带来了巨大的挑战。

勒温关于人与环境相互作用的公式

早在几十年前，库尔特·勒温（Kurt Lewin）（1936）就主张心理学不仅应当涉及时间概念，而且也应当涉及空间概念。他认为，数学的“拓扑”定律将会帮助心理学成为一门“真正”的科学（p. vii）。为此，他开展研究，致力于用科学术语来描述人类行为。

168 勒温的兴趣之一便是利用基于法则的公式来解释人类行为。他发现，如果没有法则，个体行为只能被看作无规律的偶然事件。然而，勒温认为在对人类行为进行有意义的归纳概括之前有必要对大量个例进行研究。

勒温指出，在他研究期间，心理学的重心正逐步从“描述事件”转向“预测结果”。他认为，心理学作为一门科学要想得到进一步的发展就必须阐明那些能被用来预测人类行为的法则。然而，即使有了法则，预测人类行为也绝非易事：“法则的运用是以对个例的理解为前提的。只有了解了具体个例的本质，才能有效地应用法则。从这个观点出发，法则仅仅只是隐藏在真实事件背后的规律。根据这些规律，我们可以从不断变化的具体情境中找到每一个事件的源头。”（Lewin，1936: 11）

描述人类行为的一种方式就是通过：$B=f(S)$ 的公式，即人的行为（B）取决于他所处的整个情境 $f(S)$。在勒温看来，这个公式是不完整的。他认为，确定研究对象与环境之间的关系十分重要。因此，不能把环境的作用仅仅看作“助长”或“抑制”植根于人本性中的各种倾向。

勒温发现每一个心理活动都依赖于人的状态和环境状况，尽管两个因素当中哪个相对更重要仍取决于具体的情境。因此，他提出了新的行为公式，即 $B=f(PE)$（大致意思是人的行为取决于他人与环境之间的相互作用）。该公式充分考虑了人与环境之间的关系。勒温的结论是，“科学心理学一定要将整个情境纳入考虑范围，也就是既包括人的状态也包括环境状况”（Lewin，1936: 12）。勒温的这一思路为当代环境理论奠定了基础。

基于勒温的创新成果，后人在开发和控制环境方面所做的尝试并不完全成
功。休伯纳和劳森（Huebner & Lawson，1990）的文章中对勒温范式进行了评 169
论，并指出了 6 个导致大学校园环境控制工作缺少进展的原因，要点如下：

1. 未能确定特定环境下可供研究或控制的最具影响力的环境变量和人的变量。

2. 未合理界定“相互作用”的概念，不能反映人类的复杂性和环境的多样性。

3. 在如何衡量成果或如何将成果与高等教育支持者们的利益相关联等方面缺乏一致性。

4. 很多变量是不可控的，因为它们超出了学生事务工作人员影响力的范围。

5. 学生事务工作人员将时间和人力物力投入与日常工作关系更为紧密的工作上。

6. 影响学生的环境变量的数量近乎无限，并且这些变量间复杂的相互作用难以理解更难以控制。（p. 143）

然而，休伯纳和劳森（1990）对勒温的成果仍十分赞赏。他们这样评价勒温的公式：“它和我们对人类行为最现实、最准确、最复杂的理解是相符的。相比之下，其他方法或许更容易理解和运用，却不会如此有效和令人满意。”（p. 144）

因此，勒温对人与环境间相互作用的解释为我们提供了很好的理论基础，它可以被用来指导我们的环境评估活动。当然，除了勒温的方法之外，我们仍有其他选择。斯特兰奇（Strange，1991）对一些用以解释人与环境关系的本质及其对学生影响的模型进行了全面的讨论。这些模型包括：

1. 物理模型。它描述了人类环境的自然物理特征和人造物理特征。

2. 人类聚合模型。它强调了环境通过人的活动而发生改变，同时也反映了人的群体特征。

3. 结构组织模型。它强调了环境目标对能够影响环境特征或效能的组织结 170
构的重要性。

4. 感知模型。它认为人们对环境的主观阐释是理解人们如何体验环境的一

个关键因素。

斯特兰奇对上述模型的分析将有助于我们找到可以替代勒温范式的环境评估方法。

是否选择理论来指导环境评估可能比选择哪一种理论显得更为重要。理论可以给人们提供理解和规划实践活动的方法。因此，对任何一个考虑进行环境评估的人来说，寻求理论支撑是大有裨益的。

在当代的文献资料中，勒温的范式一直被描述为 $B=f(P \times E)$，它代表了一种理解人与环境相互作用的简洁方式。当然，对学生所处环境进行评估所面临的挑战在于区分哪些因素在某一特定时间对学生的影响最大。如果能够更加全面地了解学生所处的环境，就可以通过实施干预减少环境因素给他们带来的消极影响，同时扩大那些积极的影响。本章讨论的很多环境评估方法的目的都在于此。

环境评估模型

本小节将介绍几种可用于指导环境评估的模型。读者应该能意识到这里所总结的模型非常复杂。为了能较为全面地理解这些模型，我们有必要对它们进行全面的介绍。

WICHE 生态系统模型

早在 20 世纪 70 年代，西部州际高等教育委员会（Western Interstate
171 Commission for Higher Education，简称 WICHE）就开发了一个用以设计校园环境的模型，它被称作“WICHE 生态系统模型”。WICHE 生态系统模型对校园环境做出了如下评述：“从生态系统的角度来看，校园环境是否有利于学生学习变成了一个非常重要的问题，而环境也成为了实现教育目标的一个重要因素。”（p. 5）该模型的设计理念来源于若干假设，其中两个假设来自于勒温的创新成果。一个假设是校园环境包括了所有影响学生感觉模式的刺激因素；另一个假设是大学生与校园环境之间存在相互作用的关系。简而言之，学生改造环境，环境塑造学生。

根据 WICHE 模型，每个校园都有一个设计，无论这种设计是有意还是无意的。该模型认为，学校应当致力于把校园设计成一个能够与学生多样性互补的环境。而这一点是否能够实现要取决于学校的理念、规划及努力。

WICHE 模型阐述的生态系统设计过程包括 7 个步骤。这些步骤既适用于整个校园，也适用于校园的某个具体部分，如学生公寓、学生社团、学术课程或专业等。非常值得我们注意的一点是，设计过程中的所有步骤彼此依赖、相互作用。每一个步骤的实施与完成都会影响其他步骤，没有任何一个步骤是完全独立的。不过，该模型的使用者可以选择设计过程中的任何一个环节作为起点，进而完成 7 个步骤。

步骤 1：校园环境的设计者首先要召集大学社区的成员共同商讨和确定本校的教育价值观。这些价值观或许已经包含在高校使命之中。

步骤 2：将教育价值观转化成具体目标。高校的培养目标或许和学生的学习目标并不一致。比如，学生非常努力地学习可能是为了将来的就业；而学校可能会把学生的学习看作为今后更加丰富的人生体验做准备。如果二者的目标缺乏一致性，学校可以对培养目标进行更改或重新界定，还可以将这些目标更加明确地传达给学生。

步骤 3：为实现步骤 2 中确立的目标创造环境。例如，倘若目标之一是确 *172*
保每一个入校新生都有与资深教师进行小组学习的体验，那么学校就应该为所有大一学生开展一系列的导师辅导课程。同样，通过本步骤的完成，其他目标也都应具备有利的实施环境。

步骤 4：创造适合学生的环境。对于本步骤，一个恰当的类比就是“买裤子”。如果一个想买牛仔裤的顾客在试穿后发现裤子尺码太大，那么解决办法绝对不会是让这位顾客增重 20 磅。相反，试穿尺码小一点的裤子，找到最合身的那条才是更加合理的做法。其实并不是大尺码裤子的问题，也不是顾客的问题，关键问题就是要彼此适合。这一点同样也适用于高校校园环境。学生与环境间的契合会使双方受益。

步骤 5：评估学生对环境的看法。评估时可以使用专为本步骤设计的评估方法，也可以利用本书其他章节涉及的标准化方法。

步骤 6：观察学生在校园里的行为活动。这一点与评估学生对环境的看法同等重要。是否有学生打算退学？如果真有这样的情况，是出于什么原因？学生是愿意待在学校还是一下课就会迫不及待地离开校园？他们经常使用哪些设施？哪些设施被学生冷落？诸如此类的问题对确定如何观察学生的行为活动是十分有用的。

步骤 7：获得对该设计的反馈信息。有了这些信息，就可以相应地做出调整和改变。这些信息可以作为重要的参考因素包含在步骤 2 和步骤 3 中，然后再重新开始整个设计过程。

WICHE 生态系统模型适用于三个不同层次的学生。层次一是指人数较多的学生群体，如所有的大二学生或整个公寓大楼内的全体学生。层次二是指划分较为明确的学生群体，如某个专业的学生，或者兄弟会或女生会里的学生。层次三是指学生个体，这里需要使用特定的方法。

那么，WICHE 生态系统模型该由谁来组织实施呢？这主要取决于实施者
173 的职责范围。很显然，资历越高的人拥有越广阔的视野，他们可能希望从全局出发对整个校园进行考察；而职责范围较窄的人并不适合使用 WICHE 模型，他们可能更倾向于采用使用范围相对狭小的方法。

生态制图

休伯纳和科拉奇尼（Huebner & Corrazini）（转引自 Paul，1980；Huebner，1989）开发了一个用于评估人与环境间相互作用的模型。在这一模型中，学生拥有一定的需求，而环境能为学生提供可以满足他们需求的资源。人与环境间的相互作用就反映在学生需求在多大程度上得以满足。根据保罗（1980）和休伯纳（1989）所述，这一模型共包括 10 个步骤。保罗认为，这个方法可能比奥利普和德尔沃思（Aulepp & Delworth）开发的生态系统过程模型更复杂，效率可能也更低。

生态制图会使用来源众多的数据资料，包括通过问卷调查、访谈及观察等手段获取的数据资源。第一步是获得许可并组建一支进行现场规划的队伍。第二步是为实际环境制图。第三步要确定环境中各类小群体的需求和目标。高校校园中有大量的小群体，因此确定学生需求可能是一项非常复杂的任务。第四步是确定环境中的匹配现象和不匹配现象。有时候，环境能够提供满足小群体需求的资源，而有时候这些资源是不存在的。第五步，从这个观点出发，我们会将明显的匹配现象和不匹配现象与真实的环境条件相比对，并从学生那里收集参考意见，以解决问题并加强环境影响因素中的积极方面。第六步，调查者调查学生如何应对与环境间的不匹配问题。学生是完全回避（比如通过辍学），还是逐步形成一种弥补环境缺陷的机制？第七步，将数据资料反馈给设计团队。第八步，确定在哪些方面要做出调整和改变。非常有可能出现的情况是，
174 有些改变相对而言较为切实可行，而有些改变是根本无法实现的。第九步，具体实施上一步所确定的调整和改变。第十步，对环境进行再评估，以确定环境中的不匹配现象是否已经减少。

保罗（1980）认为，这一模型的运用会比较困难而且耗时。然而，这种方法可能会产生极为丰富的信息，并将对校园产生重大的影响，其意义重大。保

罗（1980）曾这样总结道："这一模型很少被运用到实践中，但是其中的某些概念已经被应用到一些相对简单的生态系统模型中。"（p. 71）

多维模型

保罗和休伯纳（Paul & Huebner, 1980）开发了一种模型——多维模型（multiple perspective model）。这种模型将人与环境相互作用的过程形象化。根据保罗（1980）所述，这一模型"试图从过程的角度来考察人与环境"（p. 74）。

保罗（1980）将个体视为解决问题的人，依次提出了8个步骤。个体为确定可供选择的解决方案在环境中采集信息，并进而采取行动以"达到令人满意的结果，实现需求的减少或自我维系"（p. 71）。根据保罗的观点，并不是每个个体都要按照相同的顺序完成这8个步骤。

学生可以遵循的步骤如下：

1. 获取信息。
2. 理解信息。
3. 如果找到了存在的问题或需求，可告知他人。
4. 学生可能会确定多种解决方案。
5. 在环境中找到可供选择的解决方案。
6. 评估这些解决方案。
7. 采用其中一种方案。
8. 学生对解决方案产生的结果进行评估。

学生在经历上述过程的同时，环境也经历相似的过程，而人们对环境的分析和重新设计也由此展开。保罗（1980）为环境确立的步骤类似于个体经历的8个步骤：

1. 环境提供一种消极的资源配置以满足学生的需求。 175
2. 环境接收到来自群体成员的信息。
3. 积极搜寻关于环境的信息（或许是通过设在学校某栋大楼门厅处的留言板搜寻信息）。
4. 中介可能会将关于环境的额外信息提供给群体成员。本步骤与上述第5步中个体积极搜寻外部信息的过程是同时发生的。
5. 训练学生发展新的技能。
6. 改变学生对环境的认识和态度。
7. 环境可能会被改变。

8. 对环境改变的结果进行评估，确定环境是否得到改善。

上述步骤仅仅是简明扼要地概括了一个复杂但却非常有趣的过程。对此，保罗（1980）进行了更为详细的阐释。

在评价这一模型时，保罗（1980）曾给出了如下阐述。对任何一个环境问题都可以同时采取两个步骤来改善状况。一个步骤是训练人们在环境中变得更加高效，另一个步骤是提供更好的服务以满足人们的需求。这一方法有别于之前提到的诸多模型，因为那些模型更关注改变环境而不是改变环境中的人。从概念的角度看，这一“两步法”极具吸引力，对学生事务管理者而言也有意想不到的意义。

行为工程模型

以往文献中反复提及的另一种模型（参考 Paul，1980）是行为工程模型（behavioral engineering model），也被称作人类能力模型（human competence model）。该模型由吉尔伯特（Gilbert，1978）设计开发，关注的同样是人与环境的相互作用。

吉尔伯特（1978）提出：“所有发挥作用的人类行为都包含两个同等重要的方面：具有行为能力的人（*P*）和支撑环境（*E*）。人的行为能力和环境支撑
176 之间共同构成了一种相互作用，我们称之为行为。”（p.81）要提高人的行为表现，就必须先理解人的行为能力和环境支撑。

吉尔伯特提出的环境支撑和人的行为能力包含 6 个要素。这 6 个要素存在于任何一个事件中，并且为人们考察该事件提供了框架。由此得出的模型为改变人类行为表现提供了方法。

环境支撑和行为能力各包含 3 个相同的要素，只是要素的定义稍有不同。环境支撑包含的要素有信息（资料）、手段（工具）和动力（刺激）。行为能力同样也包含信息（知识）、手段（反应力）和动力（动机）。

利用吉尔伯特的模型，学生在一门学术课程中的行为可以这样来解释：学生要想取得成功，就必须获得一系列的环境支持。例如，为了能让学生表现良好，就必须让学生学习一门他们能够学好的课程（即环境支撑中的信息要素），课程所需的设备也必须状态良好（即环境支撑中的手段要素），同时学生也必须意识到，如果能学好这门课程他们便可以选修其他课程（即环境支撑中的动力要素）。此外，学生的行为能力也必须适合这门课程，包括具备该课程所要求的学术背景（即行为能力中的信息要素）；知道如何使用该课程所需要的设备（即行为能力中的手段要素）；希望能够学好该课程（即行为能力

中的动力要素）。对学习中遇到问题的学生，可以通过实施不同形式的干预来应对不同情况，从而帮助学生提高。例如，如果设备总是不能正常工作，那么就要对设备进行维修。如果学生不知道如何使用设备，那么就要帮助学生提升使用技能。

设计这一模型的初衷是为了提高人们在商业和工业等环境中的表现，而非为了高等教育。然而，这一模型却为提高学生学习成绩和满意度提供了借鉴。它的基本理念是由勒温最先提出的人与环境相互作用的思想。保罗（1980）对 177
模型做出了总结。在吉尔伯特看来，这一模型表明干预者可以通过改变人的能力或环境，或同时改变二者来达到提高表现的目的。关键就在于选择何种方式是最为实际和有效的。保罗（1980）还补充道："虽然这一模型对校园的价值仍有待检验，但我们同样有理由相信这个模型应用于校园也会取得像在其他领域里一样的成效。"（p. 76）

环境评估的共同要素

模型

前一小节提到的各类模型有诸多相同的要素。本小节将对其中的一些要素展开讨论，以便读者在考虑实施评估项目时，无论是使用现有的模型还是开发适合特定校园环境的模型，都可以利用这些要素将任务概念化。

勒温的影响

前文提到的每一种模型都植根于勒温的思想。尽管这些模型以不同的方式处理人与环境间的相互作用，但人们使用这些模型是为了相同的目的，即确定人如何与其所处的环境相互作用以及如何实施具体的干预措施来增强人与环境间的相互适应。然而，贯彻勒温的理念是一个挑战。正如休伯纳和劳森（1990）所说的那样，"毫无疑问，学生发展领域以及心理学和其他学科领域里的研究人员投入了大量精力来界定勒温范式的核心理念。然而，基于这些理念的干预却远远滞后"（pp. 142−143）。

学生与环境间的相互作用

每一种模型的核心都是学生与环境间的相互作用。学生影响他们所处的环
境，同时也受到环境的影响。然而，更难确定的是学生与环境相互影响的程 178
度，因为每个学生所处的环境都是独一无二的。这些模型的研发者都试图解决

同一个问题，即如何通过改变每个学生的环境来最大限度地促进他们的成长和发展。不过，他们至多是对环境进行了较为笼统的研究。要想针对每个学生提供更加具体的干预措施，仍有大量的工作要做。

环境研究

一直以来，这些模型都把学生环境作为研究的中心，却忽略了与改变学生环境相联系的政治现实。每个模型的最后阶段都会指导学生事务工作者根据采集和分析的数据资料对学生环境做出改变，而后进一步确定这些变化是否发挥了积极作用。然而，改变环境可能会相当困难，因为与之相联系的政治因素非常复杂。所有组织几乎都要经过激烈的讨论后才能对环境进行改变。读者不能认为，只要有了令人信服的模型和大量的数据，改变环境就是轻而易举的事。就算理由充分，可能也很难去实现。

注重再设计

尽管改变环境可能会很困难，但是每一个模型都将改变环境视作整个过程中不可或缺的一环。这些模型都以行动为导向，因此，仅仅通过研究获得大量有用的数据资料是不够的。学生事务工作者应当接受挑战，敢于改变现实，从而使学生在环境中更好地发挥作用。

持续的过程

值得读者注意的是，这些模型认为环境的改变和对环境改变的研究一旦完成，就意味着新一轮的环境评估开始了。模型的研发者认为，环境评估和设计是学校正常运行的一环，并且应当定期进行。这样做或许并不容易，因为每一
179 个评估过程都要耗费时间和精力。但是，没有任何一个模型的设计初衷是为了一次性的评估活动。

关注学生的参与

各类模型所包含的另一个共同要素是学生被视为改变环境过程中的参与者，而不是被动的接收者。这些模型并不提倡任何仅仅将学生当作服务对象的评估活动。相反，学生应成为评估者的合作伙伴。虽然在每个模型中，学生的参与度会有所差别，但所有的模型都强调要与学生建立一种合作关系。评估环境需要从学生的视角出发；改善环境同样也离不开学生的想法和建议。

生态系统模型的应用

环境

奥勒普与德尔沃思在借鉴 WICHE 模型的理论成果基础之上，提出了实施生态系统模型的“五步法”。他们先后在几个校园里完成了模型的现场试验，并于 1976 年将成果公布于世。他们使用生态系统模型的方法已经被应用在了很多环境中，其中包括医学院（Huebner 等，1979）、残疾学生服务处（Schuh & Veltman，1991）、学生处主任办公室（Hurst & Ragle，1979），以及整个校园（Treadway，1979）。尽管仍有诸多与模型实施相关的问题尚待解决，但奥勒普与德尔沃思改良后的生态系统模型在评估学生环境方面具有很强的实用性，并且已经取得了巨大的成功，其有效性在评估影响特定学生群体（如居住在某一栋宿舍的学生）的环境时，显得尤为突出。在近十年的文献中，我们还能看到利用这一模型评估住校生生活质量的评估报告（参考 Schuh & Allan，1978）。最近，这一模型被用来评估校园里的残疾学生服务处和儿童护理中心所提供的 *180*
服务和项目。

本小节旨在描述如何使用生态系统模型对两类完全不同的学生群体进行环境评估。其中一个群体包括了住校生，而另一个则是由自立资源中心（Resource Center for Independence，简称 RCI，一个为残疾学生专门设置的机构）所服务的残疾学生构成（参考 Schuh & Veltman, 1991）。正如前文提到的，虽然很多与生态系统模型实施相关的问题仍未解决，但它已经具备了坚实的应用基础，因而可以被广泛应用。此外，在反复利用这一模型进行环境评估的过程中，人们根据评估出现的问题对该模型进行了修改，现在这一模型可以用来对校园里多种多样的学生群体环境进行评估，比如某个学生社团的成员、某个专业的学生、参加俱乐部或其他活动的学生等。本小节还将通过两个截然不同的实例为读者提供一些有关模型应用的建议。

第一阶段：组建规划团队

在第一阶段，首先要组建一支规划团队，其成员包括学生事务工作人员和学生，也可能包含一两名感兴趣的教师。这支规划团队将指导整个评估过程并且承担与学生环境评估相关的大部分工作。团队成员应当对评估项目充满兴趣，而且他们能够保证全程参与并愿意根据评估结果对环境进行改善。在评估初期，应当确立团队运作的基本准则，并且适当限制团队会议的次数（Schuh，

1979)。团队成员大都责任重大，并且除评估外，他们通常还有自己的日常工作。

团队成员应当全身心地投入评估的整个过程。此外，如果评估结果表明有必要对环境进行改善，他们还应在自己的职责范围内积极配合。在评估学生住
181 宿环境的案例中，规划团队的核心由负责宿舍运行、住宿方案及饮食服务的人员构成。此外，学生领袖、学生处工作人员及对校园住宿环境感兴趣的教师也将加入团队。

在评估残疾学生服务处的案例中，组建的规划团队规模较小，它包括服务处工作人员、学生处工作人员以及享受服务的学生。

第二阶段：确定评估内容

规划团队组建完成后，确定评估内容的工作便可展开。根据本书第二章里提出的问题，在本阶段规划团队应当：（1）确定拟通过评估解决的问题；（2）明确评估的目的；（3）确定研究总体。

部门的工作宗旨决定了学生事务项目的内容和形式（Lyons，1993）。因此，评估对象的工作宗旨为我们提供了一个很好的出发点。重新审视工作宗旨将有助于加深规划团队对被评估项目的概念性认识。住宿与生活部的宗旨是：尽可能为住宿学生提供最优质的居住环境；为学生提供各类支持，帮助他们实现学业目标；为学生提供各类学习机会，使之与课堂学习相辅相成。自立资源中心的宗旨是：为符合条件的学生提供各类服务和项目，帮助他们完成大学教育目标。

学生住宿生活研究的总体目标是评估学生住宿项目、配套服务及工作人员。从这一目标出发，进一步细化评估的各项内容非常有必要。在本阶段，首先应该集思广益，然后再将评估的内容分门别类。为此，有必要列出评估可能涉及的所有议题。同时还应考虑评估除了为项目的某些具体方面提供有益信息
182 还能在多大程度上为项目整体提供有价值的数据资料。例如，如果学校宿舍体系中有一些特色鲜明的宿舍大楼，比如宿舍楼内的学生和工作人员都使用外语，那么比较有益的一种做法是为这些学生和工作人员提供机会，使他们能够针对自己参与的特色住宿项目提出问题。换用模型中的话来讲，规划团队除了评估各种各样的微观环境（如楼层或侧翼配楼等），还需要对住宿学生的宏观环境进行评估。

自立资源中心研究的总体目标有二：（1）从自立资源中心服务对象的角度出发，对自立资源中心提供的服务进行评估；（2）确定自立资源中心服务对象如何按照轻重缓急划分个人需求。之后，编制自立资源中心服务与项目清单以确定自立资源中心各项活动与服务的范围。这些服务与活动为后续调查问卷的

设计工作奠定了基础。

规划团队在这一阶段面临的一个挑战就是确定调查问卷中的问题数量。可向学生询问的问题如此繁多，以至于规划团队经常会不由自主地编写出一份冗长且复杂的问卷，令学生难以完成。因此，团队应当为问题数量设定一个上限，并且严格遵守这一限制。读者应当注意，影响调查问卷长度的因素还包括问卷的编排与设计、问题的形式以及学生可能给出的答案等。很显然，编辑调查问卷的目的就是使之成为一个清晰易懂而且具有视觉吸引力的评估工具。

在本阶段，规划团队要完成的第三个工作就是确定研究总体的规模。住宿生活研究的总体是校园里所有的住校大学生。自立资源中心的总体是所有身患残疾的教师和学生。

第三阶段：确定评估方法

在本阶段，规划团队的主要任务是确定评估方法。根据本书第二章里提出的问题，本阶段应当确立：（1）最佳评估方法；（2）样本（取样方法）；（3）评估 *183*
工具。

在前几章，我们讨论了定性和定量两种方法的优势与不足。我们认为：（1）采用定性研究方法还是定量研究方法要取决于研究的目的；（2）在某些情况下，两种方法可以同时使用。在研究大学宿舍的案例中，鉴于学生人数众多（多于 12 000 人），定量研究方法被认为是最佳的评估方法。在自立资源中心研究中，定量研究方法仍然是最佳的选择，因为大多数的学生住在校外且每周兼职的时间超过了 25 小时，不要说对他们进行访谈，打电话联系他们都不容易。

取样一直以来都是个问题。在研究大学宿舍的案例中，鉴于住宿体系规模庞大，采用的取样方式是按照总体 10% 的比例进行随机抽样。总体与抽样比例之间存在反比关系。因此，当研究总体的规模较小时，取样的比例应当更高。通过随机取样，规划团队可以确保被调查的学生能够体现住校学生的多样性，并且研究结果可以推广应用至整个学生群体。在自立资源中心研究当中，由于学生人数较少（N=248），因此规划团队决定对所有学生进行研究。（有关取样及样本量大小的详细内容，请参见本书第二章。）

在确立了用于问卷调查的各类主题之后，规划团队就必须要确定评估用的手段。他们可以利用一些前人使用过的评估工具。比如，研究大学宿舍的案例，可采用“居住环境等级体系”（University Residence Environment Scale，简称 URES）；而研究自立资源中心，可使用“残疾学生民意调查”（Disabled Student Survey，其目的是测量残疾学生在校园环境中的归属感）。当然，规划团队还可以选择使用其他评估工具，如环境评估量表（Environment Assessment Inventory），亦或是针对更具体的校园氛围而特别设计的评估工具，如校园多样性调查（Campus Diversity Survey）、校园舆论调查（Campus Opinion Survey）等（有关评估工具的详细内容，请参见本书附录）。尽管我们有充足的
184 理由去使用这些既可靠又有效的标准化工具，但它们也存在缺陷，比如评估成本较高。对为某个评估项目而特别设计的工具，同样存在类似的问题。这一点非常值得规划团队慎重考虑，因为一旦评估工具选择不当，评估项目的价值和意义将会严重受损。前人设计的评估工具的优势在本书第二章中有详细论述。

为特定项目专门设计的本地化评估工具也有诸多优势，尤其是对环境研究而言。奥勒普和德尔沃思（1976）推荐了一种由两部分构成的调查问卷。问卷的第一部分包括所有的调查项，针对可改善的学生环境的具体方面。第二部分由环境参照物构成。所谓环境参照物，是指被调查者对问卷第一部分的各项问题作出的书面答复。尽管我们在讨论通过民意调查和问卷的形式搜集信息时很少谈到环境参照物的形式，但它确实非常引人关注。在完成调查问卷的第一部分后，受试会被要求重新浏览整个问卷，并从中选取有限的几个调查项（或许不超过 5 项）进行评论，然后给出自己的建议以便进一步完善问卷。这一做法在学生与规划团队之间构建了合作关系，同时也成为了评估过程中的一个重要特征。如果不使用专门设计的本地化评估工具作为调查问卷的第一部分，也可使用标准化评估工具。

由奥勒普和德尔沃思推荐的调查问卷是专为评估项目设计的，并且已被多次成功应用（参考 Schuh，1990）。在调查校园特有的问题时，这一问卷优势明显。如果使用这类评估工具，问卷中的调查项目必须简单具体，并且能够体现校园环境中可被规划团队改善的具体方面。在大学宿舍研究案例中，人口学信息采集完毕后，要求学生对以下陈述作出回应：

1. 我是否能够在宿舍自由安排学习。
2. 我是否熟悉宿舍大楼的规章制度。
3. 我是否喜欢宿舍大楼的餐饮服务。
4. 宿管人员是否能够保证宿舍楼干净卫生。

185 自立资源中心研究中包含以下几项：

1. 在申请残疾人停车标志时，自立资源中心的员工是否积极提供帮助。
2. 是否为具有残疾人停车标志的机动车辆提供了充足的停车场地。
3. 自立资源中心是否为你提供了能在课程学习方面给予帮助的翻译。
4. 自立资源中心的员工是否关心你的大学生活。

环境中无法改变的方面，如校董会董事长一直强调不得变更的董事会政策或者出于法律要求必须开展的活动等，是没有必要在调查问卷中设置相关问题的。此外，问题如果超出了规划团队成员的职责范围，也会失去评估的价值和意义，除非问题相关领域的负责人能够提供咨询或者给予配合。改变环境时要考虑的政治因素是非常微妙的，团队成员必须要确保环境改变的结果不会令自己的同事们感到为难。

设计人口学信息问题务必谨慎。除非是数据分析所需，否则不要通过问卷收集学生的人口学信息。例如，假如学生的信息不会被用于数据分析，那又何必在调查问卷中询问学生的专业呢？

假设要专门为校园设计一份调查问卷，那么就可以在问卷中设置一部分关于环境参照物的问题。这将为学生提供一个机会，让他们能够发现自己对环境的哪些方面感触最深，并且让他们能够为改善环境提出建议。学生的参与会使这种环境评估方式在信息提供方面显得非常有价值，而且对学生而言也十分可信。

第四阶段：评估与数据分析

在本阶段，规划团队需要决定：（1）数据由谁采集；（2）数据如何采集；（3）数据如何记录；（4）数据如何分析。在前文提到的两个研究案例中，规划 186
团队决定通过邮寄调查问卷的方式进行数据采集，并且随函附上邮资已付的回邮信封，以帮助实现较合理的问卷回收率。（关于如何确保合理的回收率的详细内容，请参见本书第二章。）

在案例中，对问卷第一部分的数据记录和分析遵循了第二章中提出的方法。问卷由机器打分并存储于计算机以备分析。对问卷结果的描述包括频率分布和集中趋势。利用方差分析确定受试的回答是否会受性别、年级、种族或民族，或其他变量的影响。多元回归分析（参见本书第十章）使规划团队能够确定每个变量对结果的影响程度。

对问卷第二部分环境参照物的分析更加耗时。每一个回答都需要阅读和研究，并且要找出其中隐藏的模式和趋势。可以根据学生提出的建议形成解决问题的思路。对于如何确定哪些方面最应该受到高度重视，一个有效的方法就是将问卷中的选项按照受试的回答（根据每题的平均分）由低至高进行排序（排序可以写在一块黑板上），旁边列出依照所得环境参照物的多少由高至低的新排序。很显然，那些平均分最低且环境参照物最多的问题是最应该优先解决的问题，那些平均分较高（假设平均分越高意味着问题得到的支持性答案越多）

且环境参照物较少的问题可以延后处理。

第五阶段：重新设计与评价

本阶段是环境评估的评价环节，本书第二章将其定义为研究成果的汇报及应用。在前文提到的两个案例中（遵循了本书第十三章提出的指导原则），每个规划团队都撰写了一份报告，其中包括一份执行报告（面向大众读者）和一份总结报告（面向大学社区中对此感兴趣的人士）。尽管规划团队撰写了完整
187 的报告，但他们并未将其广泛传播（不过，任何感兴趣的人都可以获得这份报告）。两支团队都决定将评估结果分发给学生领袖、骨干教师和管理人员。

由奥勒普和德尔沃思构想的生态系统模型以行动为导向，因此人们会期望评估提供的信息能够促成对环境某些方面的改变。改变环境有时很容易，有时却需要一个漫长的过程。比如，为学生提供更多更好的资讯意味着需要创办学院内部的简报或为宿舍大楼设立广播电台。这样的方案往往不会特别复杂。然而，如果是要开发一个教师参与的项目以加强学生与教师之间的联系和沟通，则需要谨慎思考和周密计划。同样，为自立资源中心使用者筹备一个学业辅导项目也不可能在一两天内完成。

正如前文提到的，生态系统模型已经被多次应用于学生住宿环境的评估。这一评估过程一旦被制度化，那么与学校密切相关的人们便会期待每年都看到关于宿舍环境质量的年度报告。这是件好事也是件坏事。好的一面是学校对学生生活品质的广泛关注意味着人们在乎学生的体验，不会忽视他们。然而，问题是一旦评估无法按期实施，年度报告就会中断，人们便会提出质疑。通过权衡定期评估带来的回报和其中潜在的问题，不难发现，对校园环境进行系统性评估利大于弊，并且生态系统评估方式经过了时间的考验。

评估自立资源中心也面临相同的问题。评估活动在三年内举办过两次。使用自立资源中心服务的学生和其他人员对评估结果非常感兴趣。事实上，他们期望评估能够每两年进行一次。

在本书撰写的过程中，生态系统模型已被应用于第三类特殊环境的评估，即一所大学的儿童护理中心。评估从家长的视角出发，重点考核儿童护理的质
188 量，尤其关注师资队伍素质的评价。评估结果令人欣慰（Baldridge, 1993）。这项研究最重大的发现就是家长们由衷地感激护理中心的教师为孩子们提供了优质的服务。

由奥勒普和德尔沃思设计的评估模型使 WICHE 模型的理念变得切实可行。通过他们的努力，理论被付诸实践，使得他们的模型几乎能够应用于任何一个

校园的评估。他们对环境评估的指导促进了生态系统模型的实施，并产生了切实可行的环境评估与重新设计技术。

小 结

本章开篇讨论了校园环境评估面临的诸多难题。尽管出现了众多模型和技术，大家应当记住一点，虽然在过去的 20 年里环境评估技术突飞猛进地发展，但事实是目前的评估方法仍无法提供给人们有关某一特定环境的精确信息。人们得到的信息仍是对各种校园环境的概括。这些概括性信息有助于人们形成对校园环境的认识。但是，由于每一个学生所处的环境都是独一无二的，倘若不与学生交流，我们便无法得知校园环境是如何促进或是阻碍学生成长和发展的。总之，环境评估对那些想了解校园动态的评估人员而言是一个行之有效的工具。要想更加全面地了解学生在校园环境中的表现，仍需要采取其他一些方法，其中最简单也或许最有效的一种方法便是与学生交谈并聆听他们的想法。这种做法虽然会非常耗时，而且在大型校园里使用这种做法或许也不太现实，但人们确实可以通过与学生交谈的方式深刻地了解他们的生活。

第九章

189 # 评估学生文化

伊丽莎白·J. 惠特

在谈到如何努力提高学生学习成绩时，约翰·范·马尼（John Van Maanen，1987）说："相比学生在校表现，我们似乎对其入校前和离校后的情况更加了解……如果想要提高教育质量，我们应从掌握学生入学情况开始。……过程包含经历，经历最好用叙述来描述。"（p. 12）

因此，学生学习和发展评估越来越关注学生的"在校"经历，在校经历主要包括学生与我们，尤其是同龄人在一起的经历。本章将介绍如何使用定性研究方法来研究学生文化和处在校园文化中的学生，并叙述学生经历。

本章将首先概述学生事务评估过程中文化视角的使用，接着阐述开展学生文化评估的重要性，然后讨论学生文化评估的指南和方法，最后对学生文化评估进行小结。

学生事务评估中的文化视角

文化视角为理解高校各方面，包括学生学习和行为，提供了有效的框架。除了一些有形元素，校园里还存在一些无形元素，如政策、程序、结构和流程
190 等。文化视角能揭示历史、符号、神话、语言等我们习以为常的因素对学生经历所产生的影响（Kuh & Hall, 1993）。在本章，文化定义如下：学校历史、使命、外部环境、规范、传统、价值观、实践、信仰和质疑等共同并相互塑造的集体模式，所有这些因素均引导高校内个人和集体的行为，并为解读学生校内外发生的事件和行为的意义提供框架（Kuh & Hall, 1993：2）。

首先，该定义承认文化因素在改变人们的意义表达、认知和行为方面的作

用，以及文化在人们理解话语、认知和行为等方面所发挥的作用。其次，定义阐释了文化研究的复杂性，因为历史、传统、价值观、外部环境等文化因素以有形和无形的方式相互影响，并描绘出一幅复杂、独特、不断变化的类似“挂毯”的文化全景图（Kuh & Whitt，1988）。如果将文化这张“挂毯”拆卸成独立的“丝线”——如特征、来源和学生文化模式——不仅困难，而且会使研究人员有只见树木不见森林之感。

然而，这并不意味着高校文化不可探索，不能理解。现有几个框架能帮助研究人员研究“丝线”和“挂毯”。其中一个框架由库和霍尔（Kuh & Hall，1988）提出，帮助研究人员分析四种不同层次的校园文化：（1）外部环境文化，包括历史、地理位置、经济条件、社会和宗教习俗、生源情况和种族背景；（2）学校文化，包括办学目标、办学历史、危机处理、学校传统、人际互动、组织结构、学术课程；（3）学校内部亚文化，如教师、学生和其他工作人员；（4）个人角色和实践者，如高校校长、学生领袖、资深教授。

施恩（Schein，1992）提出另一个文化分析框架。他认为校园文化包括三个不同层次，按明显可见程度从高到低排列。这三个层次分别是有形文化、信奉的价值观和哲学理念。有形文化是大家最容易注意的文化因素，是“看得见 191
的群体共享的东西”（Schein，1992：17），包括历史、传统、故事、英雄人物、行为规范、组织程度、物理环境，以及人际交流方式。有形文化虽然容易被大家注意，但是校园群体以外的人并不一定能正确理解有形文化的意义。在兰道尔夫－麦肯女子学院（Randolph-Macon Woman's College）大门入口处左右两边各有一个楼梯。在外人看来，这样的设计可能表示“欢迎光临”的意思。但是该校学生明白，这是学校的传统。大一和大三学生使用一侧的楼梯，大二和大四学生使用另一侧的楼梯（Whitt，1992 b）。

信奉的价值观是一个群体关于什么是最重要的共有信念，如教学、学生发展、研究、服务或人文学科。有些价值可以言传，有些不可言传，有些可付诸实践，有些是大家共同信仰的价值。例如，某个学生组织机构可能拥护政府的价值观。但可能只有某些学生群体想在政府机构谋求职位。

哲学理念构成一个“普遍的意义系统”（Morgan，1986：133）。该系统影响人们的思考方式、言行举止和价值观。哲学理念是隐性的。“事实上，如果集体内部都坚信某种哲学理念，他们会认为基于其他哲学理念的行为是不可理解的”（Schein，1992：27）。哲学理念的例子包括关于教育服务的目的，谁应该接受教育，谁应该学习，教育的意义是什么等（Kuh，Schuh & Whitt，1991）。

这些框架为探索校园文化的“丝线”和“挂毯”提供视角。本章在讨论学生文化评估方法时将提到如何使用这些视角。

学生文化

学生在校内与同伴和教师的交流，与各个组织机构的交流，都能塑造学生
192 文化（Hughes, Becker & Geer, 1962）。学生文化是在当今社会中身兼大学生和年轻成年人两种身份的学生对遇到的问题的“集体应答”（Bolton & Kameyer, 1972：379）。他们遇到的问题包括交友和维持友谊，取得学术和社会成绩，对世界产生影响，将自身的价值观和期望与学校的价值观和期望联系起来（Love 等，1993），或保持自身价值观和期望的独特性（Bolton & Kammeyer，1972；Gottlieb & Hodgkins，1968）。

学生文化具有如下特征：持久的互动，共同规范、价值观和期望的社会化过程，社会控制机制，在不同时代的学生中都存在等。这些特征促使学生对同龄人的影响大于其他同龄人群体。科尔曼（Coleman，1966）认为，“一个校园就是一个社会……所有成员对校园内部的事情始终都非常关心，他们希望从其他成员那里获得社会奖励；他们不仅人际互动基本完整独立，而且具有很强的人际互动能力”（p. 245）。

因为不同的学生问题会激发不同的集体反应，因此不同学校具有不同性质和力量的学生文化。因此，学生文化至少有三个层次（Coleman, 1966；Horowitz, 1987；Kuh, 1990；Love 等，1993）。首先，国家层面的学生文化指的是全国范围内适龄本科生共有的态度、信念和经验。读者可以通过参阅海伦·霍罗威茨（Helen Horowitz，1987）对“大学生活”的描述以及豪和斯特劳斯（Howe & Strauss，1992）对“X 一代”的论述来了解国家层面的学生文化。

其次是学校层面的学生文化，它包括学校全体学生的主流价值观和期望。典型的例子是常青州立学院（Evergreen State College）的“绿领族”（Greeners）。绿领族成员“政治积极性高，社会意识强。他们自由随意，对较常见的职业不感兴趣（如商学、工科、医学）”（Lyons, 1991: 188）。

最后是亚文化层面的学生文化，它代表学校内部某个独特群体的文化。姐
193 妹会和兄弟会，政治活动组织和社会活动组织，住在宿舍楼同一楼层的学生，同一专业或与某一职业相关的学生，具有相同种族或民族背景、年龄、生活经验、共同兴趣爱好的学生（如仪仗队），都是亚文化层面学生文化的例子。

本章重点是学校层面和亚文化层面的学生文化。以上讨论的三个层面的学

生文化可能有重叠之处。

学生文化是强有力的社会化的媒介，它向学生传达“何人何时何地应做何事，如何做以及为什么要做”（Wallace，1966: 12）。因为同龄人文化决定学生应与哪些同龄人相处，要获得谁的同意。这些文化影响学生探寻、接受和拒绝的价值观、态度和信念，同时影响学生应该关注什么事情（Coleman，1966：12）。总之，这些文化教给学生“处事的方式”：如何花费时间和精力，如何休闲娱乐，与谁交往，哪些工作有意义，以及如何获得奖励避免惩罚——事实上，知道有哪些奖惩非常重要（Kuh & Hall，1993）。

也许最重要的是，学生文化影响学生融入大学学术生活的程度，影响学生对所学专业的喜爱程度和努力学习程度，影响学生对课程和授课教师的选择，以及对学术活动和学术成就的重视程度（Katchadourian & Boli，1985；Kuh，1993a；Weidman，1989；Whitt & Nuss，1994）。“学生文化为学生提供如何接受教育的各种指导，并且向学生阐释教育的意义”（Van Maanen，1988：5）。无论学校的新生入学和社会在教育如何开展，学生总是从其他学生那里学到“教育的意义是什么”。不管学校发言人说什么或做什么，新学期开学四到六周内，新生都会接触学校的主要学生文化。这些学生文化会告诉他们要认真对待哪些课程和教师，什么时候学习，学习多少内容等（Kuh，1993a：36）。

因此，学生文化影响学生课内外的学习内容，以及学生的学术和社会发展方向。可以说，学生文化不仅影响学生个体能否完成求学目标，而且影响大学 194
能否实现其教育目标（Weidman, 1988）。

读者如果想要研究学生文化，就应该熟悉学生文化的形成方式和学生文化影响学校的方式，同时还要了解校园内的亚文化类型。本章不讨论这些话题，有兴趣的读者可以参阅其他文献，这些文献详细描述大学学生文化的形成和特征。文献包括博尔顿和卡梅耶（Bolton & Kammeyer，1972），克拉克和特罗（Clark & Trow，1996），霍洛威茨（Horowitz，1987），卡察杜尔和博利（Katchadourian & Boli，1985），库（Kuh，1990），惠特、拉布和惠特（Whitt, Rub & Whitt，1988），利蒙（Leemon，1972），马戈尔达（Magolda，1994），莫法特（Moffatt，1988），纽科姆（Newcomb，1962），纽科姆（Newcomb，1966），罗兹（Rhoads，1992），以及沃伦斯（Wallace，1966）。

研究学生文化的理由

阿斯廷（Astin, 1993: 398）认为，“在本科阶段，学生的成长与发展受同龄同学的影响最大”。如果同龄同学是学生生活中最重要的人，学生文化又影响学生学习，那么学生文化的性质和影响对学校的教育成果和工作效能就具有重要意义（Katchadourian & Boli，1985）。目前学生文化评估不多，学校层面和亚文化层面的学生文化评估更是缺乏。文献中能看到的案例很少，仅仅有莫法特（Moffatt，1988）对罗格斯大学（Rutgers University）住校生的研究、马戈尔达（Magolda，1994）对住宿学院学生的研究，以及罗兹（Rhoads，1992）对兄弟会的研究。

出于认证和责任的考虑，对学生学习结果的评估促使学院或大学测量学生学到了什么，但学生文化对学生学习的影响仍是个“黑匣子”（Kuh, 1994：2）。这方面的研究有待加强。我们对学生文化如何影响学生，以及同龄同学如何影响学生学习知之甚少。在努力提高教育成果时，研究人员通常忽略对“本地人”（Van Maanen，1987：4），即学生的深入理解。比如，我们不知道在某种特定文化中生
195 活和学习是否能给学生带来特定的结果（Kuh，1994）。因此，学生学习结果评估必须要研究校园环境，包括对其他学生的研究。这样才能确保评估结果的正确性和有效性（Erwin, 1991；Weidman, 1989）。“要理解大学教育，一定要把学生文化放在更大的范围内进行理解。仅仅把学生群体看成所有学生个体的总和，而不考虑他们之间的相互联系，就没有任何意义。”（Katchadourian & Boli，1985：248–249）

对学生事务工作人员来说，学生文化评估能够评估校园环境对学生学习的影响，促进学生的学习和发展，从而帮助学校实现其教育目标。要想改变学生文化，建设能促进学生学习的校园环境，一定要深入理解校园学生文化（Love等，1993）。例如，如果想改变学生在社交生活中酗酒的现象，首先必须了解哪些学生在什么场合喝酒（或者不喝酒），学校和学生对喝酒持什么态度，喝酒对各类学生有什么意义。

如何研究学生文化

以下几个小节将阐述学生文化研究的指南和方法。研究方法采用混合法，虽然同时使用定量研究方法和定性研究方法，但稍微偏重定性研究方法。由于篇幅有限，本章不详细讨论设计、实施和报告学生文化研究的方法，但会为读者提供相关的参考文献。

学生文化评估指南

学生文化评估的方方面面，如怎样开展评估、由谁开展、所需的时间、采

集什么数据以及如何采集，都取决于评估目的和评估重点。比如，有些问题适合通过定量的方法来回答，有些问题适合通过定性的方法来回答。下列评估指 196
南不一定适合所有的学生文化评估，因为不同的评估侧重点不同，或者评估目的不同。读者如果打算在学校开展学生文化评估研究，指南中提出的一些问题值得思考。

1. 从学生视角研究学生文化。尽管其他视角也很重要，但学生视角最重要。学生的经历和语言应该是学生文化数据的主要来源。学生视角同时也意味着学生应该参与学生文化数据的采集，并从学生视角来分析和解读数据。最后，如果你想了解学生文化，一定得和学生交流（Kuh，1993a）。这说明一定要使用定性研究方法。

2. 尽可能获得更多更广的学生文化视角。评估人员不要想当然地认为校园内的学生文化或亚文化只有一个事实真相，实则未必如此（Erlandson, Harris, Skipper & Allen, 1993; Whitt, 1993）。上大学的动机、年龄、性别、是否住在校内、是否参加学生团体或组织活动、国籍、少数族裔身份都可能影响学生的在校学术生活经历。因此在获取学生观点时须特别注意因年龄、性别、种族、住宿场所、兴趣等因素被边缘化的学生（Kuh，1994）。

3. 准备听取学生讲述自身经历。文化研究，包括学生文化，应该涉及之前未曾研究的领域。如果你（或你所在学校的“重要人物”）不愿耳闻目睹令人惊讶、令人失望或遭到挑战的事情，那就不要开展学生文化研究（Van Maanen，1987）。

另外，根据我们的工作经验，在研究学生文化前，应当敞开心扉，信任学生，并倾听他们的心声。如果学生不习惯回答与他们的经历有关的问题，或者担心回答这样的问题会有负面影响，他们就会对这些问题心生怀疑。

4. 尊重学生和学生文化的独特性和全面性。虽然改变学生可能会促进学
生文化研究，但是千万别忘了，唯有理解学生文化才能改变学生（Love 等， 197
1993）。要理解某种文化，必须要接近它，接近其中的成员。研究人员要相信学生文化仍有许多不为人知、不为人理解之处。因为文化内部成员具有相同的认知和经历，因此，研究人员要平等开放地对待他们的认知与经历（Whitt，1993）。

5. 在研究学生文化之前，必须意识到自身的偏见、哲学理念和价值观。如果学生应该如何做事、如何思考或感受会受到个人所见所闻的影响，那么开放平等地开展学生文化研究会变得十分困难。这并不是说评估没有价值，或者说你不能评判学生文化中的某些因素是否合适，或者学生文化评估不能以文化变

革为动力（Kuh，1994）。这说明，为达到探索和理解之目的，你应该自愿地摒弃个人预期、判断和“凡事应是如此”的想法。只有这样，你才能真正倾听学生对其经历的描述（Whitt，1993）。

6. 在具体的语境中研究学生文化。任何学校的文化研究必须考虑文化的外部环境，学生文化研究也必须考虑学生文化所植根的学校文化和其他文化（Kuh，1994；Van Maanen，1987）。本章前面介绍的有关文化层次的分析框架或许对文化研究有所帮助（Kuh & Whitt，1988）。例如，如果研究人员不了解学生社团的运行机制，不了解它所属的国家组织，不了解兄弟会会员的背景，不了解学校社团的历史和主要的学校文化和学生文化价值观（如自由、理智、平均主义），不了解学校对大学教育的理解，他们就不可能真正理解某个兄弟会的文化。

7. 运用多种研究方法研究学生文化。评估中需要受试回答的问题决定运用哪种研究方法（Whitt，1991）。有些问题适合使用定性研究方法，有些问题
198 适合使用定量研究方法，有些又需要同时使用定量和定性研究方法。但不论是什么问题，文化研究需要关注多种数据采集手段（如观察、访谈和书面材料分析）、多个数据来源（如学生、毕业生和教职工）和多种采集数据的工具（如量表、人）（Schein, 1992；Russell & Stage, 1992；Van Maanen, 1987）。本章后面会详细介绍研究方法的具体建议。

8. 通过文化内部成员和外部成员研究学生文化。首先，本指南将学生作为数据来源（包括内部和外部主流文化），以获得必要的多元视角。例如，假如你对校内学生领导力文化研究感兴趣，你可能要与无领导职位的学生交流，以发现领导过程存在的障碍。为达到研究之目的，研究重点将决定谁是文化内部成员，谁是文化外部成员，哪种研究视角最有用。

本指南也表明，学生文化的研究对象应包括校内外人员（Kuh 等，1991）。校内研究人员需要校外研究人员的帮助，以摆脱“当局者迷”的困境（Chaffee & Tierney，1988：4），从而发现校内人士因过度熟悉学校而可能忽视之处。例如，存在已久的学生宿舍分配方式可能阻碍学生互动，从而限制某个学生关系网中同龄人的数量和多样性。

校外研究人员也可以询问校内研究人员一些可能被禁止讨论的问题。在研究一所最近刚从女子大学改制为男女共校学校的学生文化时，校外研究人员能够关注该校女子传统如何被消除，以及改制对女生在校状态的影响。

但校外研究人员也需要校内研究人员的协助（Whitt，1993）。校内研究人员持续反馈信息能确保在数据采集和数据分析过程中出现的信息、印象和解释

能准确反映校内研究人员的经验和观念。

9. 准备为学生文化研究分配学校资源。学生文化研究需要与该文化长期 199
接触，并且可能费时耗资（Whitt & Kuh，1991）。要想确定具体需要多少时间和多少资金，必须考虑以下因素：可用于研究的学校资源，包括参与调查的人数、参与者是否需要补贴或培训、研究时间跨度；研究范围（如整个学校的主流文化、亚文化和学生宿舍楼）；由研究方法所决定的资源，包括调查工具的购买和分析、校外调查者的费用，以及定性方法所需工具的成本（如磁带、录音机）。

资源需求意味着学校有必要根据评估目的、评估重点和评估过程为评估工作分配资源（Kuh，1994）。评估的范围、意义和动机决定需要向谁申请以此获得评估的批准。整个学校的学生文化的大型纵向研究可能需要学校为其分配资源，甚至有时需要所有中层管理人员的批准。而对某个学生群体的文化研究无需如此。但学校的规范、政治、期望和结构——也就是文化——会影响资源分配的决策。

10. 承认学生文化尚未成型不能接受研究或不愿被研究的事实。如果没有获得受试许可，不能开展研究。如果他们不愿意，切不可继续研究（Lincoln & Guba，1985）。另外，切不可访谈那些对研究目的不明确和对所采集数据作何用处不清楚的受试（Lincoln & Guba，1985；Schein，1992）。必须十分明确研究结果是否可用于（1）认证？（2）决策依据？（3）作为信息发送给有来校就读意向的学生和他们的家长？学生文化研究特别需要留心研究伦理。本章后面将详细阐述研究伦理这个话题。

11. 容忍模糊性。很少有人开展学生文化研究，某种程度上是因为学生文化可能杂乱无章（Kuh，1994），研究视角众多且自相矛盾，数据含义不详，存在时间和研究经费的压力，定量研究不断演变并呈现多样化。所有这些因素使
研究人员难以确定并按照“丝线”——有形文化、价值观和哲学理念——来探 200
索文化的“挂毯”全景。因为在研究开展之前你不一定能提前明确研究对象和研究内容，也不确定研究要耗费多少时间（Lincoln & Guba，1985；Whitt，1991）。研究方法部分将讨论这一话题。

12. 保持耐心。不要急于迅速找到“答案”。慢慢来，让文化向你展示其全貌（Whitt，1993）。

在研究具有一致意见或不同意见的领域时，都需要耐心。文化研究的诱人之处在于摒弃不一致和矛盾之处，寻找具有共性的事物（Kuh，1994；Martin，1992）。重点关注社团成员的共性，摒弃姐妹会和兄弟会之间的差异会使研究

变得更简单，也更令人欣慰。

Martin（1992）提出，开展文化研究须牢记三个视角：（1）综合视角。综合视角旨在发现共享或共有之事物，排除模糊性；（2）差异视角。差异视角旨在发现亚文化中的共性，描述亚文化层面与学校层面的学生文化之间的不一致性；（3）碎片化视角。碎片化视角重点关注“组织文化的模糊性本质……清晰明确的一致性和不一致性均属罕见”（Martin，1992：12）。因此，相比仅从某个视角切入，综合使用三个视角开展学生文化研究，能帮助研究人员掌握更加具体的文化“丝线”，也能使研究人员的理解更加深入（Martin，1992）。

13.“放手去研究”。看完上述关于耐心和学生文化评估的模糊性与复杂性的说明之后，读者可能会望而却步。事实上，并非所有研究人员都喜欢复杂凌乱的研究。但学生文化研究对评估和理解学生文化非常有效，亦可能使研究人员受益匪浅。着手研究是学习如何开展学生文化评估的最佳方法，接下来将讲述如何开展“研究”。

201

评估方法和过程

本节将提出学生文化评估方法的若干建议。首先带领读者回顾一下定量和定性研究方法，然后阐述如何逐步开展学生文化评估。

定量评估

虽然本章重点是使用定性研究方法研究学生文化，但某些评估问题或目的适合使用定量研究方法。例如，如果你想了解大量学生的经历，或对一些次级学生总体进行长期比较，测量工具可能比访谈更加有效。例如，可以采用本地化或标准化的调查问卷（如大学生经历问卷和大学生特征指标）、量表调查表来采集学生关于认知观念、行为和态度的自述（Kuh，1990）。本书第三、第四章以及阿蒂纳西和诺拉（Attinasi & Nora，1992）、贝尔德（Baird，1988）、库（Kuh，1990）和麦克米伦（McMillan，1989）的论著中都有仅使用定量研究方法或定量和定性研究方法并用的例子。

定性评估

如上所述，定性评估方法，即以文字形式呈现数据，并且由研究人员采集和分析研究数据（Lincoln & Guba，1985；Whitt，1991）。这种方法更加适合学生文化评估，因为定性研究方法对研究学生文化的复杂结构和过程最为有效，比如价值观、理念、使命以及社会化（Morgan，1986；Kuh & Whitt，1988；Whitt，1993）。定性数据“也能使研究人员采集大量数据，揭示数据和场景的相关性”（Erlandson, Harris, Skipper & Allen，1993：16），并且对理解学生文化至关重要。

界定问题 202

本书多次说明，所有的评估都源自某个问题，因此学生文化评估的第一步是界定问题。如前所述，学生文化影响的复杂程度很深，范围很广。校园里的所有问题几乎都会涉及学生文化的某个方面。不仅如此，校园里的某些问题，如种族问题、校园暴力、人际关系等，特别适合从校园文化的视角开展研究。

确定评估目的

学生文化评估的第二步是确定评估目的。要确定评估目的，就要回答好两个问题：你想知道什么？你为什么想知道？评估目的和评估重点决定评估的其他事项：测量工具、评估人员的构成等（McMillan，1989）。例如，以策划学生领导力培训为目的的学生领导力文化评估和以认证为目的的学生文化对学生学习的影响评估，必然在很多方面存在差异。后者可能需要更广阔的研究视角和更大范围的受试群体。

假设一所中等规模的私立大学要开展校园学生文化对学生学习和成长的影响评估。同时，假设这一评估有两个方面的评估动机：（1）新来的学生事务主管需要这方面的信息，因为他要根据这些信息确定哪些学生事务部门的工作要优先考虑；（2）学校的高层管理者和教师认为，学校的主流学生文化价值观和行为会削弱学生的学习潜能，阻碍学校实现其教育目标。

鉴于这一评估的覆盖面很广，评估问题可能包括以下所有问题或部分问题：校园内存在哪些学生文化？这些学生文化是如何形成的？学生如何成为学
生文化的一部分？有形的学生文化、价值观和哲学理念是什么？学生认为什么 203
是学校的价值观和预期？哪些学生能融入学生文化？哪些学生不能融入学生文化？学生如何判断他们是否融入学生文化？（Love 等，1993）融入学生文化需要怎样的社会化过程？学生文化奖励和惩罚什么样的行为？通过什么方式进行奖励和惩罚？学生参与学生文化中的什么活动和行为？学生文化如何影响学习？（Kuh，1990；Kuh，1994）与外部环境和学校文化的相关方面的有形文化、价值观和哲学理念是什么（Kuh & Whitt，1988）？

范·马尼（Van Maanen，1987）主张在研究学生文化时提问“不好回答

的问题”，例如学生文化在多大程度上能帮助或阻碍学校实现其教育目标？学生文化通过什么方式支持或破坏校园社区？学生文化是否包含促进学生学习和发展的价值观和有形文化？学生如何打发时间？当然，还有很多其他的研究问题。我们列出以上问题的目的是为了帮助研究人员从不同的角度思考学生文化的评估目的。

制定评估方案

一旦研究问题和评估目的确定下来，接下来要做的事情就是制定评估方案。评估方案要确定评估方法、评估工具、样本，设计数据采集和数据记录程序，选择数据采集人员，并概述如何分析数据。

大学在策划学生文化评估时，还应该考虑以下事项：

1. 时间安排：应该在一个学年内的哪些时间段采集数据？比如，在开展环境熟悉和适应项目时，可以了解学校对学生有什么期望。在新学年的第六星期，可以对大一新生进行访谈，采集学生因受同龄人的影响而发生的非正式社会化方面的信息。

204 2. 许可：开展评估之前需要什么许可？从哪个部门得到许可？学校一般都有正式的课题研究审批程序。根据评估的范围和敏感度，学生文化评估可能还需要其他审批手续。

3. 研究人员：评估有时需要学校内部和外部的研究人员一起合作完成。需要校内外的哪些人员来参与评估？校内研究人员需要什么培训？

组建评估团队

本书前几章阐述的评估方法中，大部分是由一两名评估人员负责计划、实施、分析和报告评估结果。学生文化评估需要多名评估人员一起合作，这样才能探索和理解更多更复杂的文化因素（Whitt & Kuh，1991）。评估团队由学校外部评估人员参加对评估能否成功开展至关重要。虽然“作为研究工具的人是一个精妙的数据处理有机体”（Erlandson 等，1993：107），但不同的个体工作质量有高低之分。他们的技能和相互关系会影响评估工作的有效性（Whitt & Kuh，1991）。

无论评估重点是什么，使用定性研究方法的评估人员的个人素质和技能都非常重要。许多评估指南中提到了评估人员需要具备的某些素质：思想开放，有好奇心，有感同身受的能力，具备评判和质疑的能力和主动性，精力充沛，灵活，能容忍某些不确定性，具有与研究相关的不同经验和视角（Whitt，

1991）。此外，评估人员还要具备出色的沟通能力（听、写、说的能力），并熟悉定性研究方法（Whitt，1991）。

学生文化评估非常重视评估人员的遴选。评估目的决定评估人员应该具备什么能力和看问题的视角。选择学生文化评估人员需要考虑以下几点：（1）是 205
否信任学生、教师和其他人；（2）能否帮助采集准确数据；（3）工作人员个人特征的多样性（经历、年龄、年级）和视角的多样性，包括边缘化或不和谐的意见；（4）是否具备相关专业知识（定性研究方法、学生文化相关经验等）。

评估团队的组成对评估工作能否有效完成至关重要（Whitt & Kuh，1991）。应尽早确定校外评估人员在评估中承担的任务。在遴选评估人员时还要考虑以下事项：评估人员的技能和视角是否具有互补性，他们的工作关系和沟通技巧如何。如何使用定性研究方法开展团队评估，详见惠特和库（1991）的研究成果。

一旦团队成员确定下来，应指定一名协调员，协调员负责与学校进行沟通。评估开始之前，团队成员应该讨论一下如何合作、如何分工（如由谁撰写评估报告、设计访谈问题、从学校的各个部门获取书面材料），以及对评估的预期。评估之前，还要明确完成各项任务应该所需时间，如何处理冲突和分歧（Whitt & Kuh，1991）。

学校应当任命一名联络员，联络员负责与评估成员进行联系，并为评估人员安排交通、评估设施和访谈。

确定数据来源

学生文化定性评估的数据来源包括人、书面材料、事件、活动、场所和背景（Whitt，1993）。人最有可能成为学生文化数据的主要来源。研究学生文化
要关注文化所在的场所。评估人员需要访谈的人员包括学生、教师、行政人 206
员、毕业生等。但是，学生应该是学生文化数据的最主要来源。

与学生文化相关的书面材料包括学生报刊、学生手册、年鉴、学生活动的校园广告、T恤、学生社团的会议记录。有助于理解学生文化背景的书面材料有招生材料、发展规划文件、政策和程序手册、岗位说明等。每个文件都能向外界展示学校在学生和学生生活方面的工作目标和价值观。与社区成员交谈可以获取校外人士对学生文化的看法。在设计访谈问题之前，可以先获得其中的某些材料（Whitt & Kuh，1991）。随着评估工作的推进，评估人员会逐渐接触其他重要的书面材料。

其他学生文化数据来源包括学生的日常活动、特殊活动和临时自发活动。日常活动包括课间休息、学生社团会议、宿舍楼聚会，以及班级会议等。特殊活动包括老生返校周和社团周等活动。临时自发活动包括抗议或派对等。评估重点一旦确定，应当尽快获取各类活动的日程安排，以便安排要参加哪些活动。随着评估的推进，其他重要活动的日程安排会逐渐产生。

在任何学生活动场所都有机会了解学生文化。能够提供评估数据的场所包括学生宿舍楼各楼层、休息室、大厅；学生住宿区的其他区域，包括社团活动中心、公寓楼；办公室和接待区；教室或教学楼的走廊、楼梯间；学生活动中心、邮局，以及其他学生集会的场所；餐厅；路边；其他休闲娱乐场所（Whitt & Kuh，1991）。

样本抽样

如本书第三章所述，在确定数据来源时，定性评估人员要努力获取最全
207 面的研究信息和最广的研究视角（Lincoln & Guba，1985）。然而，评估人员不可能对所有的学生和所有的学生活动进行调查，因此需要采用抽样方法进行抽样（Whitt，1991）。在定性研究中抽样是有目的的抽样，而不是随机抽样（Lincoln & Guba，1985）。这说明，观察对象或访谈对象的选择要根据评估目的、评估重点和数据来源来确定（Erlandson 等，1993）。定性研究方法中的抽样过程同研究本身一样，根据研究的推进而有所变化。有目的的抽样能扩展"研究范围，帮助研究人员提炼研究问题，并发现新的研究线索"（Goetz & Le Compte，1984: 69）。定性抽样方法的详细阐述，参见本书第三章。

数据来源的选择标准——针对有目的的抽样流程——包括：（1）根据研究目的，哪些人和事件能提供"最有意义的信息"（Morgan，1988：45）；（2）掌握学生文化的相关知识；（3）在学生文化中扮演什么角色；（4）沟通能力；（5）参与的意愿（Johnson，1990）；（6）研究人员是否容易接近（Whitt，1991）。在常青州立学院的案例中，我们必须要根据研究重点，确定哪些人、哪些事件、哪些场所和书面文件是最佳的数据来源。但请记住，研究人员必须尽力获得更多和更广的视角。

数据采集和分析

如果是定量评估，一般要先采集数据，然后才分析数据。但如果是定性评估，数据采集和数据分析可以同时进行。在做学生文化评估时，数据采集和数据分析更应该同时进行。每次采集到的数据都会对后续的数据采集有启示作用

（Erlandson 等，1993）。适合学生文化评估的数据采集方法包括访谈、书面材料分析、观察。

访谈的形式多种多样，有单独访谈和小组访谈之分。要尽可能让更多的受试参加访谈，以获取更多的信息。小组访谈（Brodigan，1992；McMillan， 208
1989；Morgan，1988）时，受试聚集在一起，针对某个主题展开讨论，如讨论主流学生文化价值观。小组成员有相同的想法和类似经历，因此小组访谈能提供量大质高的信息（McMillan，1989：8）。

在学生文化评估中，单独访谈和小组访谈特别重要，因为这两种方法能给学生提供表达个人观点的机会，还能使研究人员采集到非常丰富的信息。小组访谈能展示学生使用的语言和彼此互动的方式。在讨论评估人员提出的问题时，参与小组访谈的受试能相互分享观点和经历（Brodigan，1992；Morgan，1988）。总之，小组访谈是“同龄人之间的对话”（Morgan，1988：77），而不是集体采访。本章不讨论小组访谈的策划、实施，数据分析的方法和技术。相关信息可参见本书第三章中布罗迪根（Brodigan，1992）、麦克马伦（1989）和摩根（Morgan，1988）的讨论。

有些学生和其他社区人士，如即将毕业的高年级学生、学生领袖、有色人种学生、校长、学生组织顾问等，都可能提供特别丰富的学生文化信息。要想获取他们的独特视角和独特观点，单独访谈比较合适（Whitt & Kuh，1991）。针对在学生文化评估中如何策划和开展访谈的信息可参见卡纳贾（Carnaghi，1992）、费特曼（Fetterman，1989）、林肯和古伯（1985）、曼宁（Manning，1992）、巴顿（Patton，1990）以及斯普拉德利（Spradley，1979）等人的论著。

关于访谈问题的核心内容，读者还可以参考《参与学校活动：促进学生课外学习和发展的成功方法》（*Involving College: Successful Approaches to Fostering Student Learning and Development Outside the Classroom*）（Kuh 等，1991）中的“参与学校审查的规程”部分。该规程根据大学生在校生活研究（College Experiences Study）中发现的能够有效促进学生学习和参与活动的方法总结而成。该规程并不提供一套访谈问题，所以“规程”一词可能不够恰当。尽管如此，该规程还是确定了学生文化评估可能需要处理的几个学生活动方面 209
的事宜，同时为学生文化评估提供建议。学生文化评估需要处理的几个学生活动方面的事宜包括学校使命、校园环境特征（包括生理和心理）、校园文化、教师、行政管理人员和其他学生等在学生生活和学习中所起的作用，以及影响学生校园生活的学校政策和各项工作等方面的问题。

要想获得学生文化及其所在场所的相关信息，并设计好访谈问题，评估人员必须在实地考察前和实地考察时查阅相应的书面文件，如学生手册、学生出版物和学校历史（Whitt & Kuh，1991）。读者如果想要了解如何分析用于学生文化评估的书面文件的其他信息，请参阅古伯和林肯（1981）和惠特（Whitt，1992a）。

对校园内的事件、活动和项目进行观察可能会为学生文化评估提供一些有用信息，也能对评估人员设计访谈问题有所启发（Fetterman，1989；Ely 等，1991；Merriam，1988；Whitt，1991）。评估人员每年都可以从某些活动或场合，如毕业典礼、老生返校周和秋季学期开学等，挖掘出很多文化信息。各种典礼、传统活动和演讲都能生动地展示学校的历史和价值观。

所有数据采集完毕后的定性数据分析，也就是“终极”数据分析，可能是个复杂的过程。尤其在研究人员数量比较多的时候，数据分析更加复杂（Ely 等，1991）。必须整理出大量的数据，并且要按照主题对数据进行分类。定性数据分析的详细信息，请参见本书第三章，以及林肯和古伯（1985）、伊利等（Ely 等，1991），以及惠特和库（Whitt & kuh，1991）的论述。

结果报告

撰写学生文化评估结果报告也许是研究中最困难的一个环节，只有调查者的评估才有效，因为唯有调查者有能力向他人展示评估结果和数据解读（Van Maanen，1988）。本书第三章指出，定性评估的结果汇报没有标准格式，并
210 且很可能包含大量的数据，需要做大量的数据解读（Merriam，1088；Patton，1990）。关于学生文化评估的结果报告，需要考虑以下事项：

1. 由谁来撰写评估报告？是小组共同撰写，还是个人独立撰写？

2. 报告受众是哪些人？谁会收到报告？目标受众会影响报告的风格、框架和内容。例如，如果要把报告呈递给政策制定者阅读，就要针对评估中发现的问题提出整改意见。

3. 如何展示数据和数据解读？执行摘要是否合适？受访人原话在多大程度上可被使用？是否应当强调某些受访人的观点？报告撰写人如何区分数据和数据解读？需要多少叙述性内容？

4. 在提交报告之前，谁负责检查报告的准确性？

无论选择哪种格式，定性评估报告读起来都应该像一个故事，能吸引读者的注意，帮助读者理解（Van Maanen，1988）。有效的报告将读者置于情境当中，并从受访人的视角展示他们的观点（Lincoln & Guba，1985）。关于定性评估报告撰写方面的信息，读者可参考厄兰森等（Erlandson 等，1993），范・马

尼（Van Maanen，1988）和沃尔科特（Wolcott，1990）的论著。有关结果报告的详细讨论，请参阅本书第十三章。

学生文化评估案例

下面的提纲形式对某常春藤大学使用定性研究方法开展学生文化评估进行概述。评估工作分为若干个阶段，假设校内和校外人员共同参与评估。评估也包含数据采集和数据分析两个阶段——这里称为“实地考察”。任何真正的评估都应该精心设计，认真开展，以实现评估的具体目标，反映学校校园文化的 211
真实情况和评估人员的现实需求（Kuh 等，1991)。读者如果想要了解以下提纲的每个部分的详细信息，请参阅前文的研究方法部分。

阶段一：准备阶段

需要完成的任务

1. 确定评估焦点；明确评估目的；清楚陈述学校对评估成果的预期。也就是说，要把什么纳入评估范围？如何使用评估数据，谁能看到研究结果？如何呈现最终的评估结果？是通过书面报告，还是口头报告，还是两者都要？学校是否希望评估团队能就评估中发现的问题提出一些改进意见？或者仅仅只是报告一下评估结果？

2. 评估团队和学校的联络员一起安排所有事情，如校外评估人员的交通和行程安排、访谈地点、观察许可、预约受试等。

3. 组建一个评估团队。

4. 制订评估计划；计划并准备第一阶段的数据采集和分析，包括数据来源和抽样方法、访谈和观察计划；制订确保评估结果可信并合乎伦理的方案。

5. 联系受试，向其解释访谈目的和希望获得的信息类型。

6. 与所有受试签订知情同意书，应对研究伦理规范政策和“以人为受试”的政策要求。知情同意书要写明评估目的和评估程序、如何确保受试的信息保密、使用数据和结果的方式，以及受试和评估人员的权利和义务。

组建评估团队

1. 决定由谁负责协调评估团队的各项工作，如实地考察、危机管理、截止日期确定等。

2. 确定团队成员。 212

3. 根据团队成员的角色、技能和兴趣为其分配任务。

4. 讨论并明确说明团队成员的预期和对团队成员的预期，包括截止日期和日程安排、数据采集与分析、伦理规范问题；讨论并解释清楚有关学生和学生文化、学校文化、文化研究和定性研究方法的预期；讨论并解释清楚可能影响评估人员所见所闻的因素。

5. 根据成员的具体情况，为他们提供培训（包括数据采集方法、定性研究方法、文化视角等）。

提前采集数据

1. 获取并分析与本评估相关的学校书面材料。

2. 根据对书面材料的分析，设计访谈问题；为每组受访（比如学生、教师、管理人员和毕业生）制定访谈协议。评估人员从书面材料中能获得关于评估的信息，从而为访谈提供信息。随着评估的开展，新的问题会不断出现。

阶段二：数据采集和分析以及初次实地考察

需要完成的任务

1. 采集数据。

2. 分析数据。

3. 确定额外的数据来源、访谈问题和评估程序。

4. 研究评估发现，确定哪些评估发现需要进一步证实，从而确定下一阶段的数据采集和分析任务。

5. 开始计划下一次实地考察和下一阶段的数据采集与分析。

213 **数据采集**

1. 根据有目的抽样对受试进行单独访谈和小组访谈。

2. 对学生日常活动、特殊的学生活动和学生聚会场所进行观察。

数据分析

1. 与数据采集同步。

2. 数据分析可由某个评估人员完成，也可由整个评估小组成员共同完成。团队成员应计划每天下班之前开个例会，讨论每天的工作情况，讨论是否需要增加访谈次数，是否需要观察其他活动，是否需要访谈其他人员，并开始确定数据中出现的主题和模式。每天的例会要做好记录以备后用。

3. 确定是否有必要采集更多的数据。如果有必要，通过什么方式采集。是通过访谈、观察，还是查阅书面文件的方式？还有没有需要进一步研究的领域？如果使用访谈的方式采集数据，就要设计访谈问题。

4. 与校内评估人员会面，核实已采集的数据，并对数据进行解释。

阶段三：第一次实地考察后

需要完成的任务

1. 确定团队成员的任务和任务的截止日期，撰写临时案例报告，安排下一次考察，策划下一次数据采集和分析，策划下一次访谈。

2. 对数据进行额外分析：增加人手在现场进行数据分析。

3. 撰写临时案例报告，并在团队成员间传阅；视情况对报告进行修改。

4. 第二次实地考察时，提交案例报告。在实地考察时要求受访对报告的错误进行修改。

5. 筹划第二次实地考察。

对数据进行额外分析

1. 集中整理并分析个人采集的数据和团队例会的数据。

2. 确定主题和模式。 214

3. 确定其他需要了解的内容（第二次实地考察的日程安排）。

撰写临时案例报告

1. 决定写作内容和写作方式：读者是谁？报告中一致与不一致之处有哪些？此阶段要对所评估的内容提出何种建议？关于评估方法需要提供多少信息？是否应该准备执行总结？应该如何组织报告？如何展示数据和数据解读？

2. 决定由谁撰写报告。（团队？个人？还是团队成员每人负责一小部分？）

3. 考虑报告的语言问题：深度描述、文化术语、使用受访人话语等。

筹划第二次实地考察

1. 做考察安排。

2. 确定采集额外数据的数据来源和方法。

阶段四：数据采集和分析，第二次实地考察

需要完成的任务

1. 通过采访、观察和文件查阅等方法采集额外数据。消除隔阂，加深理解。

2. 与受访一起开展与临时案例报告有关的汇报工作。额外多准备几份报告，避免有些人没有收到报告。

3. 对额外数据进行分析，包括读者对报告的反馈。另外，数据分析需要评

估人员单独或合作完成。

4. 着手撰写“最终”案例报告，为团队的每位成员分配写作任务。

受试汇报

1. 根据临时案例报告和实时数据分析进行。

2. 为获得有关事实准确性和数据解读有效性的反馈，需要提出以下几个问
215 题：这是你的数据吗？我们遗漏了什么？我们遗漏了谁？什么是不准确的？什么是准确的？在描述校园学生文化时，应添加什么内容，以使描述更加准确？我们应该和谁交谈以便更加全面地了解学生文化。

3. 任务汇报形式包括小组访谈和个人访谈（取决于角色）。第一次实地考察的受试和新的受试都要接受访谈。

4. 还需要考虑以下几个问题：如果针对受试防御心理的处理意见存在分歧，该如何处理？如果报告不符合要求，该如何处理？如何处理不准确的事实？如果校内有人对评估人员的数据解读存在不同看法，要尝试去理解分歧，并分析为什么有分歧，因为他者视角的学生文化数据解读可能是一个重要的发现。和受试商榷，合作写出一份受试与研究人员都认可的最终报告。

阶段五：“最终”报告

需要完成的任务

1. 撰写最终案例报告，并发送或邮寄到各处。

2. 确定学校的其他需求和评估团队的其他任务（如果有的话）。

3. 感谢校园联络员和受试的合作。

撰写“最终”报告

1. 决定报告内容和报告写作方式。需要考虑以下几个问题：报告要包括哪些信息？初稿需要添加哪些内容？哪些地方需要修改？

2. 报告永远都不会是真正的“最终”版本。

将报告递交给各处

1. 确定最合适的格式：是否应组织多人讨论？应该和谁讨论？学生扮演什么角色？

216 2. 确定评估人员如何帮助学校使用评估报告，如果评估人员在这方面能起到某些作用的话。

3. 确定评估人员在报告中添加新内容和做修改的意愿和能力程度——“最终”版本何时才能足够“最终”？

小　结

在评估学校对学生的影响时不应忽视同龄人在大学生生活中的重要性，以及学生文化对学生学习和发展的影响。虽然文化评估和定量研究方法存在问题，但不应该成为评估人员不敢使用学生话语和从学生的视角开展学生经历研究的借口。对学生文化开展评估研究不仅能提供有用的数据，也能对学生和学校的教育与发展产生影响。“关心教育改革的人必须意识到，本科生教育的真正敌人是冷漠和无知……击败他们的最佳方法之一是以可接受的形式提供可靠的信息。这些努力使本科生教育在学校日程表上有一席之地。我们越了解我们的学生，就越可能去关爱他们；这种关爱使我们愿意尽量做到最好。”（Katchadourian & Boli, 1985: 252）

第十章

217 # 评估项目和服务结果

帕特里克·T. 特伦兹尼 M. 李·厄普克拉夫特

对学生事务工作人员来说，最害怕回答的问题可能是："你说你们的服务和项目做得很好，有证据吗？"不幸的是，问这样问题的人很少真的关心学生事务的使命和目标。当然，也不排除有些时候，问这样问题的人确实是想去努力提升服务质量的。"证据"问题一般由两类人提出。第一类人对学生事务工作的价值有质疑；第二类人认为如果把花在学生事务上的钱用在其他地方（尤其是用在提问人所在的部门），效果会更好。然而，区域性的认证机构也会问"证据"问题，因为他们把结果评估写入了认证标准。

无论是谁提出的，这样的问题都会让学生事务工作人员陷入恐慌，因为在大多数的学生事务工作部门里没有或者很少有系统的关于学生服务、项目和设施对学生发展影响的证据。这样的情形势必导致我们加速进行结果评估。一方面用于回答证据问题，另一方面用于解决困扰学生事务的其他问题。现在的实际情况是，虽然对我们在学生事务方面努力的结果进行评估可能是最重要的评估工作，但我们的确很少开展结果评估，评估工作做得也不好。有时即使做了，评估结果也没有得到有效使用。

218 本章的目的是为结果评估做个概览，界定什么是结果评估，提出并讨论最常用、最可信的结果评估模型，并逐步介绍开展结果评估的步骤。本章还将详细介绍多元分析。多元分析被认为是开展结果评估最合适的工具。

结果评估概述

在本书第一章，我们就提出结果评估是综合性学生事务评估工作中最重要的一部分。对使用我们的服务、项目和设施的学生来说，我们的服务、项目和设施对他们的学习成绩和其他方面的发展是否有积极的促进作用？与没有使用我们的服务、项目和设施的学生相比，他们有什么优势？学生的家庭背景、性格、经历等因素都会影响学生的学业成绩和其他方面的发展，因此，在结果评估中能抛开这些因素，而只考虑我们的服务、项目和设施对学生的影响吗？结果评估将试图回答学生事务中的那些最根本的问题：我们所做的事情是否有效果？这种效果是否是我们想要的，而且我们怎么知道有效果？

结果评估很重要，但不好操作，具体原因将在本章详细讨论。结果评估一定要做，而且要做好。没有结果评估，其他评估都会显得无足轻重。同样的话也适用于满意度评估，如果不能展示我们的服务、项目和设施对学生的影响，满意度评估毫无意义。因此，可以说，“影响”问题是综合性学生事务评估项目中的核心问题，也是其他评估的基础。

阿斯廷的结果评估模型

关于结果评估的研究很多（Ewell，1985；Erwin，1991；Banta，1993；等等），但认可度最高，使用最广泛的是阿斯廷的输入－环境－结果模型（input-environment-outcome，简称 I-E-O）（1991）。该模型为结果评估研究提供了一整
219
套指导原则。该模型的目的是判断、评价学校对学生发展的影响。如果学校的政策或项目能对学生的在校经历产生影响的话，该模型就特别有用。如果把该模型用于学生事务评估，就要考查学生课外生活和学生在学生服务、项目和设施方面的参与程度。

输入

第一个维度是输入。输入指的是学生入学之前就有的各种特征。来校学习的学生在家庭背景、教育背景和个性等方面千差万别。阿斯廷（1993）确定了146个可能的输入变量，包括高中学习成绩、入学考试分数、学生对大学生活的期望值、高中所学课程、就业意向、专业选择意向、对学位的渴望程度、宗教信仰、父母职业、父母收入、父母教育背景，以及人口学信息，如种族、民族、年龄、性别、婚姻状况、国籍等。

上述每一个因素都会对学生的学习产生影响。正如阿斯廷（1991）所说，“输出（结果）评估要考虑输入”（p. 17）。学校往往把学生的优秀表现归功于自己的培养，而不考虑这些学生在入学之前的表现。我们考察的是学校对学生

发展起了什么作用。

220 评估学校对学生的影响，就要考虑学生入学时的差异。如果不考虑入学时的差异，我们无法确定高年级学生之间的差异到底是由学校的教育引发的，还是学生在入学之前就存在的。

环境

阿斯廷（1991）认为，我们必须关注那些能影响学生学什么、学多少的东西，或者关注模型中的环境成分。如前文所述，评估的根本目的是帮助明确影响学生学习、引发学生变化，能帮助学校发挥最佳教育功能的因素，以及与学校的某些政策或项目相关的因素。仅仅了解学生学了多少或者改变了多少（例如测量学生在入学前和毕业时在知识、能力方面的差异）是不够的。这些信息不能解释变化发生的原因。如果希望通过学生项目或政策的变化来提高教育质量，“为什么”这一问题至关重要。要回答“为什么”，需要采集学生在校期间参加活动的信息。

阿斯廷（1993）提出分了 7 个环境变量、192 个观测点。这 7 个变量是学校特征（类型、规模、管理特征），学生的同伴群体特征（社会经济地位、价值观、态度），教师特征（教师喜欢的教学方法、道德、价值观），人才培养（核心课程、毕业要求），财政援助（贷款、助学金），可选择的专业、住宿场所（校内学生宿舍、校外出租房），学习努力程度（花在学习上的时间、上课课时数、是否参加荣誉项目）。

阿斯廷模型中的环境部分要求采集学生在一定时间段内的信息，因此具有历时性。高校的根本任务是帮助学生学习、促进学生各方面的发展。学习和发
221 展就包含了变化，变化的发生需要时间。因此，研究学生变化就需要做历时研究。评估学生的学习和变化就要采集学生至少在两个时间点上的信息。第一个时间点通常是学生刚入学；第二个时间点是第一学年结束或第三学年结束。两个时间点也可以设在要研究的项目或活动开展之前或结束之后。当然，也可以在两个时间点的中间采集信息，但要注意的是学生的状态（例如学生的发展状态、学生学了多少）必须随时监控。

鉴于评估的历时性特征，有效的评估就需要时间，因为学生的变化需要时间。横截面研究或共时研究能即时判断出学生的变化（如对一年级和三年级学生进行比较，从而总结出学校生活对学生的影响）。但是，历时研究更具有说服力，因为历时研究的对象是同一批学生。不过，历时研究要求管理人员和研究人员要有耐心。无论行政决策有多紧迫，学生的变化催不得。

评估的历时性要求分析程序能够应付历时数据的复杂性。历时数据分析不仅仅是比较两个时间点的数字。数据分析将在本章后面详细讨论。

同样，如果我们真的想提高教育项目和教育活动的质量，仅仅采集两次信息是不够的。学生入学之前和毕业之后的信息也很重要，但它们说明不了变化是何时发生的。学生的变化到底是线性的还是阶段性的？也就是说，学生的变化在时间上是等量的，还是非持续性的？更有可能的是，学生在不同方面的变化速度是不一样的。如果是出于政策制定或项目质量提升的目的，仅仅知道变化是否发生是不够的。我们还要知道变化什么时候发生，为什么发生。这就要 222
求我们要在学生在校期间对他们进行多次数据采集。

结果（输出）

上大学的预期结果是什么？最容易测量的指标是学习成绩和学生巩固率（retention）。帕斯卡雷拉和特伦兹尼（Pascarella & Terenzini）（1991）提出了几个更难测量的指标，包括语言、数学和专业能力发展，认知技能和智力增长，身份、自我概念、自尊等社会心理发展，态度和价值观，道德发展，职业选择与发展，上大学的经济效益，毕业后的生活质量等。同样，阿斯廷（1993）区分了政治取向，个性与自我概念，态度、价值观和信念，行为模式，学业与认知发展，职业发展，对校园环境的满意度这七类学生发展评估变量，共有 82 个观测点。

以往的学生事务研究往往关注课外非学业成果，如社会心理发展、态度与价值观、道德发展、职业选择与发展等。然而，20 世纪七八十年代的一些研究表明，学生的住宿场所（Astin，1973；Chickering，1974）、新生环境熟悉与适应项目（Upcraft，1984）、课外活动（Upcraft，1985），以及其他学生活动都与学生的学业成绩有很大的相关性。

因此，正如阿斯廷（1991）所指出的，充分的评估设计需要采集三类学生信息：学生刚入学时的状态、学生在校期间各类经历与体验、学生离校时的状态。帕斯卡雷拉和特伦兹尼（1991）认为，学生在校期间会在很多方面发生变化。这些变化是由学生上大学之前的各种特征与大学里的各种活动和体验共同塑造而成的。研究学生上大学之前的各种特征与大学里的各种活动和体验是如何塑造学生在大学期间的变化的，是项艰巨的任务，但也并非不可能实现。

“不完整”的结果评估模型 223

读者可能会认为阿斯廷的输入－环境－结果模型（即 I-E-O 模型）是可

行的，可以作为结果评估模型来使用。但是，I-E-O 模型有很多变体，这些变体常常被误认为是结果评估的模型。事实上，这些变体本身有很多缺陷。说得好听一点，它们没有价值。说得不好听，这些变体就是有危害的。阿斯廷（1991）提出了 4 种常用的模型：结果评估型、环境－结果评估型、输入－输出（结果）评估型和环境评估型。

根据阿斯廷（1991）的观点，结果评估型可能是发展最快的评估方法。该方法在项目结束时仅仅对结果进行评估，旨在确定该项目是否实现了既定的目标。考查学生巩固率便是一个极好的评估手段。学校在看了一年级学生的巩固率之后，要么为学生的高巩固率而感到高兴，要么为高流失率感到愤怒。

但是，学生巩固率很难说与项目和服务有关。首先，学生巩固率可能与严格的录取程序有关。我们把成绩最好和学习动机最强的学生录取进来，这些学生学业成功的概率本身就很高。其次，很难计算出学生的巩固率与学校的环境影响有多大关系。因此，没有全面的结果评估，我们就不知道这些成果意味着什么，以及如何取得这些成果。

阿斯廷（1991）对第二种不完整的评估类型也持批评态度。如果要用学生巩固率作为评估手段，学校可以针对环境因素开展研究。环境因素包括学生是否住在学生宿舍、与教师的接触、上课出勤情况、花在学习上的时间、课外活动的参与度等。一方面，这样的研究能够证明这些经历与体验对学生的巩固率有影响；另一方面，如果不考虑输入因素（上大学之前的学习成绩、家庭的社
224 会经济地位、种族或民族、性别和其他上大学之前就存在的能影响巩固率的因素），我们也不能有效证明环境因素与学生巩固率的相关性。

第三种不完整的评估类型是输入－输出评估。在该方法中，学校在学生入学时要对他们的能力和水平进行测量，然后在某个特定的时间对他们的能力和水平进行第二次测量，以此发现学生能力和水平的变化，并把这种变化归结于学校的功劳。该方法的问题在于把学生的变化归因于环境的影响。学生的变化的确发生在学校，但也不能简单地把学生的发展和变化归因于他们在大学的各种经历和体验。这些发展和变化只能告诉我们学生的能力和水平会随时间的变化而变化，但并没有告诉我们它们为什么会发生。

第四种不完整的评估类型是环境评估。在该模型中，我们关注环境因素本身，并对各个环境变量进行评估。阿斯廷认为大家最为熟悉的例子是高等教育中的区域性认证。该认证要对学校的图书馆、师生比、教学工作量、必修课和选修课设置、教师的学术水平进行评估。与学生事务相关的例子是对咨询服务的认证［由国际咨询服务公司协会（International Association of Counseling

Services，InCo）进行认证］和健康服务认证［由门诊医疗服务认证委员会（Accreditation Association for Ambulatory Health Care，Inc.）进行认证］。这种评估方法的问题在于它只有描述性信息，没有具体的数据显示环境因素的效果和影响力，因此我们只能推测环境对学生的发展会有影响。

我们不能运用I-E-O模型逐项对学生事务进行评估，这是我们的底线，虽然现实中我们也经常这么做。说得好听一点，这种模型有很多缺陷。说得不好听，运用这种模型进行评估得出的结果对我们解决问题、做决定、制定政策没有丝毫价值，甚至会起误导作用。

结果评估步骤

我们最好是用个简单的例子来解释说明开展结果评估的程序和步骤。但在
现实中，最先进的结果评估也是非常复杂的，要充分考虑学生入学前的情况、 225
环境因素和结果测量手段。这里选取的例子是关于一年级学生退学情况的定量研究，以帕斯卡雷拉和特伦兹尼（1978）的研究为指导。

读者需要对以下两点予以特别关注。首先，虽然本例采用的是定量研究方法，但定性研究方法也是可行的。可以结合学生的背景信息，采用访谈的方式研究学生对大学生活的理解与认识，把他们的背景和大学生活经历与可测量结果联系起来。其次，除了学生退学率，我们还可以研究其他方面的结果。可以采用温斯顿和米勒（Winston & Miller，1994）开发的学生发展成果评估模型（Student Development Outcome Assessment Model）对学生个人发展成果进行评估。

第一步：界定问题

如前文所述，所有的评估都起源于现实问题。在本例中，一个中等规模（大约一万名学生）的私立研究型大学发现有些一年级新生自动退学，有些学生却学得很好。学生自动退学受到关注是因为学生退学与学校的教育政策和财务政策有关。此前，该校没有任何关于学生退学率的数据，更没有学生为什么退学的相关信息。因此，希望本例研究结果能为学校的政策制定和项目策划提供一些指导意见。

第二步：确定研究目的

一旦问题确定下来，接下来的问题便是“本研究的目的是什么？”根据这
一问题，两个目的要予以确定。第一是要确定影响学生退学的输入信息；第二 226

是要确定与学生退学有关联的学生在校经历和体验，以及与学校项目和政策有关联的学生在校经历和体验。

第三步：选择合适的评估方法

由于本研究需要测量学生的发展变化，阿斯廷的 I-E-O 模型适合本评估。

第四步：确定结果

虽然结果是 I-E-O 模型的第三个维度，但有必要首先予以确定，因为输入变量和环境变量的选择取决于结果与这些变量之间可能存在的联系。那接下来的问题就是与该问题和本研究目的有关的最重要的结果是什么？显然，自动退学是学校最想解释的结果。自动退学是学生在第二个学期结束时主动放弃在校学习，或者因为成绩原因，无法升入第三学期继续学习。

第五步：确定输入变量或控制变量

发现有哪些输入变量不难，难的是选择哪些变量进行研究。阿斯廷（1993）提出了 146 个输入变量。当然，一个学校不可能对全部 146 个输入变量进行研究。因此，问题来了。根据输入变量的重要性和现实性，哪些变量的信息是可以获得的。理想的研究是把所有的变量都考虑进去，但这不现实。任何一所学校都不可能采集到所有 146 个输入变量的数据。考虑到结果类型，也没有必要
227 把所有的变量都考虑进去。例如，通过查阅文献发现，某个变量不可能影响某类结果，那么该变量就应该删除。再举个不恰当的例子，如果学生巩固率与出生顺序没有关联，那么在研究巩固率时就没有必要把出生顺序考虑进去。

综合考虑变量信息的可获得性和合适性，本案例选择了以下几个变量：

1. 性别
2. 种族或民族（非少数族裔或少数族裔）
3. 学术能力（综合学习能力倾向测验分数）
4. 高中成绩（班级排名和班级人数）
5. 人格（四项活动指数方面的分数）
6. 母亲的受教育程度（6 个顺序类型）
7. 父亲的受教育程度（6 个顺序类型）
8. 对学术项目的期望（四维度的形容词评定量表）
9. 对非学术生活的期望（四维度的形容词评定量表）
10. 期望与教师课外交流的次数（每个月几次）

11. 期望参加课外活动的次数（每次活动时间在两小时以上）

第六步：确定环境变量

对学生大学生活的研究很有趣，但研究难度又很大。如果要想解释每个学生的在校行为，那是不可能完成的。我们可以根据要研究的结果的类型，通过文献阅读，估计哪些大学生活经历和体验对结果的影响最大。当然，理想的方式是把阿斯廷（1993）提出的所有 192 个环境变量都考虑进去，但在现实生活中，没有哪个学校会考虑全部变量。因此，我们要根据研究目的和采集数据的 228
能力，确定哪些变量要予以考虑，哪些变量需要删除。

在本例中，变量的选择充分考虑了变量的重要性和数据的可获得性，同时参考了廷托（Tinto，1975）的学生退学模型（model of student attrition）。他认为能很好地融入大学学习和大学社交体系的学生更有可能坚持在校学习，而不会退学。本例选择了以下学术和社会环境变量。

1. 融入学术项目特征
- 对学术项目的理解和认识
- 情感诉求
- 实用价值
- 是否枯燥乏味
- 挑战
- 累计平均绩点
- 智力发展进程

2. 融入社交体系特征
- 对非学术项目的理解和认识
- 情感诉求
- 实用价值
- 是否枯燥乏味
- 挑战
- 课外与教师交流的实际次数
- 参加课外活动实际次数
- 人格发展进程

第七步：选择测量工具

本例选择的第一个测量工具是形容词评定量表（the Adjective Rating Scale，

简称 ARS)(Kelly, Pascarella, Terenzini & Chapman, 1978)。这个量表用来测量学生对学术项目和非学术项目的期望与认识。该形容词评定量表包含了 24 个
229 形容词(如令人愉快的、高要求的、没用的等),给每个词赋予 4 个量值(1 代表非常,4 代表一点都不)。受试要对各个陈述进行打分,例如我(期望 / 认为)我参加的学术项目是高要求的。

本例选择的第二个测量工具是斯特恩(Stern)的活动指数(Activities Index),它用来测量学生的个性需求。本研究收集了 4 类活动的分数(成绩、依赖性需求、情感表达、可教育性)。其他变量的数据在学生报到之前或报到之后通过调查问卷获取,或者直接从学生的成绩单上获得。

第八步:确定研究总体和样本

本例的研究总体是 2 400 名在校一年级学生。研究人员通过计算机从总体随机抽取了 1 008 名学生作为研究样本。随机抽取的原则是总体中的每个个体被抽中的机会均等。即使有些样本的数据无法回收,1 008 个样本也足够开展本例的研究分析了。

第九步:确定数据分析方法

学生事务工作人员一般不太熟悉统计分析。在本书第四章,我们介绍了几种不同的统计工具,并对如何操作进行了解释。读者可以回顾一下使用双变量分析在变化评估中的局限性和危险性。另一方面,多元分析可以研究多个变量
230 与某一个变量或结果的关系。在本例研究中,多元分析无疑是最合适的,因为本研究关注的是多个自变量与因变量的关系。研究结果将揭示环境因素能对学生退学产生多大的影响。

如第四章所述,多元回归分析不是一种单独的统计方法,它包含了逐步回归、层级回归、对数分析和概率分析。由于逐步回归和层级回归最为常用,因此,我们只讨论这两种统计方法。读者可能会注意到判别函数分析在这里也是可行的,因为自变量中有分类数据:退学学生和继续坚持学习的学生,但考虑到篇幅有限,这里对判别函数分析不作讨论,也不解释为什么特伦兹尼和帕斯卡雷拉(1978)认为层级回归更加适合本案例研究。

逐步回归

逐步回归最适合于回答下列问题:在多个自变量中,哪个自变量对因变量或结果变量的影响最大?要注意的一点是,该问题视所有的自变量同等重要,因此要对所有的自变量进行研究。逐步回归分析最终将筛选出与结果变量关系

最为紧密的变量。逐步回归就是将自变量逐个引入模型，并逐个进行相关性检验。如果后面引入模型的自变量比先前引入的自变量更加具有显著性，先前引 231
入的自变量便被删除。因此，在每次新的变量引入之前，回归方程中只包含原有的主动变量。这个反复的过程一直要持续到没有显著的自变量被选入回归方程，也没有不显著的自变量被剔除为止。最后保留下来的自变量便是最优解释变量集。

从本质上来说，逐步回归是逐步减少数据的方法，也是“择优录取”。研究人员要对选出来的所有自变量进行检验，然后选出与结果变量最具相关性的一个或几个自变量。其他自变量可以剔除。

逐步回归也有不足。有时自变量之间也存在相关性。但是，如果两个自变量相关，并且与结果变量也相关，在逐步回归分析中只会选出与结果变量相关性更高的那个自变量，剔除相关性较低的自变量（无论二者的区别是多么微小）。因此，仅仅依靠逐步回归分析，有些研究发现会被忽视。

虽然，逐步回归分析得出的研究结果是苛刻的，但这不是研究方案的过错，是计算机决定哪些变量应该留在模型中。计算机也无法区分鉴别某些具体的变量的重要性。例如，我们不会采用这种分析方法来估计第二学期末学生个 232
体之间的差异在多大程度上是由他们在校的经历与体验造成的，而不是由他们入学之前就具有的特征引起的。

层级回归

这种回归分析法对解释输入与环境变量间的关系以及这些变量如何改变考察对象有不可估量的潜能。层级回归和逐步回归的相似之处体现在自变量被引入模型的顺序是可控的。不过二者的相似点也仅限于此。层级回归与逐步回归的差异主要体现在两大方面。首先，变量被输入和分析的顺序是由研究人员而不是计算机决定的；其次，变量组可以按照预先设定好的顺序或层级输入。

评估人员可通过特定理论的指导来安排变量的输入。比如廷托（Tinto，1987）的学生坚持力模型（the model of student persistence）、帕斯卡雷拉（Pascarella，1980）的学习与认知发展模型（the model of learning and cognitive development），以及阿斯汀（Astin）更宽泛的 I-E-O（输入 – 环境 – 结果）模型，都详细说明了按照时间顺序来安排独立变量，因为这些变量会影响结果指标。这三个模型最初都拥有一组大学生入学前的特征。这些特征被认为随后会与大学环境的诸多特征相互作用，并进而影响结果指标变化的程度和性质。在同一组特征内部，单个变量通常是一次性被同时录入，因为无论从理论上还是逻辑上讲，都没有理由认为同一组中的某个变量应优先于其他变量。不过，如果真有必要将同一组内的变量逐步输入，可以通过计算机编程实现。

以入学前特征为例。因为这些特征在学生进入大学前就已经存在，所以它们成为了学校无法控制的导致新生巩固率发生变化的潜在因素。因此，在考
233 查学生大学体验（对学校而言是可控的）对保留新生的影响程度之前，必须要考虑（控制）学生入学前的特征。这种层级步骤使总方差有可能被分割成三部分：（1）由学生入学前（输入）特征产生的方差；（2）由学生大学体验（环境）产生的方差；（3）其余无法由输入或环境变量组解释的方差。

需要注意的一点是，这种分析法可以生成方差估计（组对结果变量影响力大小的估计）。它是总方差中独一无二的部分。对方差估计的解释要优先于总方差中仅由输入特征生成的部分。换句话说，新生报到注册时对他们的性别、学习能力及其他输入变量进行数据统计后，层级回归分析会估算出大学体验对新生巩固率的影响力。其他潜在的具有干扰力的新生入学前特征当然也会被纳入模型当中，并由此受到控制。

事实上，这种层级法是一种较为保守的评估大学影响力的方法。任何根据大学体验生成的方差估计或许都低估了其影响力。这是因为在该方法中，入学前变量最先被输入模型，任何由输入和环境共有的方差完全是根据这些变量生成的。不过，这种低估并不会产生很多问题。我们仅仅需要记住一点，对大学体验变量组生成的唯一方差的估计可以被看作是一个下限。

值得注意的一点是这种分析法，尤其是对估计被纳入控制（背景）变量的入学前学习能力而言，为人们提供了关于大学体验影响力的一种保守但简洁而又易于解释的估计。尽管有人可能会认为由环境变量生成的方差仅有很少一部分会被估计（或许只有10%），因而这种估计实质上是无足轻重的，但人们可以坚信的是这种方法具备坚实的统计学基础，并且估计大学影响力的过程并不会受任何输入变量的干扰。再者，根据阿斯廷（1991）的解释，即使只有一个很小的回归系数（1%），这种分析法也依然会产生实践意义。

234 回到我们的评估中来，选择层级回归作为最合适的多元分析方法是因为确定输入（背景）变量和环境（大学生活）变量对一年级学生继续在该校求学的影响很重要。

第十步：数据采集

如果数据采集做得不好的话，再好的研究设计也无济于事。数据采集的原则是从尽可能多的来源采集准确的数据。数据采集过程中一定要对学生友好，鼓励他们积极参与。另一方面，要充分利用其他已有的学校信息。读者如果想

了解更多关于数据采集的信息，可以参考本书第二章。本研究采集数据的时间有两个。一个是学生入学前，另一个是第二学期过了 2/3 的时候。首先对 1 009 名学生做一个调查问卷，调查他们入学前的特征和观念，回收有效问卷 766 份。第二个学期对这些学生进行了第二次问卷调查，调查他们在这一学年中的各种经历和活动，回收有效问卷 536 份。后续的数据分析显示，这 536 名学生能代表不同性别、不同学院、不同学术水平的全校新生的状态。随后的调查又 235
发现这 536 名学生中有 90 名学生在第一学年结束时选择了退学，他们属于主动退学。

有一个问题原来在研究设计中一直没有弄清楚，现在问题的答案变得明确起来。本研究关注的退学学生是那些能够升入第二学期学习，但不能升入第三学期学习的学生。有些学生在第一学期中途退学，有些学生在第一学期结束时退学，有些学生在第二学期中途退学，他们没有等到我们的第二次数据采集就退学了。

虽然我们可以比较坚持下来的学生和退学的学生在输入变量方面的差异，但是有些学生在第二次数据采集之前就退学了，我们无法收集他们环境变量方面的数据，也就不能对他们的环境变量进行全方位比较。因此，本研究的结论是根据第二次数据采集时仍在读的学生那里采集的数据而得出的。

第十一步：数据记录

我们可以采取多种方式把采集来的数据转换成计算机上的数据文件。读者可以根据现有的条件选择转换方式。数据文件可以存放在软盘上，以方便在不同的计算机上使用。同样，大多数的计算机都可以安装本书第四章提到的统计软件，如统计分析系统（SAS，Statistical Analysis System）或社会科学统计软件包（SPSS，Statistical Package for the Social Sciences）。最好请一位计算机专家指导我们的数据记录和分析工作。

第十二步：数据分析

本研究采用多元层级回归来分析数据，显著性水平为 0.05。接下来会对本研究的数据分析做一个简单的说明。

首先，计算每位受试量表评分的平均分。计算学生流失率（继续在该校求学的学生数 / 主动离开该校的学生数），因变量需要做一系列的多元回归分析。因变量包括以下三类：（1）入学之前的特征（21 个变量）；（2）学术综合变量（6 个变量）；（3）社会综合变量（7 个变量）。在数据分析时，要开展三次逐

236 步回归:（1）首先引入入学前特征，然后分别引入社会综合变量和学术综合变量;（2）首先引入入学前特征，然后分别引入学术综合变量和社会综合变量;（3）首先引入入学前特征，然后把社会综合变量和学术综合变量作为一个整体同时引入，最后引入互动变量。

分析结果显示，这 4 类变量对巩固率的预测力是 25.6%。也就是说，本研究中涉及的 4 类变量能决定大约 26% 的学生是留下来还是离开的行为。换句话说，还有一些其他未知变量决定了剩下 74% 的学生是留下来还是离开的行为。

具体到每类变量，情况又有所不同。入学前特征的预测力不足 4%，对学生的决定没有显著影响。社会综合变量的预测力只有 3%，对学生的决定同样不具有显著影响。在 0.05 的置信水平上，从统计学的角度看，学生对课外生活的理解、学生在课外与教师的交流频率、学生参加课外活动的次数、学生在个人发展方面的进步对学生是走还是留的决定有显著影响。

分析结果还表明，如果把入学前特征和社会综合变量看作控制变量，学术综合变量（如学生对学术项目的理解、平均绩点、学生在学业发展方面的进步等）作为一个整体的预测力是 6%。

这里有必要介绍一个概念：互动效应（interactive effects）。在欣克尔、威尔斯马和朱尔斯（1994）看来，在研究两个自变量时（在本研究中，入学之前
237 的特征、学术综合变量和社会综合变量都是自变量），我们还可以研究其中的一个自变量对因变量的影响是否与另一自变量对因变量的影响相同。如果不同，我们可以说这两个自变量之间存在互动效应。

在该研究中，如果把入学前特征、社会综合变量和学术综合变量都看作控制变量，那么互动变量作为一个整体对学生的巩固率有显著影响（置信水平为 0.05）。作为整体，互动变量对学生巩固率的预测力是 10.6%。也就是说大约是学术综合变量预测力的两倍，是社会综合变量预测力的 3 倍。这样的研究发现让我们觉得有必要对具体的互动变量进行解释说明。

具体到每个互动变量中，学生课外与教师进行 10 分钟或更多的沟通交流对学生的影响最大，其次是学术项目的情感吸引，学术项目是否单调乏味。但是，没有哪个变量能够单独对学生去留的决定产生显著影响。

其他分析表明，在少数族裔学生中，学生感觉在智力发展方面有进步与巩固率没有实质关系，但在非少数族裔学生中，这一点比较重要。如果学术项目对学生的情感吸引力越大，学生退学的概率就越低，少数族裔学生更是如此。男生不会因为学术项目难度而退学，女生可能会因为学术项目挑战性不够而离开学校。更加详细的研究结果请查看特伦兹尼和帕斯卡雷拉（1978）的相关著述。

第十三步：评估数据分析的意义

本研究对政策制定和学生事务工作实践有些指导建议。这里列举几条。首先，虽然学校的录取政策很严格，但是与学生退学关系更加密切的是学生入学之后的各种因素，因此，单纯依靠学生入学之前的特征来预测学生是否要退学是不可信的。本研究发现告诉我们要降低学生退学率，就要把工作重心放在学生入学之后我们能为他们做什么上面。 238

其次，学生退学更多与学生的学习有关，尤其与学生对学术项目的认识有关，而不是学生之间的社会交往。本研究发现，教师在课堂内要对学生的课堂表现予以更多关注，在课堂内帮助他们塑造积极的情感反应。

再次，课堂外与教师的交流频率对学生是否退学的影响最大，因此，学校管理层如果能找到方法让学生和教师在课外有更多的交流，学生的退学率可能会有效降低。

第十四步：使用研究结果

如何使用研究结果是由包括研究目的在内的多个因素决定的。在本例研究中，我们将研究结果汇报给了学校管理部门。他们对我们的研究结果进行了讨论，并将结果应用于工作实践。

小　结

结果评估是展示学生服务、项目和设施等有效性的最好方式，但它也是所有评估工作中最复杂、最难做和最容易产生误解的部分。如果结果评估开展得好的话，它将为解决学生事务方面的问题、为学校的政策制定和决策提供有力的帮助。 239

正如阿斯廷（1991）所述，I-E-O 模型的理论假设是开展评估的主要目的是唤起教育工作者关注不同政策和不同教育实践会带来不同的工作效率。I-E-O 模型能展示不同的教育政策和教育实践如何影响教育结果。该模型的使用也会加深评估人员对教育政策和教育实践如何影响学生发展和教师发展的理解。

第十一章

240 # 标杆管理：跨校工作表现比较

遇到困难，向其他学校咨询，这是学生事务工作部门长期以来形成的优良传统。我们这样做的目的是从其他人的智慧和成功经验中获取帮助，避免走弯路。如果其他人以前遇到过类似的问题，我们就可以借鉴他们的成功经验，以此节省时间，避免恐慌。

最近几年，随着对“标杆管理”（benchmarking）概念的理解逐渐深入，机构之间的较量越来越复杂，越来越系统化。“标杆管理”来源于“全面质量管理”，通过研究对手的“最佳做法”，提高自己的产品和服务质量，改进自己的工作流程，从而超越对手。正如本书第二章所述，要开展综合性评估项目，就必须与其他机构进行比较。

本章的目的如下：定义标杆管理，区分不同类型的标杆管理，探讨标杆管理的用途，概括标杆管理的步骤，举例说明如何在学生事务工作中开展标杆管理，研究成功的标杆管理的关键所在。

241 ## 标杆管理的定义与类型

斯彭多利尼（Spendolini，1992：9）认为，标杆管理指的是“为提高本机构的工作效率，对某些在产品、服务和工作流程方面做得最好的机构所开展的持续系统的评估过程。他还区分了三类标杆管理。

第一类是内部标杆管理（internal benchmarking），它指的是对机构或学校内部不同工作部门的工作表现进行比较（Spendolini，1992），如学生事务内部不同部门、学校内部不同部门可以开展内部标杆管理。

例如，学校的健康服务中心经常遇到的一个问题就是，有时候等待就诊时间即“候诊时间”太长；可能学生去咨询服务部门咨询，也要等，但是等待的时间较短。要解决候诊时间太长的问题就要对健康服务中心的预约程序进行研究。如果健康服务中心和咨询服务中心都存在较长的等待时间，那么我们就应该研究一下预约工作做得好的校内其他部门的预约程序，向他们学习。

第二类是竞争性标杆管理（competitive benchmarking）。竞争性标杆管理是比较竞争对手的产品、服务和工作流程（Spendolini，1992）。其工作原理与内部标杆管理相同。不同的是竞争性标杆管理是与其他学校进行比较。竞争性标杆管理的关键之处在于标杆学校的选择。该学校与你的学校应该具有可比性。例如，要解决好健康服务中心和咨询服务中心的等待时间问题，我们可以选择在学校规模、类型和定位上与本校类似的学校进行比较，看他们是如何缩短等待时间的。

第三类是功能性或类属性标杆管理（functional or general benchmarking）。
此类比较对象不是高校，而是有类似的产品、服务或工作流程，与我们不形成 242
直接的竞争关系。以候诊时间为例，可能私立医院能给我们提供合适的比较基准。

标杆管理的功能

标杆管理的首要功能当然是提升产品和服务质量，改进工作流程。了解竞争对手的“最佳做法”还有其他方面的功能。斯彭多利尼（1992）提出了标杆管理的其他功能。首先，标杆管理有助于战略规划。贝洛、莫里西和埃克姆（Bellow, Morrisey & Acomb，1987）把战略规划定义为组织的战略思考、战略目标和战略行为提供框架，并帮助组织实现既定目标的系统过程。

把其他组织看作标杆可以帮助你的组织进行战略规划。例如，一个学生事务部门如果要对自己的使命和目标进行重新定位，那么就应该参考类似的成功的学生事务部门的使命和目标。这里的关键在于成功的学生事务部门的选取，以及成功的学生事务部门的衡量标准如何确定。

标杆管理的第二个功能是预测相关领域的发展趋势。了解标杆学校或部门的成功经验不仅有助于预测今天需要什么，还有助于预测明天需要什么。如果某个学生事务工作部门想要知道自己的工作是否是指向未来的，那么就应该与那些能跟上高等教育发展趋势、走在高等教育发展潮流前头的标杆部门进行比较。例如，某个学校拟招收比一般学生年龄稍大的大龄学生，学生事务工作部门就应该能预测学生服务和项目方面会有哪些变化。要应对这种趋势就要向在管理和服务大龄学生方面的标杆学校学习。

标杆管理的第三个功能是产生新观点。用斯彭多利尼（1992）的话来说，
243 就是跳出原有的框架进行思考。标杆管理能让一个学校跳出原有思维和现有资源的局限进行思考，帮助该学校产生更大的创造力和创新能力。例如，有证据表明学生在入学之前根本就不会仔细阅读发给他们的材料，那么我们就应该了解一下其他学校是如何开展新生环境熟悉与适应项目的，学习其他学校向学生成功传递信息的做法。

标杆管理的第四个功能是为分析和确定是否有足够的资金开展学生事务工作提供数据支持。一所学校想在学生服务、项目和设施方面减少成本和预算，就应该了解一下其他学校的做法。当前，有些学校的财政预算减少，学生事务管理人员很难决定哪些项目要缩减规模或取消哪些项目，以及要解雇哪些员工，向标杆学校学习，不失为一个好方法。

无论是为了战略规划，还是为了预测相关领域的发展趋势，或者是为了其他目的，毫无疑问，标杆管理都是综合评估项目中必不可少的部分。

标杆管理的步骤

标杆管理如何开展以下标杆管理步骤是在多个标杆管理模型（Spendolini, 1992；Capezio & Morehouse, 1992；Camp, 1989）的基础上改编而成的。

步骤一：界定问题

标杆管理总是起源于某个问题。如果某个学生事务部门关注评估的话，那么问题就可能来自学生满意度调查、学生需求调查、结果调查或其他调查研究。当然，也可能通过与教职员工、学生、董事会、校友、家长、社区民众等的访谈和交流了解到问题。

244

步骤二：确定标杆管理是否合适

标杆管理的第二步是确定该方法是否适用于第一步界定的问题。确定时要回答的基本问题是：从其他学校或部门获取的信息是否有利于解决我们的问题？我们无法预测对其他学校或部门的分析是否有用，或许没有哪个学校或部门出现与我们一样的问题。要确定标杆管理是否合适，我们事先需要进行调查，调查哪个学校或部门在解决类似问题时做得更好。或许我们的问题不能通过标杆管理予以解决，而需要通过其他形式的评估来解决。

步骤三：确定研究内容

在第一步界定问题的基础上，我们必须明确从标杆学校学习什么。学习他们的产品、服务和工作流程。例如，提升产品质量（如学生事务丛书的出版质量和教育项目质量）、提升某项学生服务的使用率，或者缩短候诊时间都可以作为学习的标杆。因此，明确要从标杆学校那里学习什么，为什么要学习，这一点很重要。

步骤四：确定参与人员

与标杆管理整个过程直接相关的人员从一开始就要参与标杆管理。如果自上而下地开展标杆管理，整个过程会受上层管理者的控制，十有八九不会成功。参与原则在标杆管理中显得尤其重要。原因有二。首先，要让与步骤一中界定的问题直接相关的工作人员（用全面质量术语来说，就是与问题最近的人）参与标杆管理的整个过程。例如，仅仅打个电话向学生事务副主任寻求帮 245
助是不能解决健康服务中心的“候诊时间”问题的。要解决该问题，就需要健康服务中心的各类工作人员、护士以及其他与学生事务有关的工作人员反复沟通，交流信息、观点和可行性方案。其次，让与问题直接相关的人员参与标杆管理会让参与者有更大的责任感，也更容易执行问题解决方案。

哪些人员应该参与取决于标杆管理的内容以及采用标杆管理的原因。一般来说，标杆管理应由团队完成，团队成员对研究都有既定的目标。如果某个问题要涉及学生事务的两个或两个以上方面的工作，团队负责人应由学生事务部门的中层管理人员担任，因为他们的工作目标是为学生提供更好的服务，而不至于拘泥于某一个狭窄的目标。例如，等待时间是健康服务中心、各类咨询诊断中心以及其他直接为学生提供服务的学生事务部门的共同问题。在这种情况下，团队负责人可以由学生事务部门的主任助理或其他中层管理人员担任，团队成员应包括与该问题相关的各个部门的工作人员以及学生。虽然各个部门的负责人也可以成为团队成员，但没必要一定要让他们参与。

如果要解决的问题是某个部门特有的，那么团队负责人就应该由该部门的工作人员担任，团队成员也应该是与该问题关系最为密切的人员。该部门的负责人不必加入。无论什么情况，团队成员都应该参与以下所有步骤。

步骤五：确定标杆学校

虽然高等院校最有可能成为我们的标杆学校，但是与我们有类似产品、服

246 务和工作流程的高等教育领域以外的学校也可以成为我们的标杆学校。但要注意，有些学校的产品、服务和工作流程与我们迥异，与它们进行比较不仅无效，而且会起误导作用。因此，确定标杆学校的标准就显得非常重要。一般来说，标杆学校具有如下特征：

1. 与我们具有类似的产品、服务和工作流程

在办学宗旨、资源和规模等方面与我们类似的其他高校是标杆学校的首选，但高等教育领域以外的学校如果在产品、服务和工作流程等方面与我们存在相似的地方，也可以成为标杆学校。

2. 有优质的产品和服务，以及良好的声誉

斯彭多利尼（1992）认为，行业标杆往往会引起媒体的关注并产生良好的口碑，也会获得特别的奖励，在行业内得到认可。

3. 能提供有效信息

手头有标杆学校的资料和信息吗？如果有，信息准确可靠吗？有时我们对一个学校的了解没有真凭实据，完全是道听途说。

4. 能提供可靠信息

信息来源可靠吗？不同时间的信息是否前后一致？不同来源的信息是否具有一致性？

5. 学校管理层重视标杆管理

不重视标杆管理的学校不可能与其他学校真诚地合作，因为要花费很多时间才能得出真实可靠的信息。最好的标杆学校往往和我们打过交道，尤其是有过合作。

6. 容易接近

做标杆管理要考虑时间和资源方面的因素。如果标杆学校的距离太远，时间成本就可能太高。

247 一旦标准确定下来，我们就要考虑是做内部标杆管理，还是竞争性标杆管理，或者是功能性或类属性标杆管理。这里重申两点：一是事先做个小调查很有必要，且大有裨益；二是仅仅把其他学校的学生事务部门当作标杆进行比较研究，不见得就好。如果问题出在出版质量方面，把出版社当作标杆，可能效果更好。

还有一点需要注意。也许两个学校在学术研究方面有可比性，但并不意味着两个学校的学生事务管理部门也具有可比性。因此，确定用于比较的对象很重要，但确定这些对象是否具有类似的工作使命、工作目标、工作人员组成、资金资助和其他特征更加重要。

步骤六：确定采集什么信息

这一步可能比较难，因为不同的学校保存的信息种类不同，信息保存的方式不同。但是，标杆管理团队必须明确要提高产品质量和服务水平、改善工作流程，需要什么信息。先做一个信息采集的框架和模板，不失为好方法。

步骤七：确定如何采集信息

斯彭多利尼（1992）提出了 5 种信息采集方法。

1. 电话访谈

该方法简单易行、费用便宜，能对大量的采访对象进行电话访谈。电话访谈的缺点是费时，不好安排，受试往往不愿意花很多时间在电话里进行交谈。

2. 亲自见面与现场观察 248

该方法的优点是能建立良好的私人关系和业务联系，也能在短时间内采集大量的信息。缺点是费钱费时，日程不好安排，采集到的信息不易分析。

3. 调查

该方法易于开展、费用不高，信息易于转化分析，适用于从大样本中采集信息。缺点是调查表回收率不高，不能问后续问题，受试的回答不够详细，缺少人际交流。

4. 出版物和媒体信息

出版物和媒体提供的信息量大，容易采集，信息来源广，费用低。缺点是费时，信息可信度难以保证，而且不好确定哪些信息最重要。

5. 档案信息

档案信息容易采集、费用低、但档案常常出现数据丢失、数据整理不当和数据应用性有限等问题。

斯彭多利尼（1992）认为，这 5 种方法都需要事先策划。例如电话访谈，虽然该方法简单易行，但也要事先与能提供信息的人做好沟通，安排访谈时间，让受访提前准备好他将要提供的信息。即使知道访谈对象，访谈也不是件简单的事情。陌生拜访电话从来都不会奏效。

事先策划现场观察更加复杂。要事先安排好日程，做好预约，确定采访对象，解决好其他后勤问题。要做调查的话，调查表要精心设计。好的调查表能提高回收率，数据也更容易分析。

对所有这 5 种方法来说，最关键的一点是要让标杆学校和你的受试、调查对
象知道你为什么要采集信息，如何采集信息，最终将如何使用信息（这一点最重 249

要，尤其涉及保密信息时）。在开始采集信息之前，这些问题都要了解清楚。

步骤八：分析数据

数据采集回来之后，需要思考如何分析数据以解决触发此次标杆管理的问题。可以运用本书前几章提到的定性和定量的评估方法来分析数据。除了调查，前面提到的其他数据采集方法在本质上都是定性的，因此，最好使用本书第三章和第九章所讨论的方法来分析。

斯彭多利尼（1992）提出了一些注意事项。他认为，数据需要筛查，以便剔除虚假信息。可以通过比较不同来源的信息和比较使用不同方法采集的信息来鉴别信息的真假。例如，书面材料中的信息可能会与访谈信息不一致。不同来源的信息也可能相同。此外，缺失的信息或许值得进一步思考："他们有什么信息没有告诉我们？为什么不告诉我们？"

最后，数据分析应该呈现出能帮助解决问题且方便使用的信息。信息中应该包括具体的建议和具体的问题解决方法。重申一点，数据分析工作也要让所有团队成员参与。

步骤九：采取行动

大家似乎存在这样一种看法，标杆管理过程最终要有具体的行动，但实际情况并不完全是这样。最简单的行动是那些能节省资源、不需要或很少需要额外资源的行动。如果某种行动措施需要大量的资源，那就很难开展。为了解决这个问
250 题，管理层必须动用额外的资源，或者缩减其他项目和服务的规模，甚至取消其他项目和服务。这样的问题解决方法不可行。因此，管理层在标杆管理开始之前就要讲清楚，解决问题的方法只能考虑现有资源，没有额外资源可用。

步骤十：行动评估

一旦采取行动，就要有合适的评估机制来判断行动能否真正解决问题——能否提升服务水平，提高产品质量，改善工作流程。例如，通过对健康服务中心"候诊时间"的研究，是否真正缩短了"候诊时间"？如果时间缩短了，有没有新的问题出现？学生和教职工是否满意？

成功开展标杆管理的关键因素

首先，标杆管理要么成功，要么失败。以上十个步骤如果有一个步骤没

做，那么整个过程的可信度就会降低，研究结果的使用价值就会降低。

第二，要让直接相关人员参与标杆管理。让离问题最近的人加入，给他们改变的权力。在学生事务中，让学生参与整个过程尤其重要。问题不同，他们所起的作用会有差别，但是他们不能被排除在学生事务活动之外。

第三，标杆管理要取得学校管理层的支持。学校管理层支持的方式多种多样，如告诉别人标杆管理的目的和不足，为标杆管理的整个过程提供资源，在过程结束后采取正确的行动。

第四，如果选出来的标杆学校与你的学校具有可比性，而且对方愿意参与、愿意合作，能够提供有效且可靠的信息，这样的标杆管理是最有效的。找到这样的标杆学校的关键因素是互惠互利。两个学校能相互成为对方的标杆学 251
校。这样，随着时间的推移，标杆学校的关系网便能建立起来。

小　结

本章阐述了标杆管理是综合性学生事务评估项目的重要组成部分。如果开展得好，标杆管理能证明学生事务工作的必要性，提升学生事务工作质量，展示其可行性，帮助学校进行战略规划、政策制定和决策。一直以来，标杆管理能证明学生事务工作在高等教育中体现的价值，它也应该是任何学生事务评估项目的一部分内容。

第十二章

252
基于专业标准的工作效能评估

西奥多·K. 米勒

如本书其他章节所述，要想开展有效的评估工作，评估人员就要充分理解评估项目所在学校的环境。学校环境对评估过程和评估进程会产生影响。评估过程和评估进程也同样会对学校环境产生影响。事实上，学生事务评估不能也不应该脱离学校环境而独立开展。有价值的评估需要在学校中开展，或者在更大的环境中开展。

因此，在考虑学生事务评估时，我们必须在学生事务评估的系统内对学生事务进行概念化，并加以实施。开展学生事务评估，就要把学生事务工作部门看成一个自主、自立、自治的社会机构。它既不对部门之外的人员负责，也不对自己部门内部高度多元化的组织机构负责。

也就是说，综合性学生事务评估模型必须依据专业协会、区域性认证协会和其他机构颁布的专业标准对学生事务工作进行测量。本章的目的是区分这些专业标准，介绍几个基于标准的评估模型，着重介绍高等教育标准促进理事会（Council for the Advancement of Standards for Higher Education，简称 CAS）提
253
出的模型。除此之外，本章会讨论区域性认证机构、同行评估、对学校进行排名、发放资格证书与执业许可等模式。最后，本章还将讨论两种专业评估标准模型的应用策略，分别是项目内部评估和战略规划。

专业标准模型

高等教育标准促进理事会的标准与指导原则

高等教育标准促进理事会成立于 1979 年，致力于开发、出版和颁布用于评

估高等教育中的学生服务和学生发展项目的工作表现和工作准备的专业标准。很多文献显示，高等教育标准促进理事会在学生事务领域具有很大的影响力（Bryan, Winston & Miller, 1991；Mable & Miller, 1983, 1991；Miller, 1984）。在高等教育标准促进理事会看来，每所高校和每个学生事务部门都应该通过自我调整实现其工作目标。

到目前为止，高等教育标准促进理事会已经在19个学生事务领域制定了学生项目和服务的专业标准和指导原则（standards & guidelines, 简称S&Gs），并且它还在为更多的学生事务领域制定专业标准和指导原则。制定这些专业标准的目的是为高校学生事务工作人员提供评估标准。他们可以依据这些标准对自己部门的项目、服务和设施的工作性质和质量进行评估和判断。如果是自我评估的话，学校和学生事务可以把这些全国通用的规范当作标准来判断既定的工作目标完成了多少。事实上，高等教育标准促进理事会的专业标准和指导原则，就是为各学校和项目提供用于开展自我评估的标准。

目前颁布的专业标准和指导原则涉及19个功能性领域。它们是学术指导、招生项目与服务、酗酒与毒品项目、职业规划、学生会、非住宿学生项目和
服务、咨询服务、残疾学生服务、学生联谊会、住房与住宿生活项目、司法项 254
目和服务、学习援助项目、少数族裔学生项目与服务、休闲娱乐体育、宗教项目、研究与评估、学生活动、新生环境熟悉与适应项目、女生项目与服务。目前，高等教育标准促进理事会正在为财政援助项目和服务、国际学生项目和服务、注册项目和服务、学生领导力项目等功能性领域开发专业标准和指导原则。

为方便用户使用，高等教育标准促进理事会开发了操作性很强的专业标准，并把所有专业标准整合成一套自我评估指南（*CAS Self-Assessment Guide*，简称SAG）。学生事务工作人员可以用自我评估指南来评估任何学生项目或服务。每个领域的评估指南包括13个方面。这13个方面分别是使命、项目、领导与管理、组织与行政、人力资源、资金来源、设施与设备、法律责任、同等机会、平权措施、校园与社区关系、多元文化项目与服务、伦理与评估。

自我评估指南由三个部分组成。第一部分首先对指南进行介绍，然后对指南的功能和评估方法进行详细描述，最后推荐能发挥自我评估最大效果的后续行动。第二部分以工作簿的形式予以呈现。工作簿中包含了以上提到的13个方面的内容，每个部分都有里克特量表形式的评分标准。评估人员可以在表格上圈出某个项目在多大程度上与标准相符（1~5分），还可以在表格中标出哪个项目还需要后续行动。第三个部分包含针对所有学生项目和服务的专业标准

和指导原则，以及针对某个具体的学生项目和服务的专业标准和指导原则。

高等教育标准促进理事会的专业标准和指导原则在助动词的使用和字体方面存在不同。专业标准通常使用“应该”（must 或 shall），指导原则通常使用“可以”（should 或 may）。专业标准通常以加粗字体显示，指导原则的字体不加粗。由于高等教育标准促进理事会的专业标准和指导原则通常被认为是最低标
255 准，在自我评估时，评估人员往往会选择其中的几条作为标准。换句话来说，评估人员往往会采取更高的标准，不仅仅满足于高等教育标准促进理事会的专业标准和指导原则的要求。高等教育标准促进理事会的专业标准和指导原则为所有学校及其内部各部门设置了一个底线，但是学校可以自己提高评估标准。

高等教育标准促进理事会自我评估案例

读者如果要使用高等教育标准促进理事会专业标准和指导原则对某个部门进行评估的话，最好先阅读耶里安和米勒（Yerian & Miller，1988）的《在评估中实施 CAS 专业标准》（*Put the CAS Standards to Work*）。该用户手册旨在为打算使用高等教育标准促进理事会自我评估指南（Miller, Thomas, Looney, Yerian, 1988）进行自我评估的工作人员进行培训。用户手册附有 31 张投影幻灯片，方便用户进行小组培训。虽然用户手册里提供的专业标准和指导原则案例是有关学术咨询的，但是根据该案例的模板为住房与住宿生活、学生活动、新生环境熟悉与适应等其他方面的专业标准和指导原则做培训用也不难。

下面为读者举例说明如何开展自我评估与自我调整。案例是住房与住宿部门的自我评估。读者要关注其中的评估步骤。无论读者将来要对哪个部门进行自我评估和自我调整，步骤都是相似的。

开展自我评估有八个步骤，分别是：（1）确定自我评估方法；（2）确定评估指导原则；（3）确定评分方式；（4）分析和总结评估数据；（5）描述标准与现实的差距；（6）确定需要纠错的行动；（7）推荐项目提升行动；（8）准备行动方案。

256 住房与住宿部门的工作人员至少可以采用两种自我评估方法：（1）通过集体讨论和书面材料查阅的方法取得小组的共识；（2）整合每个人的个体判断来确定集体意见。无论采取哪种方法，最重要的是要牢记：仅仅根据标准来打分不是自我评估和自我调整的目的。相反，要仔细研究并准确选择评估标准，促使部门的工作人员积极思考，看本部门开展的活动和日常工作是否有助于实现部门的工作目标。一般来说，第一种方法更加有效，因为这种方法能达成共

识。这种方法也要求工作人员开展对话，最终对学生的住房与住宿生活项目如何开展形成一致意见。相反，第二种方法反映的是如果工作人员对某个问题有不同意见，采取少数服从多数的原则。

自我评估方法确定之后，就是要确定评估标准。除了专业标准，还要确定高等教育标准促进理事会关于住房与住宿生活的哪些指导原则能作为评估标准。也就是说，住房与住宿部门希望采用的标准要高于高等教育标准促进理事会制定的最低标准。例如，高等教育标准促进理事会关于住房与住宿生活专业标准中有一条指导原则是这样的：本部门可以为学生提供锻炼和实践领导能力的机会。如果住房与住宿部门把学生的领导能力发展作为住在校内学生宿舍学生的学习或发展目标的话，那就要把学生的领导能力发展作为评估标准之一。 257
反之，就不需要把学生的领导能力发展当作评估标准之一。因此，要考虑部门自己对自己的期望值。如果某个住房与住宿部门发展良好，员工很专业，显然最低标准挑战性不够，需要更高的标准。相反，如果某个住房与住宿员工人数不足，且员工不够专业，那么最低标准对这个部门来说都是一个大挑战。无论如何，是否要把指导原则纳入自我评估标准，取决于部门的意见。

评估标准确定之后，就要选择评分方式，根据高等教育标准促进理事会专业标准对住房与住宿部门进行评分。评分采取五级评分制。1 表示完全不符合，5 表示完全符合。根据评分，住房与住宿部门的工作人员可以获取个人对部门的满意度，也可以获取集体对部门的满意度。虽然评分人员的内部信度可能会比较低，但是评估人员之间进行评分标准的沟通可以有效提高内部信度。

例如，部门目标如果设定得好的话，应该与学校的办学目标一致。如果部门员工对本部门的评分差异很大，处于 1～5 之间，那就说明存在内部信度问题。相反，如果所有人的评分都是 1 或 2，那就说明内部信度没有问题，但是大家一致认为本部门的工作与专业标准存在很大的差距。甚至有时评分人的评分很接近，也有必要讨论一下大家为什么会有如此接近的意见。虽然高等教育标准促进理事会自我评估指南很具体，没有歧义，不同的评分人对指南的理解还会存在不同。因此，如果有可能的话，事先应该对评分人进行培训，从而增加内部信度。培训内容之一就是对每个等级进行解释说明。例如，1 表示没有形成文字的目标；2 表示虽然有形成文字的目标，但目标没有传达到员工那里；3（中间值）表示虽然有形成文字的目标，但是目标与学校的办学目标有冲突；4 表示虽然有形成文字的目标，且目标与学校的办学目标一致，但是住房与住宿部门主任在公布这些目标之前没有参考员工的意见；5 表示满足所有 258
评估标准。

第四步是收集汇总评估数据和能够支持评分人意见的证据。虽然评分很有必要，但它还不足以支持最后的评估结论。因此，要寻求能支持评分人意见的有形证据。根据某个评分标准进行评分是一回事，提供能支持评分人意见的证据则是另外一回事。问题的关键是根据自我评估指南来进行自我评分不是自我评估的目的。相反，自我评估需要定性和定量数据的支持。

定量数据包括形成文字的部门工作使命、具体的工作目标，以及在部门工作人员中进行的关于专业标准可行性和有效性的调查结果。定性数据包括形成文字的或转写的确定工作使命和工作目标的过程记录。人力资源部门的评分标准规定必须要有专业人员开展住房与住宿部门的各方面工作。与此有关的定性数据包括学生在提出帮助要求后，需要等待的时间长度，或者学生对服务质量和安全等级的调查结果。另外，定性数据还包括通过电话随机采访或当面访谈得到的学生满意度回复检查。在很多情况下，自我评估过程还会根据住房与住宿部的需求去采集更多数据，以根据各种标准去衡量。只有当工作人员能够获得描述居住学生概况的数据时，才可以客观判断一个项目各组成部分的评分标准是否能说明住房与住宿项目对其所服务的学生的发展和人口学情况作出反应。根据该标准，住房与住宿部门就应该统计学生这方面的
259 信息。因此，自我评估过程会激发评估人员采集额外的数据来支持评分人的评分。

只有把问题界定清楚，才能找到切实可行的解决办法。因此，要确定并描述评估标准与实际工作之间的差距，只有列出全部差距，住房与住宿部门的负责人才能确定所有问题是否得到解决。因此，自我评估指南的每个组成部分都要留出足够的空格用来罗列评估标准与实际工作之间的差距。虽然差距是因为没有达到评估标准造成的，但是从差距中也能看出部门的工作业绩。也就是说，住房与住宿部门可能会在方案、人力资源、组织类型等方面有超过评估标准的地方。

一旦差距确定下来，接下来的工作就是策划改进行动，以便达到评估标准的要求。改进行动要求部门全体工作人员详细描述最终希望出现的状态或结果。为了实现这一目标，有必要把一项大型任务分解成可以实现的小任务。以目标陈述标准为例，首先小组委员会起草一份大家都同意的目标陈述；然后分发给所有工作人员，让他们在阅读后提供反馈意见；最后根据工作人员的反馈进行修改，形成并颁布最终的目标陈述。这三个步骤的工作程序可以促使部门工作符合评估标准的要求。

即使最优秀的住房与住宿部门也有提升空间。为了提升服务，帮助学生更

好地学习，有必要推荐促进项目提升的特别行动。例如，包装目标陈述，以便吸引更多的学生阅读和使用。与消除差距一样，住房与住宿部门首先要确定想要什么结果，然后采取一系列的步骤逐步提升服务。

最后，等所有的数据、文件都收齐，所有的评分都结束，所有的差距都罗 260
列出来，所有的提升计划都做好，住房与住宿部门要做的就是制定行动方案。方案要为部门设计好未来的行动方向，对过去的工作表现和将来的工作目标进行比较。

制定行动方案要根据以下四个步骤进行。第一，回顾在自我评估过程中发现的部门工作做得好的地方。第二，确定需要采取哪些行动，帮助部门的工作达到评估标准。要根据标准，列出具体的行动措施，而且要根据差距的重要性，对这些行动措施进行排序。第三，确定需要改进的领域，列出具体的行动，并根据重要性排序。第四，形成最终的部门行动方案。需要注意的是，要设定好每项具体行动的完成时间，确定每项行动的负责人。否则，自我评估就达不到应有的效果，而且会费时费力。

认证

在过去的半个世纪里，认证（accreditation）成了高等教育的领域一股重要力量。对认证不太熟悉的读者可以先阅读特拉什（Trash）主编的刊物《高等教育研究》（*Journal of Higher Education*，1979）中关于认证的一个专栏以及扬等人（Young 等，1983）编写的著作《认识认证》（*Understanding Accreditation*）。《认识认证》对认证的定义是："高等教育机构评估自己的全部或部分教育活动，寻求用来证明自己已经完成既定目标，并与其他同类教育机构具有同等质量的独立判断过程。"（p. 21）认证的过程往往伴随整个教育机构或针对某个项目进 261
行的自我评估。该自我评估的标准就是认证机构制定的标准。

扬和他的同事专门针对什么不是认证进行了论述。例如，认证不是政府行为，没有强制性。认证不是评分系统，也不是课程审批系统。认证的目的是获得校外机构在质量方面的认可。虽然没有哪个认证机构是认证方面的"教父"，但是学校还是希望认证机构的认证是有说服力的。很多学校认为定期自我评估是认证机构的要求，但是认证机构并不认同这样的说法。无论如何，学校需要认证机构的认证与认可。因此，学校把认证机构和认证机构设定的标准看作必须要跨越的障碍，否则公众不会认可学校的质量。

在很大程度上，很多学校和项目都没有把认证的自我评估过程看作自我价值的提升过程或项目的发展过程，而仅仅当作学术活动。虽然其他人可能会认为评估是为了生存，但是生存只是评估的最基本的价值，其真正价值远远高于生存。

区域性认证机构和专业性认证机构往往都制定并出版了认证标准。这些认证标准也是被接受认证学校普遍认可的标准，它们能够用来判断一所学校或一个项目的质量。目前全美国有六大区域性认证机构，分别按新英格兰地区、中
262 部地区、南部地区、中北部地区、西北部地区和西部地区进行设置。除了区域性认证机构，美国还有 4 类专业性高校认证机构和 40 余个为大学预科项目提供认证的机构。大多数的区域性认证机构和专业性认证机构都有学生事务项目和服务的标准，它们能为学生事务项目和服务进行认证。

还有一些认证机构，虽然数量稀少，但它们能为学生事务中的某些功能领域提供认证。例如，国际咨询服务公司协会为高校的咨询服务中心提供认证，门诊医疗服务认证委员会为高校的健康服务中心提供认证，美国心理协会（the American Psychological Association）为心理专业实习项目提供认证。

虽然不同的认证机构在学生事务和学生服务工作方面的标准有很大的不同，并且有的标准非常具体，有的标准相对抽象，但它们都可以用来评估学生事务各个部门的工作。幸运的是，根据学校的类型和所处地域，一所学校只能接受一个认证机构的认证。鉴于此，学生事务部门的负责人应该购买一份最新出版的认证标准，把标准存放在资料室里供员工阅读。虽然大部分的认证机构要求接受认证的高校进行正式的自我评估和复评的周期是十年一次，但是学校教职员工应时刻把认证标准记在心上，并将之应用于日常工作中。例如，学生事务部门的负责人在做年度工作报告时就可以参考认证标准。

为预科项目做认证的机构没有颁布学生事务工作的具体标准，但是他们往往采用学生录取、学生巩固率、财政资助、学术咨询等方面的标准（Crosson, 1988）。大多数情况下，学生事务或学生服务项目不会采用大学预科标准。

263 一般来说，认证标准不如高等教育标准促进理事会的标准或其他功能领域的标准具体。例如，南部院校协会（the Southern Association of Colleges and Schools，简称 SACS）为学生发展服务制定的标准只有 3 页。相比较而言，高等教育标准促进理事会的专业标准和评估指南更加详细，为每个功能领域制定了长达 8 页的标准。其他区域性认证机构提供的学生事务标准页数更少。因此，区域性认证机构提供的项目评估标准不够具体。即使是南部院校协会的标准，也仅仅涉及 10 个功能领域，而且标准也不是很详细。考虑到区域性认证机构标准的缺陷，很多高校在进行自我评估的时候往往采用更加全面、更加具

体的标准。

虽然只有美国南部的高校会使用南部院校协会高校委员会（the Southern Association of Colleges and Schools Commission on Colleges，1992）提供的《认证标准》（*Citeria for Accreditation*）进行自我评估，但是该认证标准对所有的高校都有借鉴意义。以学生发展服务为例，该认证标准规定了 23 条必须要达到的标准，这 23 条标准代表了自我评估需要参考的所有核心标准。虽然自我评估也要参考其他标准，但是南部院校协会规定学生事务的任何部门都要符合这 23 条标准。除此之外，针对学生事务各部门的工作范围、职责和资源的标准有 9 条，针对项目和服务（如学术咨询、职业规划、健康服务、学生出版、校内住宿等）的质量和工作效能的标准有 14 条。

接下来举例说明南部院校协会的认证标准。“学校必须明确指定一个行政部门负责计划和执行学生发展服务事宜。”“学生发展部门的人力、物资、财政 264
和设备资源调配必须充足，必须符合部门工作的需求和实现学校办学目标的要求。”“学校必须公开声明学生的权利和义务，并在校园内广泛传播该声明。”（南部院校协会，1992：pp.49–51）以上例子代表了南部院校协会认证标准的核心内容。虽然范围有限，但这种标准提高了所有与之相关联的学校的质量。虽然这些区域性认证机构本质上是自愿的，但它们为整个国家提供了一项重要的质量保证服务。

同行评估

希望获得认证的学校或项目非常重视自我评估，但有时自我评估结果不能为认证机构提供足够的信息。这时就需要同行评估（当然这样的情形不是很常见）。由参与同行评估的专家们决定项目质量的好坏。这些专家们往往来自兄弟院校。他们进驻学校进行为期 2～4 天的实地考察。他们采用认证机构的评估标准，检查学校或项目的自我评估报告是否真实，决定申请认证的学校或项目是否满足这些评估标准。最终，认证机构将根据同行评估的结果决定申请认证的学校或项目能否获得认证。虽然同行评估费时费力，但是它能有效确定申请认证的学校或项目是否满足认证机构的评估标准。

同行评估不仅可以应用于认证，学术项目或学生发展项目也可以邀请同行进行评估，以发现项目中存在的问题。如今，越来越多的学校邀请高水平的专 265
家为学校或项目发展把脉。在同行评估过程中，来自其他学校的专家会考查学生事务部门的自我评估报告是否有效，这对学校的发展非常有益。

对学校进行排名

根据学校声望对学校进行排名和认证与同行评估过程密切相关。排名的方式比较主观，因此这种方法有明显的缺陷。虽然阿斯廷和索尔门（Astin & Solmon，1981）提出了两个排名维度，即（1）学术和专业业绩；（2）对本科教学的投入，但是他们认为没有必要对本科生项目进行排名，因为我们可以通过其他方式获取更加客观的数据。学校排名通常会考虑学校的形象、办学条件与资源（如图书馆藏书量、社会捐赠量、全国知名教师数量、诺贝尔奖获得者数量、招生标准、在校学生数量等）。但近几年，学校排名的可信度越来越低，主要原因在于学校声望与学生培养的质量几乎没有相关性。事实上，高校正努力摆脱把主观判断当作质量判断的主要手段。虽然学校的声望会影响公众对学校的看法，但是它不能保证学校的教学质量。

发放资格证书与执业许可

我们也可以运用发放资格证书和执业许可的标准，通过政府或行业协会的
266 认证程序对专业教育项目进行认证。有一点需要指出，政府或行业协会的认证程序针对的不是项目，而是个人，它们要衡量个人是否有资格为公众提供合法专业的服务。如今，教师资格证的发放以及职业咨询师、心理咨询师和其他专业服务人员的执业许可认证已经越来越普遍。这样做的好处是避免公众遇到不专业的服务。无论我们接受还是不接受，高等教育已经面临越来越多资格证书和执业许可的认证。

伯格和桑德斯（Bogue & Saunders，1992）指出了几个值得我们关注的对执业许可认证的批评。这些批评意见认为，执业许可认证（1）要收钱才能认证；（2）不能证明不合格人员没有得到执业许可；（3）把有些合格人员排除在外；（4）与认证的自愿性不符；（5）背离了政策制定人员的初衷。虽然执业许可认证对学校有好处，但是学术项目和教师在某些方面也会丧失自主性，因为社会对行业从业人员的要求就是要符合特定的执业许可标准。

资格证书认证也面临同样的问题，只是问题不如执业许可认证这么严重。资格证书认证和颁发机构要求学校提供符合资格证书标准的学习项目。也就是说，如果我们认为学生上学就应该获得资格证书，那么学校就要为学生提供认证机构要求的课程教学，原有的学术项目和课程设置就要有所变化，否则学生就拿不到资格证书。因此，认证标准就成了判断学术项目质量高低和是否成功
267 的标准。从这个角度来看，如果毕业生不能通过资格证书考试，或者不符合执

业许可标准的要求，那就说明学术项目没有完成自己的教学目标。

专业标准模型的应用

以上讨论的各种模式可以通过多种方式用于学生事务评估，如项目评估、战略规划和结果评估。本书第十章已经对结果评估进行了非常深入的探讨，本章只讨论项目内部评估和战略规划。

项目内部评估

项目内部评估关注项目如何有效实现既定目标。与项目发展一样，项目内部评估也有助于项目的自我管理，是一种有效的评估方式。项目内部评估往往采取同行评估的方式，但外部评估可有可无。在开展内部评估之前，要商定好评估标准，根据标准才可以判断既定的目标是否达成。项目评估（有时被称为项目审计）有时由项目自身提出，有时由学校提出，有时由政府部门提出，但是无论如何，评估内容总是与财务状况、教育效果、伦理因素有关。此外，项目评估还回答以下问题：项目设定的目标是否合理？项目的目标是否达成？项目的资源分配是否平等？项目的资源应用是否有效？如何提升项目质量？

有的项目评估是综合性评估，有的只关注某一个领域，但是最好使用多种测量手段。此外，评估目标越明确，评估结果就越有价值。因此，评估开始之前，需要确定评估标准。如果有现成的评估标准，如高等教育标准促进理事会颁布的专业标准，评估开展起来就比较容易。否则，就需要花费很多的时间来 268
讨论标准的制定和应用。但无论如何，与评估有关的人员，如评估人员和使用评估结果的人员，要针对评估标准达成一致意见。如果与评估有关的人员对为什么要开展评估、评估要达到什么目的，以及如何使用评估结果都不太清楚的话，项目评估也就没什么实际意义。

战略规划

一所学校的战略规划总是受到学校价值观的影响，或者受学校学术社区的价值观的影响（Bryson, 1988）。因此，战略规划之前要对学校的价值观进行审查。与学生发展和项目提升的途径一样，战略规划也要根据学校的办学宗旨来制定。在学校办学宗旨的基础上确定具体的实现目标的方式。这个过程就需要重新审视学校的办学理念和办学目标，并准备回答以下问题：目前的目标陈述能否反映我们目前的价值观？学校存在的最重要的理由是什么？从短期和长期的视角来看，我们希望重视什么？在考虑以上问题时，我们能够形成一系列指导我们后续规划的学校发展主题。

学校发展主题是学校使命和目标的反映，为学校今后的战略发展和目标设定提供框架。学校发展主题表达学校的价值观，确定重点关注的领域，并指导学校需要努力提高的方面。

战略规划的制定需要参考学校发展主题。制定战略规划的第一步工作就是设定工作目标，因为工作目标指引学校活动的开展。作为高等学校，我们想
269 完成什么任务？如何实现我们的使命、目标和主题？我们的人才培养目标是什么？战略规划制定的价值就在于获取能用于政策制定和决策的信息。一般来说，学校的不同部门都应该制定战略规划。例如，学生事务工作部门及其各个子部门可能会单独或共同制定战略规划，以支持整个学校的战略规划。

战略规划还包括其他类型的活动，如评估目前的状态、制定行动方案、制定评估标准、确定效果测量方式。如果我们不清楚目前离目标还有多远，那么我们就不可能实现目标。目标评估可以采用卢因（Lewin，1936）开发的力场分析法（Force Field Analysis）来进行。该方法通过分析影响目标实现的驱动力和阻力来判断一个组织处在目标实现的哪个阶段。米勒、卡朋特、桑德斯和汤普森（Miller, Carpenter, Saunders & Thompson，1980）详细描述了该分析方法在行动方案模型中的应用。学生事务工作人员也可以使用该模型。想做战略规划的读者可以参考布赖森（Bryson，1988）的著作《公共组织和非营利组织战略规划》（*Strategic Planning for Public and Nonprofit Organizations*）。

应用专业标准

虽然增加的速度缓慢，专业标准和评估标准方面的文献数量每年还是有所增加。布赖恩、温斯顿和米勒（Bryan, Winston & Miller）（1991）合著的《专业标准在学生事务管理中的应用》（*Using Proffessional Standards in Students Affairs*）是该领域最有影响力的著作之一。该书只有 110 页，它陈述了专业标准的发展历史，讨论了专业标准在认证和项目评估中的应用，以及在结果评
270 估中应用专业标准的策略，并用 5 个例子为读者阐述如何应用高等教育标准促进理事会的专业标准。此外，该书有 4 个附录，这 4 个附录为读者提供认证机构、标准设计和发行单位，以及应用高等教育标准促进理事会专业标准进行评估的各个高校的联系方式和地址。对高等教育标准促进理事会的专业标准感兴趣的读者可以参考该书。

有些高校和州立大学系统把专业标准应用到各种评估中去。在美国中西部的某个州内，在对全州的高等教育学生事务人员的工资结构进行调查时，调查人员同时应用了高等教育标准促进理事会的专业标准和评估指南以及高校的人事数据。在开展调查之前，该州的人事办公室认为高校的学生事务工作人员对学校的人才培养没有起到多大的作用。在调查期间，调查人员与人事办公室的工作人员进行了大量的沟通和交流，并让人事办公室的工作人员阅读了高等教育标准促进理事会的专业标准，让他们知道学生事务工作人员的基本专业素养和能力要求。最后州立大学系统学生事务工作人员的工资提高了 2 至 6 个等级。在整个调查过程中，学生事务工作人员一直参与其中，因为高等教育标准促进理事会的专业标准要求他们要努力让他人了解学生事务工作。没有高等教育标准促进理事会的专业标准，学生事务工作人员就不太可能提高工资。

在美国西部的一个州立大学系统，学生事务工作人员也根据高等教育标准促进理事会的专业标准向其他部门的工作人员介绍他们的工作范畴和工作目标。在东部的某个州立大学，学校根据高等教育标准促进理事会专业标准和其他专业标准为校内 14 个学生事务工作部门制定了行动方案。每个部门的行动方案包括当前做得好的地方、希望提升的内容、目标完成的进度，以及任务安排。下面举例说明如何陈述目标：（1）招聘研究生或实习生来帮助处理学生事 271
务各部门的工作；（2）为学生事务内部的各个部门制定工作目标，目标要与学校学生事务工作的目标一致；（3）为担任同行评估的学生提供更多的培训；（4）开展至少 6 类学习技能评估，并为学生提供学习辅导；（5）提升教师的“非裔美籍学者项目”质量。

许多学生事务工作人员认为，既然手头没有一个完善的、系统的评估进程和方案，那么不妨运用高等教育标准促进理事会颁布的专业标准来帮助我们进行项目开发、岗位描述和部门使命设定等工作。虽然专业标准是用于评估学校和部门的，但是它们也具有教育功能，通过学生事务工作人员的解释让更多的人了解学生事务。

小　结

基于专业标准的评估是综合性评估项目中非常重要的一项内容。如果想要运用得当，这种形式的评估必须在其所属的系统框架内概念化并具有可操作性，用于判断工作效能的各项标准能够反映学校的使命和办学目标，以及各个学生服务部门的使命和目标。

针对高校学生事务，目前有几种可行的评估方式，如高等教育标准促进理事会自主评估模型、认证、同行评估、对学校进行排名、发放资格证书与执业许可等。每种评估方式都能用于评估学生项目和学生服务，而且都能根据可测量的标准对项目质量和学生发展结果进行判断。

基于专业标准的评估关注推动评估开展的动力。这个推动力就是体现在评估目标
272 中的学校价值观。所有对高等教育开展评估的人在计划和实施项目时都应该把学校价值观考虑在内。此外，无论开展评估的原因是什么，评估过程都不可能是自主自立的。评估人员必须牢记，所有的学生项目和服务都是在学校这个大背景下开展的。任何针对某一个学生项目和服务的行动都会产生对校内其他学生项目和服务，甚至其他部门的影响。对学生事务工作人员来说，评估大有潜力可挖，同时也背负很多的责任。要想把评估工作做好，评估人员必须精心选择现有的评估标准。

第三部分

评估工作人员面临的挑战

第十三章

汇报并使用评估结果 275

令评估工作人员最郁闷的事情莫过于辛辛苦苦地做完评估，但学校管理层在决策时根本就没有参考评估结果。评估人员把评估结果放在书架上积攒灰尘，或者只是自己拿出来看看，是有多方面原因的。最具有讽刺意味的原因就是评估只是一项政治任务。在这样的环境中，影响决策的因素是权力、意识形态和利益，而不是对某项政策或某个项目的反馈意见（Cook & Shadish，1986）。从更加实际的角度看，根据我们的经验，阻碍评估结果被用于政策决策、制定和提高工作效率的原因包括公众压力、官僚行为、领导不当，但最重要的还是资源缺乏。但是，评估工作人员还是可以通过做某些工作来提高评估结果发挥作用的可能性，而且要把这些工作当作评估工作的一部分。

评估结果没有发挥应有的作用，郁闷的不仅仅是评估工作人员。如果大家都知道学校正在开展一项评估，而且作为受试的学生都希望研究结果能对他们的生活产生影响，这个时候如果评估结果不能发挥作用，学生就会对决策人员失去信任，也会对他们的评估动机产生怀疑。因此，评估结果是否发挥作用对决策人员、学生和评估工作人员都有很大的影响。

本章要回答的基本问题是评估研究人员如何设计、开展、汇报评估工作，
并参与研究过程，使评估结果发生作用，产生影响。本章的目的是要指导评估 276
研究人员提高把评估结果应用于政策制定、问题解决和决策过程的可能性。

充分发挥评估结果作用的原则

原则一：不做没人想要的评估

根据我们的经验，有些评估结果没能发挥作用，那是因为决策层根本就没

有打算解决评估所涉及的问题。开展评估有助于科学决策。但事实上，有时候，没人真的想知道或使用这些评估结果。如果有人说："在做决定之前，我们得花些时间好好研究这个问题。"估计没人会反对。

因此，评估人员首先要做的就是确定学校的决策层是否重视此次评估结果。虽然有时不好确定他们重视与否，但无论如何也要努力去尝试。有时辛苦一番后会发现评估结果不受重视，或者评估结果让学校面临难堪，甚至在政治、法律、公关等方面置学校于危险境地。如果出现这样的结果，还不如在评估开始之前就放弃评估。

几年前，某所学校因为学校学生事务工作人员中的女性和少数族裔工作人员的招聘和留任情况一直不好，拟针对学生事务工作人员的工资是否存在性别歧视或种族歧视一事开展评估（事实上已经开展了）。不幸的是，学校从来没有讨论过如果存在性别歧视或种族歧视，学校应该怎么办的问题。评估结果显示，即使把教育背景、工作时间长短、相关工作经验等因素考虑进去，女性和少数族裔工作人员的工资还是偏低。直到评估结束，学校才发现学校根本没有多余的钱来消除这一不平等现象。学校也担心万一评估结果落入"坏人"
277 手中，学校就会面临公关危机和法律危机。学校没有办法，只好把评估结果"藏"起来，藏得越深越好。因此，评估之前，评估人员一定要清楚，学校是否会高度重视评估结果。

想要确定学校决策层是否重视评估结果，最好的办法就是问他们这样的问题："如果我们发现……（这里根据实际情况填上具体的敏感问题或与预期相反的结果），你们怎么处理？"如果对发现的问题会处理，那至少说明评估结果将被使用。但如果回答模棱两可，那么是否要开展评估还得重新考虑。

原则二：要确定评估的保密程度

评估之前，需要回答两个关于保密的问题：谁知道要开展本次评估？谁能接触本次评估的结果？提第一个问题是因为由于各种原因，有时候决策层不想让人知道他们正在做这样的评估。因此，评估人员需要知道评估的"公开度"，要遵守什么样的保密规定。如果评估所需的数据在学校保存的各种记录资料中能找到，评估的保密性问题就不难解决。例如，某学校想要秘密地开展关于学生巩固率的评估，只需要查阅一下学校保存的资料就行了，不需要直接接触学生。

第二个问题，谁能接触评估结果？答案肯定介于完全公开和完全保密之间。前面提到的工资调查就是完全保密的。调查人员从学校的保密档案中调取资料，调查结果只交给学生事务主管一个人。

保密性低一级别的评估可能就是跟某个部门有关的评估了。本书第四章提到的关于招聘人员的调查评估就属于这个级别。该评估结果只有就业服务中心的工作人员知道，他们可以根据评估结果提高来学校面试工作人员的满意度。保密性更低一个级别的评估可能就是所有学生事务工作部门和校内其他相关部门都有权知道的评估了。

结果完全公开的评估是让整个校园都知道结果的评估。例如，校园环境评 278
估和文化评估就属于这类评估。这两类评估要求就某一具体问题与整个学校社区进行评估，而且评估公开。

那么，现在问题来了。如果评估结果让当事人感到不安，刚开始确定的保密级别就可能会改变。例如，如果针对校园内的种族歧视做的研究发现，种族歧视问题比较严重，那么研究结果是有助于消除校园内的种族歧视，还是不利于消除呢？学生事务管理人员会认为这种结果只会煽风点火，引发更多的种族歧视问题，但是种族问题的受害者认为该结果会让大家更加了解校园内的种族歧视问题，从而减少种族歧视。

如何确定评估的保密级别？方法之一就是问决策人员以下问题：如果我们发现评估结果会让某些人不安，那么谁能看到评估结果？无论什么原因，决策人员总会限定能看到评估结果的对象范围，评估人员可以据此设计评估过程和汇报评估结果。

原则三：要确定参与评估的工作人员

一般来说，决策层和评估工作人员共同协商之后才决定开展评估。决策层一般会这样说，我需要什么材料。评估研究人员确定从什么渠道获取什么信息，评估工作什么时候能结束。但是，评估产生的影响并不仅限于决策层和评估研究人员，其他会受评估结果影响的群体也应该从一开始就参与评估。

根据雅各比、阿斯廷和阿亚拉（Jacobi, Astin & Ayala，1987）的研究，可能会受评估结果影响的所有人都应该参与评估的所有过程，包括目标的设定、评估过程的设计、评估结果的分析、后续采取的行动。参与评估会使他们更加
重视评估结果。例如，在本书第二章，我们提到非裔学生咨询服务中心使用率 279
不足的问题。读者可能会关注非裔美籍学生和咨询服务中心的工作人员都参与了评估设计和评估过程。因此，评估结果的可信度会更高。

但这并不是说是否要开展评估和如何开展评估取决于与评估结果有关的人员的意见。我们认为，与评估结果有关的人员至少要派代表参与评估和讨论。

如何确定谁与评估结果有关？有效方法之一是提这样的问题：谁会受评估结果的影响？他们如何参与评估？让与评估结果有关的人员参与评估能确保评估结果受到重视，而且能增强受评估结果影响的人对评估结果的信任。

原则四：把评估做好

这条原则显而易见，似乎不必提，但是评估的质量可能会决定评估结果是否被采用，也会决定目标受众是否相信评估结果。评估工作人员要确保他们所做的评估要具有本书前面章节所讨论的好的评估的特征。

如何确定评估质量的好坏？方法之一是提出下面的问题：如果由我来对评估进行批评，我应该如何批评？评估工作人员应该对批评进行逐一回复，要么承认评估的局限性，要么根据预期的批评对评估进行优化。此外，知道评估的弱点有助于更好地汇报评估。

原则五：把评估报告写好

如果评估报告写得不好，即使评估做得再好，评估结果也可能不被重视。
280 最常见的错误是把完整的报告发送给所有的受众，不对受众加以区分。然而，完整的报告是必要的，但把完整的报告发送给每个受众的确不妥。因为他们可能没有时间阅读这么长的报告，因此，评估也产生不了任何影响。当然，如果受众要求完整的报告，那应另当别论。

用欧文（1991）的话来说，根本性问题是“如何让评估结果对决策过程产生影响？”根据这个问题，评估工作人员应思考如何让决策层愿意阅读评估报告，并使用评估报告。

苏斯基（Suskie，1992）给出了很多意见。第一步是确定评估结果的受众，即评估结果的读者。通常，读者不会只有一个。评估不同，读者也会不同，但潜在的读者包括学生、学生事务工作人员、学校管理层、学校董事会、校友、学生家长、当地社区民众、州议员、普通民众。如果在评估之前把受众确定下来，问题就会相对简单。另一方面，如果受众有变，写评估报告之前就要考虑这一点。要确定评估结果的受众，需要考虑以下几个问题：

读者对评估是否有所了解？要不要从头开始介绍？

读者是否有时间阅读完整的报告？简洁版报告是否就够了？

读者是仅仅想知道结果吗？他们想知道详细的过程吗？

读者对研究方法是否熟悉？要不要对研究方法进行解释？

读者会平静地看待评估结果吗？你能预测他们的批评吗？

读者会因为评估被其他人质疑吗？

以上问题的答案可能不仅会决定报告撰写的方式，而且也决定是否要准备几个不同版本的报告。经验告诉我们，最好的做法是写一个完整的报告，然后根据需要把报告中的不同部分发送给不同的受众。 281

根据苏斯基（1992）的观点，第二步要根据目标受众选择合适的格式。以下列举的是几个版本选项，其中有最简洁的版本，也有最完整的版本。

1. 如果目标受众对评估比较熟悉，用几个图表总结一下评估结果就足够了。当然，读者也有可能看不懂图表，所以，还是需要作些解释。

2. 如果目标受众只对结果感兴趣，那么一两页的综合报告就够了。综合报告简要介绍评估的目标、方法、发现和建议。

3. 比综合报告稍微详细一点的是短报告，3～5 页。短报告是完整报告的缩略版，但阅读短报告不会那么辛苦。

4. 如果目标受众对评估涉及的事情真的很感兴趣，补充报告是最好不过了。例如，在评估学生对学生服务的满意度时，针对学生宿舍管理员，我们只需要提交一个补充报告，专门陈述学生对学生宿舍的满意度。他们不需要阅读完整的评估报告。

5. 完整的报告当然也是要写的，完整的报告应该描述评估要做什么，为什么要这样做，对研究结果进行讨论并总结。即使不需要提交完整的报告，完整的报告也是必要的，以备将来有人索要，或者将来有人继续对该主题进行深入研究。

6. 要根据不同目标受众提交不同的报告。校长忙，没有时间阅读完整的报告，可能综合报告就够了。决策层可能需要完整的报告。学校的公关办公室可能需要一个短报告。

根据苏斯基（1992）的观点和我们的经验，第三步是撰写评估报告。评估报告应包括以下几个方面的内容： 282

1. 题目

题目要吸引人。有时候读者一看题目就不想看了。以本书第二章提到的非裔美籍学生咨询服务使用率低的调查为例，评估报告的题目大概有以下三种：（1）“非裔美籍学生对咨询服务的理解”（African Americans’ Perceptions of Counciling Services），该题目告诉读者调查的内容；（2）“为什么非裔美籍学生对咨询服务使用率低”（Why African Americans Underuse Counciling Services），该题目告诉读者调查的目的；（3）“提高非裔美籍学生咨询服务使用率的方法”（Ways to Improve African American Use of Counseling Services），该题目告诉读者如何解决问题。

学术研究人员倾向于选择第一个题目，但是，评估不是学术研究。根据我们的经验，题目越吸引眼球、越具体，读者越有可能阅读，因此，我们喜欢第二个和第三个题目。

2. 综合报告

根据我们的观察，综合报告可能是最重要的格式，因为它最常用，但它也是最难写的格式。综合报告要准确，要正确反映评估活动本身，还要简短，一页最好，两页也可以接受，不要超过两页。综合报告难写体现在两个方面，一是短小精悍，二是表达的意思不能少。因为综合报告很重要，在本章末尾，我们将为读者提供一个案例。

3. 目标陈述

读者需要了解评估要解决什么问题、为什么要开展评估以及评估如何开展。有时候，读者可能不了解其中的背景信息，因此有必要在报告中陈述背景信息。在本书中，我们反复强调在评估开始之前一定要确定调查的问题和调查的目的。如果调查做得好，报告就不难写。

283 4. 评估设计

读者不仅需要知道评估是如何设计的，还要知道为什么要这样设计。在前面几章，我们讨论了定性研究方法和定量研究方法的使用，评估报告要解释为什么选择某些调查方法。调查工具、量表、样本取样、数据采集、数据分析等信息都要写在报告里。当然，评估设计的缺陷也要写进去，包括方法本身的局限性和调查过程中的问题，例如问卷回收率不高、样本是否具有很好的代表性等。

5. 评估结果

由于读者的知识和经验不同，结果陈述可能没那么简单。我们的经验是假设读者的知识储备很丰富。如果采用定量研究方法，就要汇报数据统计和数据分析，但是图表可以放在附录里。如果采用定性研究方法，在访谈中受试的话可以作为结果写进报告。

如果读者的知识储备不够，他们可能会看不懂详细的结果报告。因此，接下来我们将介绍简洁版的评估结果报告。

6. 结果总结

与综合报告类似，读者最喜欢阅读结果总结。因此，结果总结一定要准确，要仔细打磨。

7. 行动建议

在行动建议方面有两种不同的观点。一种观点认为评估人员只需要报告评估结果，让学生事务从业人员自己根据评估结果思考需要采取什么行动。另一种观点认为评估人员不仅应该汇报评估结果，而且要根据结果给出补救措施。

我们倾向于第二种观点，但这不代表学生事务从业人员一定要采纳评估人员的建议，他们可以参考评估人员的建议，毕竟评估人员对问题的了解要比决
策人员更加深刻。换句话说，要采取什么行动应该是评估人员、决策人员和受 284
结果影响的其他群体共同讨论的结果。如果报告中要加入行动建议，那么建议应该与评估结果直接相关。这不仅仅是评估人员传递行动建议的方法，也是评估人员的道德责任。

此外，评估人员还可以思考一下为什么会出现这样的评估结果，但要注明这是他们自己的观点，不是评估发现。甚至需要开展进一步研究的建议也允许出现在报告里。

根据苏斯基（1992）的观点，撰写评估报告的第四步是把报告写得生动有趣，使报告具有可读性。我们中的大部分人可能习惯于写毕业论文，不擅长写评估报告。与研究报告或博士论文不同，评估报告的语气更加友好，没那么正式。评估报告使用更多的标题，句子段落更加短小，没有学术套话，不用缩略词，很少引用他人观点，意思表达越明确越好（Suskie，1992）。我们见过最好的评估报告就像讲故事一样，娓娓道来，紧紧抓住读者的注意力。

撰写评估报告的最后一个需要考虑的问题是如果评估结果涉及敏感内容，存在争议，或者会触犯目标读者，让他们难堪不安，怎么办？或许最糟糕的情况是评估结果让要求做评估的决策人员难堪，而且问题就出在这位决策人员身上。一方面，没人愿意听的结果也应该出现在报告中，不能因为可能冒犯读者，让读者难堪，就删除某项评估发现。另一方面，如何巧妙表达敏感内容可能会最终决定评估结果是否被采用。这的确是个两难选择。如前所述，让决策人员事先知道可能会出现的敏感结果是解决问题的办法之一。

苏斯基（1992）提供了几个如何处理报告可能会引发争议的策略。第 285
一，不仅要批评，还要有表扬，为每个问题找出积极的一面。例如，我们可以说“虽然咨询服务中心有越来越多的非裔美籍工作人员，但是非裔美籍学生还是希望非裔美籍工作人员的数量继续增加”。这样的表达比直接说“非裔美籍学生希望在咨询服务中心有更多的非裔美籍工作人员”更加容易让读者接受。

第二，表达可能会引发争议的结果时，语气要委婉。例如，“非裔美籍学生认为咨询服务中心根本就不关心他们的需求”，这样的表达难以让人接受。

我们可以换一种说法，“非裔美籍学生认为咨询服务中心可以更多地考虑一下他们的需求”。这种表达的语气更加委婉，没有咄咄逼人的气势。

第三，尽量少指责。比较以下两种说法：“咨询服务中心在聘用非裔美籍工作人员时犯了一个很大的错误”和“咨询服务中心在聘用非裔美籍工作人员方面需要花费更多的心思”。第一种说法明确表达了对咨询服务中心的职责；第二种说法首先肯定了咨询服务中心先前的努力，但是建议他们需要做更多的努力。

最后，如果你认为评估报告会让目标读者难堪，那就需要在报告公布之前让他们知道。与他们进行交流会让你知道如何更好地汇报可能会引发争议的评估结果，以及如何更好地解读评估结果。提前让目标读者知道评估结果有利于他们有足够的时间去思考如何应对不利局面，这样他们也就不会有“被暗算”的感觉。

原则六：要有公布和传播评估报告的计划方案

评估人员往往有一个认识误区。他们以为提交了评估报告之后，工作就完成了。的确，评估人员的首要任务是向给他们布置评估任务的人汇报评估结
286 果。但是，他们应该还有传播评估结果的任务。谁应该知道评估结果？评估结果以什么样的方式传播出去？受众如何表达他们对评估结果的反应？什么时候传播评估结果？

公布评估结果，时机很重要。雅各比、阿斯廷和阿亚拉（1987）认为，评估报告应该在决策人员在做决策时公布出去。这期间，决策人员会更加重视评估结果和建议。当然，布置评估任务的人是最终决定何时公布评估结果的最佳人选。

当今，媒体发展迅速，纸质评估报告不是唯一选择，网络平台、新闻发布会都是非常好的传播手段。

原则七：要有使用评估报告的计划方案

评估人员常犯的另一个错误是不管评估报告是否真正被采用。的确，评估人员无权决定是否采用评估结果。但是，评估人员一定要想方设法不让决策人员忘记评估结果的存在。最好的方法就是评估人员与决策人员一起策划一个行动方案，把评估结果运用到决策过程中去。

评价：如何解读并使用评估结果

读者可能还记得，在本书第一章，我们区分了评估和评价。评估是为收

集、分析和解释用于描述学校以及学校内部各个部门工作有效性的证据所做的所有工作。评价指的是使用评估结果来提升学校以及学校内部各个部门工作有效性的所有工作。即使我们根据以上原则撰写了评估报告，我们也不会自动超越评估阶段，进入同等重要的评价阶段。

这里给大家提供一个评估案例。该评估做得很好，对学校工作有效性的提 287
升具有很大影响。虽然它不是学生事务方面的例子，但体现了有效评价过程中的基本要素。

该评估应校长委托，调查校内女性的地位。评估人员由教职员工和学生组成，提交的报告非常完整，篇幅很长。校长接到报告后，马上发给学校其他领导、教学管理人员和教授评议会，要求他们 2 个月之内提交反馈。收到反馈的 1 个月内，校长决定采纳评估报告中的大部分建议，然后把每条建议分发给相应的行政管理和教学管理人员，要求他们在 6 个月内汇报拟采取什么行动。

接下来的 3 年里，每隔半年，校长向这些行政和教学管理人员要行动进程。他的督促不仅仅是针对行政和教学管理人员的，他要让整个学校知道一定要有具体的行动。因为校长的督促，在此后的很多年里，该评估报告在政策制定和决策过程中都发挥了重要作用。

与其他评估报告相比，是什么让该报告具有这么好的效果？

1. 学校领导有解决问题的责任意识

该案例中，校长的行为很有说服力。他没有坐视不管，也没有拖延时间，他在收到报告后的一个月之内就着手开始解决问题了。

2. 在采取行动前，让校内其他人员参与协商讨论

校长知道一定要与校内其他行政和教学管理人员协商，他不能独自一人根
据评估报告做决定。否则肯定会出错。因此，在做最终决定之前，他要求同事 288
们提供反馈意见。当然，反馈是有时间期限的。

3. 领导有勇气公开接受某些行动建议，拒绝其他行动建议

案例中的校长在参考了同事的反馈建议之后，接受了评估报告中的大部分行动建议，并公开陈述接受的理由。针对他接受的建议和没有接受的建议，校内有不同的声音。尽管如此，校长还公开与持反对意见的人进行了沟通。

4. 有行动计划，并要求行政和教学管理人员为行动负责

定期检查行动进程是该案例成功的关键。每半年一次的检查让行政和教学管理人员不敢懈怠，能确保他们都能为行动负责。

5. 评价及时

在整个过程中，截止日期必不可少。校长从收到评估报告到发出通知让行

政和教学管理人员阅读报告，这中间有时间期限。行政和教学管理人员提交反馈意见是有截止日期的。校长从收到反馈到做出行动决定的时间也是有期限的。每次检查行动进程的间隔时间都是 6 个月。这样，评估就成了评价过程的一个部分，从而在政策制定和工作实践中发挥了重要作用。

小 结

我们一直认为，如果能够遵循本章提出的各项原则，而且校领导愿意关注评估工作，评估报告就不会在书架上积攒灰尘，还能够帮助学校制定政策，作出决策，解决问题，提高工作效能。这 7 项原则是：（1）不做没人要的评估；（2）确定评估的保密程度；
289 （3）确定参与评估的工作人员；（4）把评估工作做好；（5）把评估报告写好；（6）要有公布和传播评估报告的计划方案；（7）要有使用评估报告的计划方案。

评估是否成功，最终还是要看学校领导有没有根据评估结果采取行动的意愿和勇气。本章我们还举例说明如何开展有效行动。要使行动有效，行动一定要及时，要让相关人员参与。最重要的是要让行政主管部门担起责任。我们也一直认为，评估人员在很大程度上能决定评估结果能否被使用。换句话说，评估报告是评估人员的观点表达。他们能通过评估报告引导决策人员。

第十四章

遵守伦理标准

290

谈到学生事务评估，就一定要讨论与评估有关的伦理问题。缺乏这方面的讨论，就不可能是完整的学生事务评估著作。伦理原则、学校规章制度和联邦法律都会对校园活动的研究和评估产生影响。开展学生事务评估的工作人员一定要把这些法律法规和伦理原则牢记于心，否则会给自己带来难堪，甚至会给学校和受试带来伤害。的确，"评估人员不可能预测到所有的事情，但他们一定要有伦理意识，要有遵守伦理标准的责任"（Marshall & Rossman, 1989：71）。我们希望本书能帮助读者对伦理有更加深入的理解。

本章将讨论与学生事务评估有关的伦理问题。当然，不可能覆盖伦理的所有问题。我们首先将提出一个大家普遍接受的理论框架，然后详细讨论几项严格遵守伦理原则与评估有关的具体事宜。在本章中，"调查人员""评估人员"和"研究人员"这三个术语意思相同，可以互换，因为不同的文献使用不同的术语。虽然，在本书第一章中我们指出了这三个术语的不同点，但是我们认为适用于从事评估、研究和评价工作的人员的伦理原则是相似的。

定义

291

温斯顿和桑德斯（Winston & Saunders，1991）为"伦理"下的定义非常好，这个定义可以作为伦理话题的理论框架。他们认为，从哲学的角度看，"'伦理'决定什么行为是对的，什么行为是应该做的或者不应该做的，以及为道德申明或论断提供认识论方面的证据"（p. 311）。这一定义提出了"伦理"的两个维度。"从哲学的角度看，伦理首先是行为规范，因为伦理是为个体行为提供判断标准的规定和原则；其次，伦理与'应该做什么'和'什么是对的’有关。”（p. 311）在这个定义的基础上，基奇纳（Kitchener，1985）提出了5个用于指导学生事务管理工作的伦理原则。这5个伦理原则为本章后面的讨论提供了依据。

尊重自主性

基奇纳认为，自主包含多重含义。自主首先指的是作为自由个体的生活权利，其次是思考和言论自由。自主性原则已经成为多个学生事务专家协会的伦理标准。用基奇纳（1985）的话来说，“自主性原则包括自主决定权、隐私权或保密权，以及知情同意权”。

温斯顿和桑德斯（1991：325）认为，自主性原则就是“尊重个体的思考言论自由和在日常生活中的决定权”。卡农（Canon，1993）认为，个体有权决定如何生活，“但前提是不影响他人的福利”（p. 330）。就像我们生活的很多方面一样，自主性原则讨论的自由并不是无限制的自由。例如，一般情况下不会对公立学校的学生出版物事先约束，但学生出版物不允许故意诽谤教师、管理人员、其他学生以及其他人。

292 如何在评估过程中运用这一原则？形式可以多种多样。如果学生不愿意参与评估，学校无论如何都不能报复学生。如果某个学生不愿意回答关于经济资助办公室的调查问卷，学校不能因为这件事减少对他的资助。同样，如果学生参与了某项对工作人员工作表现的评估，评估人员就要保护参与评估的学生，不能公开他们的姓名。

不伤害他人

许多伦理学家建议，“不伤害他人是最基本的伦理原则”（Kitchener, 1985: 21）。卡农（1993）认为，避免对他人的生理和心理造成伤害，避免置他人于危险处境是最重要的伦理原则。温斯顿和桑德斯（1991：325）给大家的忠告是：“因为心理伤害非常细微，不易察觉，也难以准确预测，因此要小心对待与伦理有关的事情。”

在采集评估数据时，要充分考虑这一原则。为了保护学生、教师等受试的身心不受伤害，各高校在采集数据之前，往往要对评估工作计划进行审核。所有涉及受试的评估工作计划都要提前获批。“教授评议会采用多个制度来审查涉及受试的科研项目，而且有一套严格审查程序。这些制度与程序与联邦政府制定的相关法律法规一致，目的在于保护受试、评估人员和学校的权益不受侵
293 犯。”（Wichita State University，1988：58）计划开展评估的学生事务工作人员

一定要仔细阅读学校针对涉及受试的研究项目的规章制度，咨询学校科研处的工作人员。

评估人员在从受试那里采集数据之前，一定要从科研处获得评估许可。这是标准的符合规定的做法。一般来说，评估项目很容易获批。有了科研处的批准，评估人员就相当于获得了官方批准，能确保受试没有危险。

对他人有益

基奇纳（1985）提出的第三个原则与学生事务工作人员对他人的帮助有关。她认为，“对他人有益是学生事务工作人员共同认可的目标”（p. 22）。此外，“开展评估工作不仅要尊重个体的自主性，防止伤害他人，而且要增强他人的身心健康”（Kitchener, 1985: 22）。

卡农（1993）认为，“在众多需要考虑因素中，受试的身心健康最重要”（p. 330）。温斯顿和桑德斯（1991）的观点是，学生事务工作“应该促进学生的各方面发展”（p. 325；另见 Dobbert, 1992, pp.78–79）。

一定要确保评估的目的是为了提升服务质量，帮助学生成长。显然，学校的任何活动旨在提升学生的校园生活质量，这些活动对学生发展有益。因此，要定期对这些活动进行评估。

保持公正

基奇纳（1985）认为公正包含两个方面：公平对待个体和公平分配资源。在她看来，两个公平都要遵循三个标准：中立、平等、互惠（p. 24）。卡农（1993）认为，“坚持公正指的是平等对待所有人，为所有人提供他们应该得到的东西”（p. 330）。温斯顿和桑德斯（1991）对此有补充意见：“公正不仅仅是平等对待所有人，还要把个体差异和行动效果考虑在内。”（pp. 325–326） 294

基奇纳概括的标准与评估过程有直接联系。评估过程要保持中立。也就是说，在采集数据时，无论数据告诉我们是什么样的信息，都要保证数据准确。此外，要确保评估结果对今后的评估工作有利，帮助我们更加有效地开展评估工作，为学生提供更好的服务。

保持忠实

忠实原则是基奇纳提出的最后一个原则。她认为，学生事务工作人员“因为工作职责原因，一定要忠实；也就是说，既能为他人提供帮助，也值得他人信赖”（p. 25）。温斯顿和桑德斯（1991）认为，“忠实原则包括诚实、守信、值得信赖、尊重他人等含义”（p. 326）。卡农（1993）的观点是，“学生事务工作人员应该守信、说实话、诚实，与他人交谈时要有礼貌、要尊敬他人”（p. 330）。

评估工作一定要仔细，要发现事情的真相。评估的本质目标是寻找事情的真相。违反了这一原则，就会破坏整个评估工作，从而影响评估人员的信度。

这 5 个原则不仅是评估工作需要遵循的指导原则，也是所有学生事务工作需要遵循的指导原则。根据这些原则，接下来我们讨论评估项目中与伦理有关的更加具体的事情。

评估中的伦理事项

惠特（1990）为我们提供了评估中应该注意的伦理方面的事项。他说：
295 “以人为受试的研究在多个学科和职业范围内引起了很多的讨论，保护受试的两个最重要的原则是知情同意和匿名。”（p. 260）知情同意和匿名与基奇纳提出的原则接近。基奇纳认为，学生事务管理人员应该尊重受试的自主性，不伤害受试，做事要公正，要值得信赖。要做到知情同意和匿名，评估人员要遵循上述工作原则。

成功评估的关键要素

欧文（1991）认为，成功的学生事务评估项目需要具备以下三个要素：准确、高质量和保密性（p. 149）。

准确反映在多个方面。首先，数据采集和分析要仔细，不能有打分错误、编码错误和计算错误。这些错误会影响评估结果的准确性。因此，要仔细检查和核对评估结果，确保评估结果数据准确。另一方面，评估报告要准确反映评估结果。读者在阅读评估报告之后，应该和评估人员掌握相同的评估结果。如果评估人员撰写评估报告有困难，可以邀请他人帮助。

高质量指的是评估人员要有很好的评估技术；评估方法要准确，方法和工具要适合；评估人员不能有偏见。

保密性指的是保护受试的信息。无论基奇纳，还是欧文，在他们看来，不伤害受试是最重要的原则。无论是做调查问卷的学生，还是做小组访谈的学
296 生，他们都要受到保护。否则就是违反伦理原则，要受到法律制裁。

评估人员要用这三个要素指导自己的评估。在评估开展之前，要检查一下自己的评估计划是否具备这三个要素。

现场调查中的伦理隐私考量

全国生物医学和行为试验受试者保护委员会（The National Commission for the Protection of Human Subjects of Biomedical and Behavioral Research）提出，研究工作要遵循三个基本伦理原则。“在所有我们普遍认可的原则中，这三个原则与涉及以人为受试的研究有关。这三个原则是尊重受试、有利于受试和公正。”（p. 4）如果遵循了这三个原则，研究就不会走偏。

多伯特（Dobbert，1982）提出了现场调查应该遵循的普遍性的伦理原则。虽然并不是所有的评估都是狭义上的现场调查，但多伯特认为，学生事务评估人员还是应该考虑这些伦理标准。下面介绍多伯特提出的 4 条伦理标准。

保密性

如前所述，保护受试的权利至关重要。多伯特认为保密性包括三个方面：（1）确保受试和受试家庭匿名；（2）确保所有信息不泄露；（3）不发表对受试或受试群体不利的文章。如果根据受试回答的信息很容易地判断受试是谁，或者受试属于哪个群体，那么处理信息就要十分小心。在公布信息之前，要和受试商讨如何处理信息。如果受试不愿意公布信息，即使他们之前已经签订了知情同意书，信息也要保密。

如果受试反映的信息对受试或其他人存在潜在危害，那么信息必须公布。 297
例如，受试反映学生存在酗酒、吸毒等问题，那就不必保密。评估人员可以向学校审查委员会成员、咨询服务中心主任等人汇报该情况。

诚实

根据多伯特（1982）的观点，诚实指的是评估人员要向受试解释调查的目的、评估项目如何开展、评估能带来的好处、谁能看到最终的评估报告、对受试的潜在风险等。此外，评估目的、评估报告的读者等情况如有变化，评估人员有义务通知受试。

责任

多伯特（1982）认为，“评估会影响受试的生活，这是不可避免的”（p. 79）。因此，她建议评估人员有责任避免或尽量减少评估的负面影响，承认评估过程中的任何过错，详细撰写评估报告。最后不报告所犯的过错也是不符合伦理原则的。“任何做现场调查的研究人员都有可能出错。”（p. 80）评估人员应该大胆承认错误，并迅速纠正错误。

公平回报

一般来说，评估人员能通过评估有所收获。评估不仅帮助他们对学生如何

看待学生服务有更深的了解，也能帮助他们更加迅速有效地开展部门工作，还
298 能帮助他们写出可以发表或者递交地区性或全国性大会的评估结果。多伯特认为，评估人员也应该思考一下他们能给受试带来什么好处，能给学生们带来什么回报。一旦调查结束，调查人员可以：（1）向受试分发摘要版的评估报告；（2）为受试提供有助于他们校园活动开展的信息；（3）向受试分发能换取电影票、食品等东西的代金券，或者表示感谢的纪念品。可能，确定给学生提供什么样的回报并不那么简单。有一个好的方法，那就是在项目开展之前，不妨咨询一下受试的意愿。

与受试一起工作

惠特（1990）认为，与受试一起工作是伦理问题的核心。本节将讨论与受试一起工作的 5 个指导原则。这 5 个指导原则可能有些重叠，但它们都能指导我们如何与受试一起工作。在研究和评估过程中，保护受试的权利再怎么强调都不过分。因此，本节将详细讨论这 5 个原则。

防止受试遭受伤害

基奇纳曾经指出，保护受试至关重要。在任何评估中，我们都要注意这一点。古伯和林肯（1989）提出，现在存在很多以不同形式虐待受试的现象，因此，有必要保护受试，防止他们遭受其他形式的伤害，防止他们丢脸，防止他们不能自主做决定，防止他们失去自尊。

巴顿（1990）提出了一系列受试可能面临的潜在风险，例如心理压力、法
299 律责任、同伴排斥、评估人员排斥、政治后果等。评估人员在设计评估时应该考虑所有的风险，并准备好风险应对措施。

虽然校园评估的潜在风险不如例子中出现的风险那样极端，但是评估人员还是有必要做好最坏的打算，最大程度地保护受试。伤害受试的苗头一出现，就要采取干预措施。无论如何不能以确保评估顺利进行之名置受试于危险境地。

获取知情同意

第二个原则是要获取受试的知情同意。罗德里格斯（Rodriguez，1992）认为，“不告诉学生他们可以有权自主决定并自愿参加评估的行为就是欺骗行为”（p. 60）。古伯和林肯（1989）也讨论过知情同意。他们认为，“如果受试没有被

告知或准确告知评估人员或研究人员的目的，那就说明没有取得受试的知情同意。剥夺个体的知情同意权就等于抢走了他们的自主权，以及作为自由个体的其他权利”（p. 123）。

根据以上观点，学生事务工作人员最基本的责任是尊重学生和其他人的自主权。在评估开始之前，评估人员一定要获取所有参与人员的完全知情同意。这一点非常重要。如果是观察学生在校内公共场所的行为，也要获取他们的知情同意吗？拉塞尔（Russell，1992）建议，评估人员要考虑学生行为的公开程度。例如，学生在校园商业区里行走的行为和他在图书馆的小阅览室里的行为，两者的公开程度不同。前者公开程度更高。评估人员要考虑观察学生行为的辅助工具，是裸眼观察还是用望远镜观察。因此，拉塞尔认为受试面临的 300
风险级别是评估人员应该考虑的因素。学校的审查委员会和“其他科学研究领域的专家评委”（p. 42）都不应该介入。许布纳（1984）认为，“有时候，要获得受试的知情同意会影响评估结果的效度。比如，在自然观察中，伦理因素更加微妙复杂。在这种情况下，数据采集的保密性更加重要……在不可能获取知情同意的情况下，人们往往容易忽视数据采集过程中应该考虑的伦理因素”（p. 4）。

以评估为名使用学校的记录和数据也会引发知情同意方面的问题。例如，对学生巩固率的调查就不需要从受试那里采集数据，只需要查看学生的学籍档案。在这种情况下，需要取得所有学生的知情同意吗？答案是“不需要”。在下列情况下，使用学校的记录材料不需要事先取得学生的知情同意：（1）不泄露学生个人信息；（2）报告中不提及学生个体的信息；（3）以群体的方式分析和报告评估结果。但是，如果评估既要从学生那里采集数据，又要从学校档案中查阅信息，那么评估人员就要事先取得学生的知情同意。

表 14.1 是一份知情同意书模板，包含了大家普遍认可的知情同意书应该包含的要素。表 14.2 是评估人员在准备知情同意书时应该回答的问题清单。

表 14.1　知情同意书模板 301

（学校名称）

您受邀参加（研究名称）研究。我们希望了解（研究目的）。邀请您来参加我们的研究是因为（受试抽样方式）。

如果您愿意参加此项研究，你将（描述接下来要进行的工作程序，每个程序的目的、工作时长与频率等）。

研究可能会存在的风险、不适、不方便之处，以及为受试和社会带来的益处。

续表

本研究的任何记录都将被严格保密。在任何可能发表的报告中，我们将剔除任何可能导致暴露参与者身份的信息。没有您的许可，我们不会将您的个人信息透露给研究小组以外的人员。（如果您要把您的信息透露给他人，必须告诉我们您将把信息透露给谁或哪个机构，透露什么信息，透露信息的原因。）

与参加本研究有关的赔偿★

您参加本项研究完全是自愿的。您是否参加本项研究不影响今后您与（机构或组织名）的关系。您可以选择参加本项研究，也可以在任何时间以任何理由退出，这不会影响您作为（病人或学生等）的身份。

您可以随时向我们了解与本研究有关的信息。在研究过程中您如果有与研究有关的问题，可以咨询（姓名、地址和电话号码）★★。

您将获得本知情同意书的一个副本。

您可以自主决定是否参加本项研究。如果您已阅读以上信息，并自愿参加本项研究，请在签名处签上您的姓名。

受试签名　　　　日期

父母或法定监护人签名　　　　日期
（如果受试无行为能力，需要该签名）

研究人员签名　　　　日期

302 ★如果受试在参与研究时会有身体行为，知情同意书应该加上以下一段话：

我已经被告知并理解如果受试在参加学校或学校教师开展的研究活动时受伤，学校不会为受试提供医疗服务或者医疗报销。如果我觉得我在参加与本知情同意书相关的研究中受伤，我应该联系学校的科研管理办公室。

★★如果你通过往外寄调查问卷的形式采集数据，应该用下面这段话代替上述知情同意书从第7段到末尾的所有文字：

您没有义务一定要参加本项研究。但是我们还是希望您能完成本调查问卷并回寄给我们。我们把您的回复看成是您愿意参加我们的研究，并同意我们在研究中使用您的信息。

您可以保留附函，以便了解我们将如何处理您提供的信息。

谢谢您的支持与帮助。

研究人员签名

注：这封信必须由项目主持人签名。

表 14.2 知情同意清单

问题	是	否	备注
1. 本研究的目的是否陈述清楚？ 研究人员希望了解什么？	____	____	____
2. 受试的选择权是否陈述清楚？	____	____	____

续表

3. 如何选择受试是否陈述清楚？研究总体和受试数量是否确定？	______	______	______	
4. 知情同意书是否陈述了研究程序？	______	______	______	303
5. 参与研究可能会面临的风险和不适是否陈述清楚？	______	______	______	
6. 带给受试的益处是否陈述清楚？	______	______	______	
7. 标准评估程序和其他程序是否陈述清楚？	______	______	______	
8. 受试信息的保密性是否解释清楚？	______	______	______	
9. 与本研究有关的赔偿是否解释清楚？	______	______	______	
10. 知情同意书中是否有受试可以联系的联系人信息？	______	______	______	
11. 知情同意书是否陈述了受试可以获得一份知情同意书副本？	______	______	______	
12. 知情同意书是否陈述了签名就意味着愿意参加本研究？	______	______	______	
13. 知情同意书是否有签名和写签名日期的地方？	______	______	______	

尊重受试

前面两节讨论的问题就是：尊重受试，寻求他们的合作（Bogdan & Biklen, 1992）。博格丹和比克兰（1992：54）强调，研究人员“在任何时候都不能欺骗受试，或者偷偷录下谈话记录”。

在校园评估中，评估人员一定要根据前文所述的基奇纳（1985）提出的伦
理标准来对待学生。要尊重学生的自主权，不要伤害学生。不能强迫学生参与
评估。简而言之，评估人员要有换位思考意识：如果你是学生，你希望评估人 304
员如何对待你？

杜绝欺骗

古伯和林肯（1989）提出，研究人员绝对不能欺骗受试。有些人认为如果是为了获得“更加真实的数据”（p. 122），欺骗也是可行的。古伯和林肯对此持反对意见。他们认为，评估人员必须直截了当地将与评估有关的事项陈述清楚，不能欺骗受试。“靠欺骗得来的数据不仅仅是无效的，最终还会毁掉评估人员的所有努力。”（p. 122）

下面举个例子说明为什么在研究中不能欺骗受试。有个住房事务主任发现，如果同一宿舍的同学具有类似的性格或者背景特征（如家乡城镇的大小），

那么他们的关系会更加和谐。为了证明这一发现是正确的，住房事务主任准备做一个小实验：把家乡城镇大小相同的同学当成控制组，把家乡城镇大小不同的同学当成实验组。他的研究数据来源于调查问卷、访谈和学生更换室友申请表。但是他没有告诉学生他们是这项研究的受试。虽然研究可能会得出一些有用的研究结果，但是没人愿意参加这项研究。无论研究设计有多美好，都违反了研究伦理，也违反了学校的研究政策，甚至违反了联邦政府的法律法规。在开展研究之前，一定要告诉受试关于研究项目的各种信息，让他们自愿参加。至少，研究要符合学校科研处的规章制度，并通过学校相关部门的审核。有欺骗行为的研究在学生事务评估领域是不允许存在的。研究要诚实，要保护受试，防止他们遭受伤害。

305 **匿名保密**

最后，研究人员要负责为受试信息保密。巴顿（1990）问过这样的问题："研究人员应该对什么信息进行保密？"（p. 356）博格丹和比克兰（1992）认为，受试的身份信息要保密，这样受试就不会感到难堪，也不会因为数据的原因受到伤害（p. 54）。罗德里格斯（1992）的观点是，在做调查研究时，研究人员要集体进行数据分析，要防止因为粗心把数据遗忘在办公室或其他地方，从而导致数据泄漏。

当然，难免会发生与信息保密有关的伦理问题。博格丹和比克兰（1982）列举了一系列研究人员在调查中可能会出现的问题，如身体虐待、滥用资金等。他们的总结是："对做定量研究的研究人员来说，伦理问题不应该仅仅局限于他们在研究现场的表现。相反，伦理应该被理解成研究人员对受试的终生承诺。"（p. 55）

为防止意外泄露受试身份信息，有必要对评估报告进行评估，防止报告中出现个人信息。同时，也不能随意处理现场记录和录音资料（例如，不要把这些资料随意放在办公室里，以致任何一个进办公室的人都能看到）。除此之外，不要收集受试个人的身份信息，除非个人身份信息与研究有关。正如惠特（1990）所说，确保匿名是研究伦理最基本的要求。

其他伦理问题

评估过程中也会出现一些其他的伦理问题。这些问题与受试没有直接关系，但它们都是评估过程的重要部分。本节将讨论其中的几个问题。

数据所有权 306

巴顿（1990）认为这个问题值得评估人员予以关注。谁能看到评估数据？谁对这些数据拥有所有权？数据所有权归评估人员还是学校？被评估部门的负责人能看到这些数据吗？这些问题最好在评估开始之前就予以明确，否则事后会引发大麻烦。

解决这一问题的方法之一就是看评估人员是内部人员还是外部人员。如果是内部人员，那么他们所做的评估都是自己校内的评估，数据所有权归属学校。如果是外部人员，数据所有权问题需要协商，因为它既可以归属学校，也可以归属评估人员，或者双方都可以拥有所有权。

如果在数据采集过程中被评估部门负责人给予了很大帮助，该负责人就不难获得数据，至少可以暂时获得。问题是评估部门的负责人收集的是否是关于他们自己的数据。如果评估的内容之一是部门负责人的工作效率问题，数据还是由其他人收集为好。要处理好数据所有权问题，评估人员需要起草一份谅解备忘录。这样所有参与评估的人员就能知道数据的获取与使用是暂时的还是永久的。

协商达成协议

评估中的许多细节问题最好通过合同、协议备忘录、协议书的形式予以解决。在其他学校进行评估，这一点尤其重要。如果是在自己的学校开展评估，协议备忘录就够了。那么哪些事情需要协商？博格丹和比克兰（1992）提出以下问题需要协商：评估结果能发表吗？谁对数据拥有所有权？数据要向谁发布？评估人员在评估开始之前要解决好这些问题和多伯特（1982）提出的问题。

多伯特（1982）认为以下问题需要协商：

1. 明确为什么要开展评估； 307
2. 明确研究人员采集来的数据有何用途；
3. 保留对研究人员采集来的数据的所有权；
4. 确保评估设计和数据采集自主权；
5. 保留发表评估结果的权利；
6. 提出并讨论任何潜在的利益冲突。

表 14.3 是一份协议备忘录模板。事实上，模板上列出的任何一点都是评估人员和要求开展评估人员之间可以协商的内容。

308 表 14.3 协议备忘录模板

日期：

以下文件是（评估项目名称）的协议备忘录，以下简称“项目”。

1. 甲方是__________，乙方是__________。

2. 项目的目的如下：

（1）__________

（2）__________

（3）__________

（4）__________

3. （评估人员姓名）应该在（日期）之前提交评估报告初稿。

4. （评估人员姓名）应该在（日期）之前提交评估报告终稿。

5. 项目结束后，数据的所有权归属（甲方或乙方或者第三方）所有。（该点可以协商。）

6. 没有征得（要求开展评估的人员姓名）同意，（评估人员姓名）可以（或者不可以）出版评估结果。（该条款可以协商。）

7. 此外，参加本项目的受试必须签署知情同意书。

8. 在（评估人员姓名）完成项目并提交了评估报告终稿后，评估费用（费用数字）要汇给（接收款项的人名）。

（签名）	（签名）	__________
要求开展评估人员	评估人员	日期

角色冲突

在自己的学校里开展评估往往会引起角色冲突。如本书第二章所述，由谁开展评估至关重要。如果最有资格开展评估的人同时又是对评估结果最感兴趣的人，这时就会出现角色冲突。更加糟糕的是，评估人员迫于领导的压力要产生“合适的结果”。罗德里格斯（1992）指出：“如果学校领导对评估人员的行为有所期待，评估人员的角色冲突会更加明显。”

如何避免此类困境？第一，在评估开始之前，评估人员必须充分理解自己的角色和开展评估的目的。管理人员要理解如果评估结果是事先规定好的，评估人员就会违反伦理原则。第二，本书第十三章指出，不要做没人想要的评估。这句话的意思是：评估人员有责任告诉管理人员各种可能的结果，看他们能否接受这些结果。如果他们不能接受，这样的评估最好不要做。第三，如第
309 十三章所述，汇报评估结果的方法多种多样，要注意评估报告的语气和语言。

探究自由是学术自由的核心，探究自由应该成为高校的核心价值观（参考 Joughin, 1969），但是学者开展研究追求真理的自由和高校评估人员开展评估的自由还是有区别的。在本书第一章我们就指出，研究和评估不同。评估人员要

遵守伦理，要确保评估质量，但是决定评估内容和如何使用评估结果的，不是评估人员而是学校。评估人员有责任和学校一起努力确保评估工作符合本书提出的伦理标准。

承诺和互惠

巴顿（1990）提醒研究人员要信守承诺。如果评估人员承诺给受试一份评估报告，那就要做到。“要说到做到。”（p. 356）卡农（1989）还认为，评估人员对配合他们工作的同事也要信守承诺。如果他们答应帮助同事，那也要说到做到。

说实话

有时，数据会显示一些负面信息。评估人员可能会想办法删除或隐藏这些负面信息。博格丹和比克兰（1992）的建议是：“评估人员最重要的工作应该是努力汇报数据呈现的信息。对科研人员来说，捏造数据、歪曲事实就是犯罪。”（p. 54）

如果遇到这种情况，怎么办呢？我们在本书第十三章指出，在评估开始之前，评估人员要告诉管理人员各种可能的结果，防止他们事后施压要求删除不利结果或政治敏感结果。评估之后，评估人员在汇报有争议的结果时也要注意措辞。最后，如果评估发现了非常严重的问题，评估人员也要提前向要求开展 310
评估的人和相关利益部门反馈。有了以上措施，在最后提交评估报告时，各方就不会认为评估结果出乎意料。

评估人员效应

关于评估人员效应，巴顿（1990）提出了三种值得我们关注的情况。接下来详细讨论这三种情况。

第一种情况是评估人员对项目的影响程度有多大。巴顿（1990）认为：“评估人员效应经常被夸大，尤其是被评估人员夸大。”（p. 474）他的建议是评估人员既不要低估也不要高估他们的影响力，他们应该“认真描述并研究有哪些效应”（p. 474）。

评估人员可以通过介入受试活动和选择活动场所来影响评估结果。例如，在评估课堂效果时，如果评估人员在课堂上对教师和学生的错误进行了纠正，这种纠错行为就会影响评估结果，评估人员应该避免这种纠错行为。

巴顿关注的第二种情况与评估人员因评估经历而引发的变化有关。例如，有人原来评估宗教复兴的影响，但是在评估过程中，他的评估兴趣发生了变化，由评估宗教复兴的影响转向宗教取向。一旦评估兴趣发生了变化，评估人员就很有可能会亲自介入评估过程，就有可能不能客观地进行评估。保持客观性的方法之一就是团队合作。团队中的其他成员会指出某个成员的行为或取向发生变化。

第三个问题是数据分析和解读中的偏见和先入为主的观念。大部分学生事务工作人员认为，课外活动对学生的教育具有促进作用。如果这些学生事务工
311 作人员参加学生活动项目的评估，他们应该能够意识到他们已有的关于学生活动项目价值的观念。解决偏见问题有多种方法。第一个方法是团队合作，尤其是当团队成员能从不同视角看待评估问题时，这种方法特别有效。如果团队成员能从不同视角进行观点交流，评估报告会更加客观准确。第二个方法是成员核查（见第三章的定性研究方法）。这种方法能帮助评估人员确定采集来的数据和受试提供的数据是否一致。第三个方法是由非团队成员进行综合性审计跟踪，能帮助去除评估过程中的明显偏见。每个评估人员在评估时要牢记不能有偏见和先入为主的观念。偏见会影响评估结果，使数据出现错误，甚至有可能令评估毫无价值。

对同时使用定量和定性研究方法的评估人员来说，最具挑战性的困难是寻求没有偏见的评估方法，虽然定性研究方法承认偏见是评估项目的重要组成部分。但是，无论是采用定量研究方法，还是定性研究方法，或者同时采用两种方法，评估人员都要力求客观（Borg, Gall & Gall, 1993），“对所研究的现象保持中立态度”（Patton, 1990: 55）。以上推荐的各种方法能帮助评估人员减少偏见，保证评估结果的准确性。

二手数据的准确性

在评估过程中，评估人员很有可能会使用其他人收集的或其他来源的数据。在这种情况下，评估人员一定要确保数据的准确性。格罗斯、劳罗舒和希尔兹（Grose, Lauroesch & Schiltz，1992）认为：“评估人员有责任对学校各个办公室使用的数据准确性进行评价，并提醒数据使用人员数据可能存在的错误。”（p. 27）

312 处理有错误的数据需要技巧，尤其是与学校的同事合作进行评估。但是，在评估中使用错误数据会使结果更加糟糕。因此，在处理错误数据时，首先，评估人员的态度要坚定，一定要拒绝使用错误数据，以此保证评估结果的准确性；其次，处理错误数据的方法要有所讲究。

伦理谬误

如果评估人员发现研究假设不成立，这时就有可能出现伦理谬误。豪斯（House，1993）指出了评估过程中有可能出现的几种伦理谬误。第一种谬误是客户至上主义，指评估人员做客户想要做的任何事情。这种谬误可能会在以下情况发生。评估人员在研究心理状态不稳定的人群时碰到了一个可能会危及他人生命安全的危险人物。这个危险人物计划对汽车站的人群进行随意射击。评估人员知道了该计划，但他们没有报警。虽然此例有点夸张，但是强调了这种现象发生的可能性。评估人员为了满足客户的需求或评估项目的目标牺牲了更大群体的利益。

豪斯指出的第二种伦理谬误是契约主义。契约主义指的是仅仅局限于承担评估合同中规定的各项责任，对合同之外的其他责任一概不予考虑。例如，某评估人员对某办公室的工作进行评估。在评估过程中，评估人员知道了办公室存在设备偷窃的现象。虽然合同中没有要求评估人员承担财务审计的责任，但是，从大局着眼，既然问题已经被发现，评估人员就有必要开展更加系统、更加综合的审核。

第三种伦理谬误是相对主义。相对主义认为参加某项评估，尤其是使用定性研究方法的评估时所有受试的观点同等重要。事实上，有些受试表达的观点
更多，更加重要。例如，在对学生管理进行评估时，评估人员需要考虑学生的 313
观点。一般来说，学生会成员对学校的学生管理会比刚转学来的学生知道得更多。因此，评估人员要关注受试的背景。在有些评估中，采集数据时对受试会存在比较明显的偏见。但是，无论如何，正如豪斯（1993）所说："任何人都可以表达他的观点，任何人的观点都应该得到关注，但是并不能说明每个人的观点同等重要。种族主义人员的观点和种族主义受害人的观点就不可能同等重要。"（p. 170）

反过来，豪斯也认为，多元主义和精英主义也有可能成为伦理谬误。他告诫评估人员，要防止只重视重要岗位人物的观点，而忽视其他人的观点的趋势。评估人员要关注尽可能多的人群的观点。

伦理准则

全国学生人事管理者协会（1993—1994）和美国大学人事协会（1989）都出版了学生事务部门应该遵守的伦理准则方面的文献。这两个文献提出的伦理

准则都涉及保密性、研究和保护受试。参考文献列出了这两个协会出版的文献。除此之外，其他组织也出版了伦理准则方面的文献，这些文献聚焦更加具体的学生事务工作，为评估人员提供更加丰富的资料。

小 结

本章指出了拟开展评估人员将要遇到的伦理问题和伦理困境，同时为读者提供了
314 解决问题的策略。我们认为，本章已经为读者明确了评估人员最有可能遇到的各种问题。如果读者不知道如何解决伦理问题，可以参考本章提出的各种方法。在最后的分析中，惠特（1991）指出："为了保持受试人员的兴趣，研究人员应该在整个评估过程中努力保持高水平的工作能力和数据准确性。也就是说，评估人员要认真对待研究目的、数据管理、数据采集、分析和解释。"（p. 415）

第十五章

发挥评估功能：指导原则和建议 315

在总结本书的内容时，我们将首先回顾一下综合性评估模型（本书就是基于这个模型来写的）以及与评估过程相关的基本问题。我们还将回顾与评估目标、评估时机、评估人员、持续性评估、评估方法、评估资金、评估报告、评估伦理、评估结果使用等问题有关的工作原则。毫无疑问，在具体的评估中，这些工作原则应该有相应的变化。在不同的评估中，这些原则应该以这样或那样的形式出现。想对这些工作原则有更加深入的了解，读者需要阅读前面的章节。本章最后的总结与第一章的主题相呼应：评估不仅关系学生事务的生死存亡，而且评估是学校政策和决策制定、确保学校人才培养质量、经济承受能力和公平性、战略规划、应对政治压力的有效手段。

学生事务综合性评估模型

本书围绕学生事务的综合性评估模型对学生事务评估工作进行阐述。该模型包括七个部分：

1. 记录用户使用服务、项目和设施的情况 316
2. 评估学生需求
3. 评估学生满意度
4. 评估校园环境和学生文化
5. 评估工作结果
6. 跨校工作表现评估
7. 基于专业标准的工作效能评估

指导评估的基本问题

在本评估模型的基础上，我们设计了12个问题来指导具体的评估设计。这12个问题是：

1. 研究问题是什么？
2. 研究目的是什么？
3. 被研究人群是谁？
4. 最佳的评估方法是什么？
5. 如何确定研究样本？
6. 如何采集数据？
7. 应该使用什么研究工具？
8. 谁来采集数据？
9. 如何记录数据？
10. 如何分析数据？
11. 如何汇报评估结果？
12. 如何使用评估结果？

指导评估的基本原则

评估目的

最重要的评估原则或许就隐藏在“我们为什么要做这个评估？”这一问题中。每个评估都应该有宏观的评估目标和具体的评估目的。评估人员、被评估人群以及阅读评估报告的人群都应该理解评估目标和评估目的。要确定
317 好评估目标和评估目的需要一些时间，但这绝对是必要的。如果评估人员没能很好地理解一个评估项目的目标和目的，那从一开始就注定该评估项目不可能成功。

我们曾经遇到过对评估目标和目的有误解，或者评估目标和目的设定模糊的情况。有一次，我们两位作者中的一位接到邀请到另一个校区的学生事务的某个部门进行定期评估。在电话里，该作者被告知这是一次日常评估，没有什么特别需要注意的问题。他去了之后才发现，这次评估的目的是对该部门的结构重组和人事安排计划进行论证。事先对该评估目的不了解导致出现了很多问题。

评估时机

有些评估可以随时开展，但有些评估必须在某个特定的时间内开展。什么时候开展评估取决于很多因素，如评估目的、被评估事件的特征、校历安排、评估资源是否可以获取等。

对新生环境熟悉与适应项目评估往往在项目结束之后进行，持续时间为1～2天。如果在新生熟悉环境与适应项目途中进行评估，评估可能效果不佳，因为他们有许多问题没法回答。

另一方面，如果要对校内学生宿舍的环境质量进行评估，那么秋季学期的中间是个合适的时间。根据评估结果，学校还有时间改进评估中暴露出来的问题和不足。

评估人员安排

评估最好由内部人员和外部人员共同完成。内部人员熟悉自己所在的部门，能感受到外部人员无法体会的细微之处。但是外部人员能够从崭新的视角审视被评估部门，能从内部人员已经习以为常的事情中提出问题。

一般来说，内部人员指的是负责某个部门的正常运行或与之关系密切的人员。例如，在对学生活动办公室进行评估时，该办公室的所有人员以及学生处 318
负责人和学生社团导师都应该是内部人员。外部人员可以是校内的教师、设施规划人员、财务人员等。甚至还可以把校外的某些人员包括进去，如其他学校相同部门的工作人员。

出于费用方面的考虑，邀请校外的外部人员定期参与评估不太现实。但解决办法还是有的。可以与同地区其他高校进行“交易”。一所学校可以邀请另一所学校的相关人员作为外部人员来参与评估。作为交易，下次这所学校选派人员到另一所学校参与评估。例如，某学校的健康服务中心工作人员可以作为另一所学校的外部人员。作为回报，下次另一所学校的咨询服务中心的工作人员可以作为该学校的外部人员。

持续性评估

有些评估往往是“一锤子评估”，缺乏后续评估。区域性认证协会就是典型的例子。他们往往10年才评估一次。评估结束后大家都放松下来，然后等下一次认证。认证评估的目的只需要一次评估就可以实现，但是仅仅一次评估会让被评估部门失去很多提升项目和服务质量的机会。因此，我们建议要定期开展评估。

319 多长时间开展一次评估？这个问题不好回答，但我们觉得应该至少两年一次。以学生录取和退学情况为例，每两年就会有一半的在校生发生变化。如果评估频率低于两年一次，每次评估的对象就可能完全不同。对同一批学生进行4～5年的跟踪调查，研究他们的成长变化非常有意义。但是这样的调查频率不应该是十年一次或两次。这样的调查工作应该像日常工作一样，要写进部门的年度工作计划，每年都要开展。

评估方法

有人支持定量研究方法，也有人支持定性研究方法。有些人的意见非常极端，他们只支持自己喜欢的研究方法，看不到其他研究方法的价值。例如，有些人支持定量研究方法，他们认为定性研究方法过于草率，不够严谨，不能提供有用信息。也有些人只关注定性研究方法，对定量研究方法不闻不问。

我们的观点是，要结合两种方法。任何方法都有优势和不足。最好的研究通常两种方法都采用，任何研究都不是“非此即彼”的选择。研究人员应该理解评估的目的，选择合适的研究方法，为研究问题提供最好的回答。

评估人员要摒弃对项目的任何偏见，还要知道使用多种研究方法能带来更
320 多的有用信息。成功的评估人员往往掌握了多种评估方法和评估技术，而且知道如何混合使用多种评估方法。

资金支持

必要的人力资源和资金资源是项目开展前期必须解决的问题。评估人员一方面要知道天下没有不花钱的评估，另一方面也不要被评估费用吓到。对学生和教师来说，时间是非常宝贵的。要开展评估，评估人员就要全身心投入。评估人员应该减少会议次数，缩短会议时间、使用电子邮件和电子技术等，想方设法增加在评估项目上的时间投入。

并不是所有的项目都需要聘请评估指导或雇佣额外的学生来帮忙，但是可以通过花钱买设备，雇人做计算工作或其他工作的方法帮助项目顺利实施。我们要认识到，评估需要资金支持。要求开展评估的领导层一定要在评估开始之前为评估人员提供最基本的支持。我们建议那些计划开展评估的部门在评估开始时一定要保证资金和人力支持。

最终报告

谁会收到最终的评估报告？评估报告会在多大的范围内传播？要不要把评

估报告发送给学生报刊或教师委员会？这些问题都不好回答。我们的观点是评估人员应该把评估报告递交给要求他们做评估的人。要求做评估的人会决定如何传播评估报告。

但这并不是说评估小组负责人就不会有传播评估报告方面的压力了。对他们来说，最好的应对方法就是咨询要求他们开展评估的人。

如果评估揭露出工作人员在工作中存在重大问题，怎么办？最好的办法就 321
是私下里跟要求他们开展评估的人进行沟通。这样的信息可能不会出现在最终的报告中。如果问题特别严重，评估人员可能会以委婉的表达呈现问题。评估人员要有这样的意识：对工作人员的职业发展来说，评估是一件严肃的事情。如果评估发现工作人员存在严重的渎职或违法行为，评估人员要立即汇报情况。这样，要求他们开展评估的人会立即进行调查。

我们认为，评估报告越长，读者阅读报告的意愿就更低。因此，对校长、副校长、理事等特别忙的人来说，一份综合报告就够了，因为他们要审阅的材料很多。如果综合报告能引发他们的兴趣，他们日后会主动要求阅读完整的评估报告。（详细讨论见本书第十三章。）

评估伦理

我们没有详细讨论评估的伦理问题，因为本丛书从头到尾都非常关注伦理问题。这里重申一下我们的观点：参与评估的相关人员一定要注意本书提出的各种伦理问题。如果评估中出现了伦理问题，评估结果就毫无价值，不足以写进报告。我们建议，万一真的出现了伦理问题，请向评估成员之外经验丰富的研究人员求教，或者向其他学校的学生事务管理人员求教。

评估结果使用

如本书第十三章所说，评估人员最痛苦的事情莫过于评估完成了，决策人员说因为某种原因无法根据评估结果开展后续改进行动。这种情况出现的原因
多种多样，可能是评估做得不好、报告写得不好、领导缺乏提升工作效能的勇 322
气、担心政治迫害等。有些人认为评估报告提交后，评估就结束了。但是我们认为评估人员还应该有帮助决策人员理解评估发现和政策或工作行为之间的差距，并给出缩小差距的建议。评估报告要把这一点写进去，同时也要就这一点经常对决策人员进行提醒。总之，不要让决策人员忽视我们辛辛苦苦做出来的评估结果。

小 结

在本书第一章，我们分析了高等教育需要评估的众多原因。目前，高等教育面临的外部压力越来越大，需要解决的问题也越来越多。学生从大学教育中学到了什么？我们如何知道他们学到了什么？为什么大学教育的花费越来越多？为什么其增长速度超过了日常花费的增长速度？为什么弱势群体的退学率高于其他群体？要回答好这些问题，就要进行评估。区域性认证委员会要为以评估为导向的结果提供评估标准。

学生事务也面临类似的问题。有没有为学生提供所承诺的服务？学生事务工作是否高效高质？学生服务和项目是否对弱势群体也敞开大门？校园环境有无歧视和偏见？学生服务、项目和设施是否能够促进学生学习？最重要的问题是：我们是否真的需要学生事务工作？现实情况是，学生事务工作部门在近几年遭遇了经费削减的问题。与学校其他部门相比，学生事务工作部门的经费不足。学生事务部门的生存存在危机。

综合性评估项目能向社会展示学生事务的重要性和工作成效，也能帮助我们解决学生事务的工作质量问题、公平性问题、可行性问题，还能帮助学校做好战略决策和政策制定，应对政治压力。更重要的是，综合性评估项目能帮助我们把我们的工作与学生
323 学习联系起来，帮助学生学业成功。总而言之，学生事务评估不是奢侈品，也不是要等其他问题都解决之后才要考虑的问题。相反，学生事务评估是必需品，它是要优先考虑的问题。

我们知道，学生事务人员工作繁忙。在我们从事学生事务管理的 15 年时间里，我们遇到过很多影响评估进程的问题，但是我们坚信，通过评估，我们能向自己、向学校、向社会，最重要的是向学生，展示我们的价值和工作成效。

附　录

本附录为读者提供在学生服务、项目和设施评估中可能会用到的工具目录，可能会有遗漏。读者在使用这些工具之前应该与工具研发机构联系，进一步收集这些工具更多的信息，并查阅这些工具的测量目的、测量内容和测量伦理方面更多的信息。

读者还可以参考《高等教育评估工具大全》(Clearinghouse for Higher Education Assessment Instruments)(College of Education, University of Tennessee, 212 Claxton Education Building, Knoxville, TN 37996-3400)，本书收集了大量的评估工具和其他与评估有关的论文著作的出版信息。

一、美国国内评估工具的主要研发机构

以下是美国知名的评估工具研发机构的地址。读者有兴趣的话，可以联系这些机构，向他们索要详细的评估工具列表和相关信息。

ACT Evaluation/Survey Services
2201 North Dodge Street
P. O. Box 168
Iowa City, IA 52243

ETS Institutional Research Program for Higher Education
Educational Testing Service
Princeton, NJ 08541-0001

Noel Levitz Centers
2101 ACT Circle
Iowa City, IA 52245-9581

326 NCHEMS
1540 Thirtieth Street
P. O. Drawer P
Boulder, CO 80302

Office of Assessment Services
1819 Andy Holt Avenue
University of Tennessee
Knoxville, TN 37996−4350

Psychological Corporation
Order Service Center
P. O. Box 839954
San Antonio, TX 78283−3954

Western Psychological Services
12031 Wilshire Boulevard
Los Angeles, CA 90025−1251

二、评估工具目录

（一）学术咨询调查工具

1. 学术咨询调查量表（*Academic Advising Inventory*）

该调查的目的在于从 5 个方面测量学生对咨询项目的认知。这 5 个方面分别是：发展性 - 规定性咨询、活动类别、学生对咨询的满意度、人口统计学信息、本土项目。

Student Development Associates
110 Crestwood Drive
Athens, GA 30605

2. 大学生调查量表（*College Student Inventory*）

该调查量表的目的在于为咨询人员提供关于学生态度方面的信息。

Noel Levitz Centers

2101 ACT Circle

Iowa City, IA 52245-9581

3. 学术咨询调查调查（*Survey of Academic Advising*） 327

该调查的目的在于调查学生对学校学术咨询服务的了解程度。问卷包括背景信息、咨询信息、学术咨询需求、对咨询人员的印象、其他咨询信息、其他本土化问题、建议与意见。

ACT Evaluation/Survey Services

2201 North Dodge Street

P. O. Box 168

Iowa City, IA 52243

（二）成人学生调查工具

成人学生需求调查（*Adult Learner Needs Assessment Survey*）

该调查的目的在于调查校内成人学生和学校所在社区内有意向来校就读的成人学生在教育和个人生活方面的需求。调查内容包括个人背景信息、教育计划与教育偏好、个人需求与教育需求、其他与学校有关的问题、对学校的意见和建议等。

ACT Evaluation/Survey Services

2201 North Dodge Street

P. O. Box 168

Iowa City, IA 52243

（三）校友调查工具

1. ACT 校友成就调查（*ACT Alumni Outcomes Survey*）

该调查主要用于收集学生对他们自己在由认证委员会和其他校外机构认可的重要方面的满意度反馈，以及学生在这些方面的自我成长报告。

ACT Evaluation/Survey Services

2201 North Dodge Street

P. O. Box 168

Iowa City, IA 52243

2. ACT 校友调查（*ACT Alumni Survey*） 328

该调查工具用于调查学校对学生发展的影响。调查对象是两年制和四年制学校的毕业生。调查内容包括学生个人背景信息、继续教育、教育经历、工作经历、其他与学校有关的问题、目前使用的电子邮箱、对学校的意见和建议等。

ACT Evaluation/Survey Services
2201 North Dodge Street
P. O. Box 168
Iowa City, IA 52243

3. 田纳西大学校友调查（*Alumni Survey, University of Tennessee*）

该调查工具用于调查学生的本科在校经历。调查内容包括学生对学校的总体满意度、在校期间对各种活动的参与度、在校学习和参加与专业相关的项目对自己的影响、个人背景信息和就业信息。

Learning Research Center
University of Tennessee
Knoxville, TN 37996−3400

4. 综合性校友评估调查［*Comprehensive Alumni Assessment Survey*（*CAAS*）］

该调查用于收集校友的各方面信息，自由增添与学校相关的问题。

NCHEMS
1540 Thirtieth Street
P. O. Drawer P
Boulder, CO 80302

5. 长期校友调查问卷（*Long-Term Alumni Questionnaire*）

该问卷的调查对象是已毕业或离校 4 年以上的校友。

NCHEMS
1540 Thirtieth Street
P. O. Drawer P
Boulder, CO 80302

329 **6. 近期校友调查问卷（*Recent Alumni Questionnaire*）**

该问卷的调查对象是已毕业或离校 4 年或 4 年以下的校友。

NCHEMS
1540 Thirtieth Street
P. O. Drawer P
Boulder, CO 80302

（四）职业规划与就业指导服务调查工具

1. 职业规划量表（*Career Decision Scale*）

该量表用于调查学生职业规划中遇到的障碍和问题。

Marathon Consulting and Press
P. O. Box 09189
Columbus, OH 43209−0189

2. 职业发展量表（*Career Development Inventory*）

该量表根据杜珀（Duper）提出的职业发展模型评估毕业生的职业发展和职业成熟度。

Consulting Psychologists Press, Inc.
3803 East Bayshore Road
P. O. Box 10096
Palo Alto, CA 94303−0096

（五）认知发展调查工具

1. 大学教育成果测量项目（*College Outcome Measures Program*）

该测量项目的目的在于从学生口头和书面的交流能力、解决问题能力和价值观判断三个方面测量大学通识教育的教学成果。

ACT Evaluation/Survey Services
2201 North Dodge Street
P.O. Box 168
Iowa City, IA 52243

2. 认识反思测量（*Measure of Epistemological Reflection*） 330

该测量项目的目的在于从 6 个方面（决策能力，学习者角色，教师角色，同伴角色，评价，真理、知识和现实的本质）测量学生的认知发展。

American Counseling Association

5999 Stevenson Avenue

Alexandria, VA 22304

3. 帕克认知发展量表（*Parker Cognitive Development Inventory*）

该量表根据佩里（Perry）的认知发展理论，用打分的形式测量学生认知发展方面的连续性表现和层次性表现。

HITECH Press

P. O. Box 2341

Iowa City, IA 52244−2341

4. 学生反思判断访谈（*Reflective Judgement Interview*）

该测量工具根据基奇纳和金（Kitchener & King）提出的反思判断模型，对学生反思判断的七个阶段进行测量。

Department of College Student Personnel

330 Education Building

Bowling Green State University

Bowling Green, OH 43403−0249

5. 华生－格莱泽思维测试（*Watson-Glaser Critical Thinking Appraisal*）

该测量工具从推断、假设识别、演绎、解释、评价等角度测量学生的思辨能力。

Psychological Corporation

Order Service Center

P. O. Box 839954

San Antonio, TX 78283−3954

331 **（六）发展与参与调查工具**

1. 对学校的态度量表（*Attitude Toward College Inventory*）

该量表用于调查学生能否融入大学生活，能否坚持学业，直到毕业。

Ernest Pascarella

National Center on Postsecondary Teaching, Learning, and Assessment

College of Education, M/C 147

P. O. Box 4348

Chicago, IL 60608-4348

2. 大学生校园生活适应性量表（*College Adjustment Scales*）

该量表用于测量学生能否适应大学生活。量表维度包括抑郁、焦虑、自杀倾向、人际关系问题、自尊问题、家庭问题、学业问题、职业选择问题等。

Psychological Assessment Resources, Inc.

P. O. Box 998

Odessa, FL 33556-0998

3. 大学生就读经验问卷 / 社区大学生就读经验问卷［*College Student Experiences Questionnaire*（*CSEQ*）/*Community College Student Experiences Questionnaire*（*CCSEQ*）］

这两个问卷用于调查学生会花多少时间和精力在学校提供的各种服务和项目上。问卷内容包括背景信息、学校活动、师生互动、读写活动、对学校的感知和学校环境的感知、对收获的预期以及与学校有关的内容。

Center for Postsecondary Research and Planning

201 North Rose Avenue

Bloomington, IN 47405-1006

4. 学生课外活动参与度量表（*Extracurricular Involvement Inventory*）

该量表用于调查学生课外活动的参与度。

Ernest Pascarella 332

National Center on Postsecondary Teaching, Learning, and Assessment

College of Education M/C 147

P. O. Box 4348

Chicago, IL 60608-4348

5. 艾奥瓦州学生发展测试（*Iowa Test of Student Development*）

该测试根据奇克林的学生心理社会发展理论来测量学生发展。

Albert B. Hood

HITECH Press

P. O. Box 2341

Iowa City, IA 52244-2341

6. 学生发展任务和生活方式量表（*Student Development Task and Lifestyle Inventory*）

该量表用于测量奇克林提出的学生发展最初的三个阶段。量表内容包括职业规划、生活方式规划、生活管理、与同伴关系、忍耐度、情绪自主、学业自主、健康的生活方式等。

Student Development Associates

110 Crestwood Drive

Athens, GA 30605

7. 学生情况调查（*Student Survey*）

该调查用于调查学生对校园环境的参与程度。

Educational Testing Service

Princeton, NJ 08541−0001

8. 学生活动情况量表（*The Activity Inventory*）

该量表用于测量评估学生课外活动的参与程度，并测量参与课外活动对学生发展能起多大的影响。

333 ACT Evaluation/Survey Services

2201 North Dodge Street

P. O. Box 168

Iowa City, IA 52243

（七）残疾学生调查工具

残疾学生民意调查（*Disabled Student Survey*）

该调查用于测量残疾学生在校园内的归属感。

Sue Koeger, Director

Office for Students with Disabilities

University of Minnesota

16 Johnston Hall

101 Pleasant Street S.E.

Minneapolis, MN 55455

（八）退学学生调查工具

1. 对已退学学生的调查问卷（*Former Student Questionnaire*）

该问卷用于已经退学的学生，调查他们退学的原因和对学校的印象。

NCHEMS
1540 Thirtieth Street
P.O. Drawer P
Boulder, CO 80302

2. 学生经历调查（*The Student Experience*）

该调查表用于调查退学学生各方面的观点，包括退学的原因、退学过程、教育收获、学生关系、同伴关系、课堂经历、未来的计划、背景信息等。

Learning Research Center
University of Tennessee
Knoxville, TN 37996-3400

3. 退学/不复学学生调查问卷（*Withdrawing/Nonreturning Student* 334 *Survey*）

该问卷的目的在于调查学生退学的原因。问卷内容包括背景信息、退学原因、学校服务和特征、学校本土化问题、对学校的意见和建议。该问卷有完整版和缩略版两个版本。

ACT Evaluation/Survey Services
2201 North Dodge Street
P. O. Box 168
Iowa City, IA 52243

（九）针对吸毒和酗酒问题的调查工具

1. 对毒品和酒精的认知调查（*Core Drug and Alcohol Survey*）

该调查的目的在于收集学生对酒精和毒品的态度与认知。

Cheryl Presley
Southern Illinois University
Carbondale, IL 62901

2. 学校为消除酗酒和吸毒问题的承诺调查（*Institutional Commitment to the Elimination of Alcohol and Other Substance Abuse*）

该调查用于各个学校对自己的政策、项目、实施情况和评估进行自我评价。调查表分教职工用表和学生用表两类。

Network of Colleges and Universities Committed to the Elimination of Drug and Alcohol Abuse

U.S. Department of Education

555 New Jersey Avenue N.W.

Washington, DC 20208–5524

3. 加利福尼亚大学洛杉矶分校关于毒品的调查问卷（*UCLA Drug Abuse Questionnaire*）

该问卷用于测量学生对吸毒的认识和对吸毒、毒瘾的态度。

335 ERIC Document Reproduction Service

3900 Wheeler Avenue

Alexandria, VA 22304

（十）针对招聘单位和招聘人员的调查工具

1. 招聘人员调查问卷（*Employer Survey*）

该调查问卷用于调查在招聘人员看来，毕业生的工作准备情况和工作表现如何，以及将来毕业生需要具备哪些技能。问卷内容包括毕业生的工作表现、对毕业生的满意度等。

Office of Assessment Services

University of Tennessee

Knoxville, TN 37996–4350

2. 招聘人员评估调查（*Recruiter Evaluation Survey*）

该调查工具用于招聘人员对学校的就业服务进行评估。

Bob Greenberg

Career Services

University of Tennessee

Knoxville, TN 37996–4010

（十一）校园环境评估工具

1. 校园环境评估量表（*Environment Assessment Inventory*）

该评估量表能为学校咨询中心的工作人员系统地提供校园环境、环境发展趋势，以及环境对学生的影响等方面的数据。

Robert Conyne

340 Tangeman University Center, ML No. 46

University of Cincinnati

Cincinnati, OH 45221

2. 学生融入校园生活的访谈协议（*Involving Colleges Interview Protocol*） 336

该访谈评估学生对校园环境的认知，包括对学校的办学目标、办学思路、校园文化、学校政策与实施、部门工作等方面的了解。

Center for Postsecondary Research and Planning

201 North Rose Avenue

Bloomington, IN 47405−1006

（十二）针对一年级学生和即将入学新生的评估工具

1. 全美大学新生年度调查（*Annual Survey of American College Freshmen*）

该调查工具用于收集一年级新生的态度和价值观。

Cooperative Institutional Research Program

Graduate School of Education

University of California

405 Hilgard Avenue

Los Angeles, CA 90024

2. 教育规划调查（*Educational Planning Survey*）

该调查工具用于收集一年级新生的背景信息、高中学习情况和课外活动情况、对大学的期望、在大学里的学习计划、将来的就业计划、上大学的原因等方面的信息。

Division of Undergraduate Studies

Pennsylvania State University

102 Grange Building

University Park, PA 16802

3. 即将入学学生情况调查问卷（*Entering-Student Questionnaire*）

该问卷用于采集两年制和四年制刚入学学生的各方面信息。

NCHEMS

1540 Thirtieth Street

P. O. Drawer P

Boulder, CO 80302

337 **4. 即将入学学生情况调查（*Entering Student Survey*）**

该调查用于采集刚入学学生的计划、目标、对学校的印象等方面的信息。问卷内容包括背景信息、教育规划与偏好、对学校的印象、对学校的意见和建议、学校的问题等。

ACT Evaluation/Survey Services

2201 North Dodge Street

P. O. Box 168

Iowa City, IA 52243

5. 学习策略量表［*Learning and Study Strategies Inventory*（*LASSI*）］

该量表用于测量与学生学习成绩相关的各个方面存在的优势和劣势。具体内容包括态度、动机、时间管理、专注度、信息处理、学习帮助、自测、考试策略等。

H & H Publishing Company

1231 Kapp Drive

Clearwater, FL 34625

6. 学生自我调整调查问卷（*Student Adaptation to College Questionnaire*）

该问卷用于调查学生是否适应大学生活，以及根据大学生活的要求进行的自我调整。调查内容包括学习调整、社交调整、个人情绪调整、目标调整和学校归属感。

Western Psychological Services

12031 Wilshire Boulevard

Los Angeles, CA 90025-1251

7. 学生对学校的反应调查（*Student Reactions to College*）

该调查用于测量学生，特别是一年级新生对学校各种事务的反应。调查内容包括 4 个与学生生活相关的领域：教学过程、项目规划、行政事务、课外活动。 338

Nancy Beck
Educational Testing Service
College and University Programs
Princeton，NJ 08541−0001

8. 学生满意度调查：新生体验（*Student Satisfaction: The Freshman Experience*）

该调查的目的在于测量新生对学校各个方面工作的满意度。

Office of Assessment Services
1819 Andy Holt Avenue
University of Tennessee
Knoxville, TN 37996−4350

9. 高中毕业后学生人生规划调查（*Survey of Postsecondary Plans*）

该调查表用于调查高中毕业即将进入大学学习的新生在学习和就业方面的规划与目标。

ACT Evaluation/Survey Services
2201 North Dodge Street
P. O. Box 168
Iowa City，IA 52243

（十三）健康服务和健康教育测量工具

1. 病人评估表（*Patient Evaluation Forms*）

该评估表用于病人对医生、护士、接待人员、接待场所、实验室，以及医疗健康服务的其他方面的质量和服务的评估。

Fred Young, Director
Student Health Services
1800 Andy Holt Avenue
University of Tennessee

Knoxville, TN 37996-2800

2. 学生健康服务调查（学生用表）(*Student Health Services Student Survey*)

该调查表用于评估学生健康服务的功能和各方面的工作。

339 Pat Tachop, Planning and Assessment

University of Kentucky

206 Gillis Building

Lexington, KY 40506-0033

3. 健康服务评估量表（学校用表）(*Testwell Wellness Inventory, College Version*)

该软件用于测量学生的生理、情感、社交、智力、职业能力、心理发展状况。

National Wellness Institute, Inc.

1045 Clark Street, Suite 210

Stevens Point, WI 54481-2962

（十四）道德发展调查工具

问题确定检测（*Defining Issues Test*）

该检测工具用于测量学生如何应对一系列的道德困境，然后根据科尔伯格（Kohlberg）的道德推理理论对他们的反应进行分类。

Center for the Study of Ethical Development

University of Minnesota

141 Burton Hall

178 Pillsbury Drive S.E.

Minneapolis, MN 55445

（十五）学生需求评估工具

大学生需求评估调查（*College Student Needs Assessment Survey*）

该调查工具用于调查大学生的教育需求和个人需求。调查内容包括背景信息、职业目标、人生目标、教育需求、个人需求、建议和意见等。

ACT Evaluation / Survey Services

2201 North Dodge Street

P. O. Box 168

Iowa City, IA 52243

（十六）多元文化意识和态度调查工具 340

1. 校园多样性调查（*Campus Diversity Survey*）

该调查工具用于调查本科生对校园多样性、校园环境、校园生活、学生对种族、性别、残疾人、性取向等问题的态度和所采取的行为。

Eric Scouten, Research Projects Coordinator

University of Minnesota

110 Morrill Hall

100 Church Street S.E.

Minneapolis, MN 55455−0110

2. 校园舆论调查（*Campus Opinion Survey*）

该调查工具的目的在于调查学生对校园中存在的各种歧视行为的态度和情感反应。

National Institute Against Prejudice and Violence

University of Maryland

31 South Greene Street

Baltimore, MD 21201

3. 少数族裔学生调查（*Minority Student Survey*）

该调查工具用于收集非裔美国学生的学习生活经历、目标、认知等方面的信息。

Roseann R. Hogan

Planning and Assessment

University of Kentucky

206A Gillis Building

Lexington, KY 40506−0033

4. 种族态度多因素量表（表 C-8）[*Multifactor Racial Attitude Inventory*（*Form C-8*）]

该量表用于测量学生对黑人的态度。量表内容包括种族融合 − 隔离政策、能否与他人建立亲密关系、非裔美国人的自卑情绪、跨种族婚姻、个人权利、 341

地方自治、优越感等。

Tests in Microfiche
Educational Testing Service
Princeton, NJ 08541-0001

（十七）校内学生宿舍评估工具

大学住宿环境评估量表（*University Residence Environmental Scales*）

该量表用于评估学生集体住宿的社会环境。量表内容包括参与度、情感支持、独立性、竞争性、学业成绩、组织、社会影响、创新等。该量表有两个版本：一个版本用于目前在校内学生宿舍住宿的学生；一个版本用于即将来校内学生宿舍住宿的学生。

Consulting Psychologists Press
577 College Avenue
Palo Alto, CA 94306

（十八）满意度评估工具

1. ACT 学生意见调查（*ACT Student Opinion Survey*）

该调查工具用于研究两年制和四年制学生对学校满意度的观点。调查内容包括学生背景信息、学校服务、学校环境、其他与学校有关的事宜、意见和建议。

ACT Evaluation / Survey Services
2201 North Dodge Street
P. O. Box 168
Iowa City, IA 52243

2. 大学评估项目调查（CAPS）[*College Assessment Program Surveys*（*CAPS*）]

该调查工具用于评估个人发展动机、实现个人发展的机会，以及对学校文
342 化的认识等。调查内容包括个人发展动机、自尊、学校活动、学校文化、满意度、承担的责任、学校资源等。

MetriTech, Inc.
111 North Market Street
Champaign, IL 61820

3. 学校描述性指标（*College Descriptive Index*）

该调查工具用于测量学生对在校经历的满意度。

Tests in Microfiche

Educational Testing Service

Princeton, NJ 08541-0001

4. 大学生在校兴趣调查量表（*College Interest Inventory*）

该量表用于调查学生对课外活动的感兴趣程度。

Psychological Development Center

7057 West 130th Street

Parma, OH 44130

5. 学校办学目标调查量表（*Institutional Goals Inventory*）

该量表用于调查学生对学校办学目标（包括结果目标和过程目标）的认识程度。结果目标包括学生学业发展、学生个人发展、文化意识、审美意识、传统宗教、学生职业准备、高级培训、科学研究、社会服务、是否满足当地发展需求、社会服务、社会平等、社会批评等方面的目标。过程目标包括自由、民主管理、社区服务、学术环境、审美环境、创新、校外学习、学校信任度、学校工作效能等方面的目标。

Educational Testing Service

Princeton, NJ 08541-0001

6. 学生对学校的反应调查［*Student Reactions to College*（*SRC*）］ 343

该调查的目的在于对学生生活主要方面进行评估。与学生生活有关的方面包括教师教学、课堂学习、咨询服务、行政规章制度、作息时间表、课程注册、学生活动、学习、与教师的交流、学生目标与规划、日常生活、图书馆、书店等。

Educational Testing Service

Princeton, NJ 08541-0001

7. 学生满意度调查：新生体验（*Student Satisfaction: The Freshman Experience*）

该调查工具用于调查学生对学校各方面服务的满意度。

Office of Assessment Services
1819 Andy Holt Avenue
University of Tennessee
Knoxville, TN 37996–4350

8. 学生满意度调查（*Student Satisfaction Survey*）

该调查工具用于测量学生对校园环境、教学有效性、学业咨询服务有效性和学校工作是否以学生为中心等方面的满意度。该调查表针对本科院校、社区学院、技术学院有不同的版本。

Noel Levitz Centers
2101 ACT Circle
Iowa City, IA 52245–9581

9. 学生对学校项目和服务的满意度调查（*Student Satisfaction with University Programs and Services*）

该调查工具用于调查本科生对一般的大学项目和服务、与专业相关的项目和课堂教学的满意度。该调查也需要被调查学生提供自己的背景信息。

Learning Research Center
212 Claxton Education Building
University of Tennessee
Knoxville, TN 3799–3400

344 **（十九）价值观调查工具**

1. 全美大学新生年度调查（*Annual Survey of American College Freshmen*）

该调查工具用于调查大学新生的态度和价值观。调查内容包括个人基本信息和背景信息、在高中参加的活动、选择大学时对自己各方面能力的自我评价等级、父母的背景信息、社会价值观、选择大学时考虑的因素、高中时的学业准备、大学里可能要学的专业、人生目标、对大学的期望等。该调查工具针对一年级末的学生和三年级末的学生有不同的版本。

Cooperative Institutional Research Program
Graduate School of Education
University of California
405 Hilgard Avenue

Los Angeles, CA 90024

2. 价值观调查（*Survey of Values*）

该调查工具的目的在于测量学生的某些关键价值观，如是否具有实践意识，决策是否果断，做事是否有条理，做事是否具有目标意识等。

Science Research Associates

1 Lincoln Center

Suite 1200

Oakbrook Terrace, IL 60181

参考文献

American College Personnel Association. *A Statement of Ethical Principles and Standards*. Alexandria, Va.: American College Personnel Association, 1989.

American College Personnel Association. *The Student Learning Imperative: Implications for Student Affairs*. Alexandria, Va.: American College Personnel Association, 1994.

Andreas, R. E. "Program Planning." In M.J. Barr and Associates, *The Handbook of Student Affairs Administration*. San Francisco: Jossey-Bass, 1993.

Asher, B. T. "A Chief Student Affairs Officer's Perspective." In J.H. Schuh (ed.), *Enhancing Relationships with the Student Press*. New Directions for Student Services, no.33. San Francisco: Jossey-Bass, 1986.

Astin, A. W. *Assessment for Excellence*. New York: Macmillan, 1991.

Astin, A. W. "The Impact of Dormitory Living on Students." *Educational Record*, 1973, 54, 204–210.

Astin, A.W. *What Matters in College: Four Critical Years Revisited*. San Francisco: Jossey-Bass, 1993.

Astin, A.W., Korn, W. S., and Berz, E. R. *The American College Freshman: National Norms for Fall, 1990*. Los Angeles: Higher Education Research Institute, University of California, 1991.

Astin, A. W., and Solmon, L. C. "Are Reputational Ratings Needed to Measure Quality?" *Change Magazine*, 1981, 13 (7), 14–19.

Attinasi, L. C., and Nora, A. "Diverse Students and Complex Issues: A Case for Multiple Methods in College Student Research." In F. K. Stage (ed.), *Diverse Methods for Research and Assessment of College Students*. Alexandria, Va.: American College Personnel Association, 1992.

Aulepp, L., and Delworth, U. *Training Manual for an Ecosystem Model*. Boulder, Colo.: Western Interstate Commission for Higher Education, 1976.

Baird, L. L. "The College Environment Revisited: A Review of Research and Theory." In J.C. Smart (ed.), *Higher education: Handbook of Theory and Research*, Vol.4. New York: Agathon, 1998

Baldridge, L. "Parent Survey." *WSU Child Development Center News*, Dec. 1993, pp. 5–14.

Baldridge, V. J. "Strategic Planning in Higher Education: Does the Emperor Have Any Clothes?" In V. J. Baldridge (ed.), *Dynamics of Organizational Change in Education*. Berkeley, Calif.: McCutchan, 1983.

Banning, J.H. "Creating a Climate for Successful Student Development: The Campus Ecology Manager Role." In U. Delworth, G. R. Hanson, and Associates, *Student Services: A Handbook for the Profession*. (2nd ed.) San Francisco: Jossey-Bass,1989.

Banta, T. W. (ed.). *Implementing Outcomes Assessment: Promise and Perils*. New Directions for Institutional Research, no. 59. San Francisco: Jossey-Bass, 1988.

Banta, T. W., and Associates. *Making a Difference: Outcomes of a Decade of Assessment in Higher Education*. San Francisco: Jossey-Bass, 1993.

Barrow, J., Cox, P., Sepich, R., and Spivak, R. "Student Needs Assessment Surveys: Do They Predict Student Use of Services?" *Journal of College Student Development*, 1989, 30 (1), 77–82.

Becker, H. S. "What Do They Really Learn at College?" In K. A. Feldman (ed.), *College and Student: Selected Readings in the Social Psychology of Higher Education*. New York: Pergamon, 1972.

Bellow, P. J., Morrisey, G. L., and Acomb, B. L. *The Executive Guide to Strategic Planning*. San Francisco: Jossey-Bass, 1987.

Best, J. W., and Kahn, J. V. *Research in Education*. Englewood Cliffs, N. J.: Prentice Hall, 1986.

Betz, E. L., Menne, J. W., Starr, A. M., and Klingensmith, J. E. "A Dimensional Analysis of College Student Satisfaction," *Measurement and Evaluation in Guidance*, 1971, 4 (2), 99–106.

Bloland, P. A., Stamatakos, L. C., and Rogers, R. R. *Reform in Student Affairs*. Greensboro, N. C.: ERIC Counseling and Student Services Clearinghouse, 1994.

Bogdan, R. C., and Biklen, S. K. *Qualitative Research for Education*. (2nd ed.) Boston: Allyn & Bacon, 1992.

Bogue, E. G., and Saunders, R. L. *The Evidence for Quality: Strengthening the Tests of Academic and Administrative Effectiveness.* San Francisco: Jossey-Bass, 1992.

Bolton, C. D., and Kammeyer, K.C.W. "Campus Cultures, Role Orientations, and Social Types." In K. A. Feidman (ed.), *College and Student: Selected Readings in the Social Psychology of Higher Education*. New York: Pergamon, 1972.

Borg, W. R., Gall, J. P., and Call, M. D. *Applying Education Research: A Practical Guide*. (3rd ed.) White Plains, N. Y.: Longman, 1993.

Borg, W. R., and Gall, M. D. *Educational Research: An Introduction*. (5th ed.) White Plains, N. Y.: Longman. 1989.

Boyer, E. L. College: *The Undergraduate Experience in America*. Report of the Carnegie Foundation for the Advancement of Teaching. New York: Harper-Collins, 1987.

Bowering, D. J. (ed.). "Editor's Notes." In *Secondary Analysis of Available Data Bases*. New Directions for Program Evaluation, no. 22. San Francisco: Jossey-Bass, 1984.

Brodigan, D. L. "Focus Group Interviews: Applications for Institutional Research." *AIR Professional File*, 1992, 43.

Brown, R. D. "Key Issues in Evaluating Student Affairs Programs." In G. D. Kuh (ed.), *Evaluation in Student Affairs.* Alexandria, Va.: American College Personnel Association, 1979.

Brown, R. D., and Podolske, D. L. "A Political Model for Program Evaluation." In M.J. Barr and Associates, *A Handbook of Student Affairs Administration*. San Francisco: Jossey-Bass, 1993a.

Brown, R. D., and Podolske, D. L. "Strengthening Programs Through Evaluation and Research." In R. B. Winston, Jr., S. Anchors, and Associates, *Student Housing and Residential Life: A Handbook for Professionals Committed to Student Development Goals*. San Francisco: Jossey-Bass, 1993b.

Bryan, W. A. Winston, R. B., Jr., and Miller, T. K. (eds.). *Using Professional Standards in Student Affairs*. New Directions for Student Services, no. 53. San Francisco: Jossey-Bass, 1991.

Bryson, J. M. *Strategic Planning for Public and Nonprofit Organizations: A Guide to Strengthening and Sustaining Organizational Achievement*. San Francisco: Jossey-Bass, 1988.

Bushnell, J. H. "Student Culture at Vassar." In R. N. Sanford (ed.), *The American College: A Psychological and Social Interpretation of the Higher Learning*. New York: Wiley, 1962.

Cage, M. C. "To Shield Academic Programs from Cuts, Many Colleges Pare Student Services." *Chronicle of Higher Education*, Nov. 18, 1992, A25–A26.

Camp, R. *Benchmarking: The Search for Industry Best Practices That Lead to Superior Performance*. Rochester, N. Y.: Xerox, 1989.

Canon, H. J. "Guiding Standards and Principles." In U. Delworth, G .R. Hanson, and Associates, *Student Services: A Handbook for the Profession*. (2nd ed.) San Francisco: Jossey-Bass, 1989.

Canon, H. J. "Maintaining High Ethical Standards." In M. J. Barr and Associates, *The Handbook of Student Affairs Administration*. San Francisco: Jossey-Bass, 1993.

Capezio, R., and Morehouse, D. *Total Quality Management: The Road of Continuous Improvement*. Shawnee Mission, Kans.: National Press Publications, 1992.

Carnaghi, J. E. "Focus Groups: Teachable and Educational Moments for All Involved." In F. K. Stage (ed.), *Diverse Methods for Research and Assessment of College Students*. Alexandria, Va.: American College Personnel Association, 1992.

Chaffee, E. E., and Tierney, W. G. *Collegiate Culture and Leadership*. New York: American Council on Education/Macmillan, 1998.

Chickering, A. W. *Commuting Versus Resident Students: Overcoming Educational Inequities of Living Off Campus*. San Francisco: Jossey-Bass, 1974.

Chickering, A. W., and Gamson, Z. "Seven Principles for Good Practice in Undergraduate Education." *Wingspread Journal*, 1987, 9(2), 1.

Chickering, A. W., and Reisser, L. *Education and Identity*. (2nd ed.) San Francisco: Jossey-Bass, 1993.

Clark, B. R., and Trow, M. "The Organizational Context." In T. M. Newcomb and E. K. Wilson (eds.), *College Peer Groups: Problems and Prospects for*

Research. Hawthorne, N. Y.: Aldine de Gruyter, 1966.

Coleman, J. S. "Peer Cultures and Education in Modern Society." In T. M. Newcomb and E. K. Wilson (eds.), *College Peer Groups: Problems and Prospects for Research*. Hawthorne, N. Y.: Aldine de Gruyter, 1966.

Cook, T. T., and Shadish, W. R. "Program Evaluation: The Worldly Science." *Annual Review in Psychology*, 1986, 37, 193–232.

Cornesky, R., McCool, S., Byrnes, L., and Weber, R. *Implementing Total Quality Management in Higher Education*. Newbury Park, Calif.: Sage, 1991.

Council for the Advancement of Standards in Higher Education. *CAS Standards and Guidelines for Student Services/Development Programs*. Iowa City, Iowa: Council for the Advancement of Standards in Higher Education, 1986.

Crosson, F. *The Philosophy of Accreditation*. Washington, D. C.: Council on Postsecondary Accreditation, 1988.

Crowson, R. L. "Qualitative Research Methods in Higher Education." In J. C. Smart (ed.), *Higher Education: Handbook of Theory and Research*, Vol.3. New York: Agathon, 1987.

De Coster, D. A., and Mable, P. "Residence Education: Purpose and Process." In D. A. De Coster and P. Mable (eds.), *Student Development and Education in College Residence Halls*. Alexandria, Va.: American College Personal Association, 1974.

De Coster, D. A., and Mable, P. "Residence Education: Purpose and Process." In D. A. De Coster and P. Mable (eds.), *Personal Education and Community Development in College Residence Halls*. Alexandria, Va.: American College Personnel Association, 1980.

Dean Evans and Associates. *Event Management System*. Maplewood, Colo.: Dean Evans and Associates, 1994.

Deming, W. E. *Out of Crisis*. Cambridge: Massachusetts Institute of Technology Center for Advanced Engineering, 1986.

Dey, E. L. "College Impact and Student Liberalism Revisited: The Effect of Student Peers." Paper presented at the annual meeting of the Association for the Study of Higher Education, St. Louis, Mo., Nov. 1988.

Dillard, J. M. "Caribbean, Black and White College Students' Perceived Satisfaction at a Predominantly White University in the Southwest." *Psychological Reports*,

1989, 65, 1053–1054.

Dobbert, M. L. *Ethnographic Research: Theory and Application for Modern Schools and Societies*. New York: Praeger, 1982.

Eisner, E. W. "Educational Connoisseurship and Criticism: Their Form and Functions in Educational Evaluation." In D. M. Fetterman (ed.), *Qualitative Approaches to Evaluation in Education: The Silent Revolution*. New York: Praeger, 1988.

Eisner, E. W., and Peshkin, A. "Introduction." In E. W. Eisner and A. Peshkin (eds.), *Qualitative Inquiry in Education: The Continuing Debate*. New York: Columbia University Teachers College, 1990.

El-Khawas, E. "Accreditation: Self-Regulation." In K. E. Young, C. C. Chambers, H. R. Kells, and Associates. *Understanding Accreditation: Contemporary Perspectives on Issues and Practice in Evaluating Educational Quality*. San Francisco: Jossey-Bass, 1983.

Ely, M., and others. *Doing Qualitative Research: Circles Within Circles*. London: Falmer, 1991.

Erlandson, D. A., Harris, F. L., Skipper, B. L., and Allen, S. D. *Doing Naturalistic Inquiry: A Guide to Methods*. Newbury Park, Calf.: Sage, 1993.

Erwin, T. D. *Assessing Student Learning and Development: A Guide to the Principles, Goals, and Methods of Determining College Outcomes*. San Francisco: Jossey-Bass, 1991.

Evans, N.J. "Needs Assessment Methodology: A Comparison of Results." *Journal of College Student Personnel*, 1985, 26 (2), 107–114.

Ewell, P. T. (ed.), *Assessing Education Outcomes*. New Directions for Institutional Research, no. 47. San Francisco: Jossey-Bass, 1985.

Ewell, P. T. "Establishing a Campus-Based Assessment Program." In D. F. Halpern (ed.), *Student Outcomes Assessment: What Institutions Stand to Gain*. New Directions for Higher Education, no.59. San Francisco: Jossey-Bass, 1987.

Ewell, P.T. "Implementing Assessment: Some Organizational Issues." In T.W.Banta (ed.), *Implementing Outcomes Assessments: Promise and Perils*. New Directions for Institutional Research, no.59. San Francisco: Jossey-Bass, 1988.

Fairbrook, P. "Food Services and Programs." In R.B.Winston, Jr., S.Anchors, and Associates, *Student Housing and Residential Life: A Handbook for Professionals*

Committed to Student Development Goals. San Francisco: Jossey-Bass, 1993.

Fetterman, D.M. *Ethnograph: Step by Step*. Applied Social Research Methods, no. 17. Newbury Park, Calif.: Sage, 1989.

Gilbert, T.F. *Human Competence: Engineering Worthy Performance*. New York: McGraw-Hill, 1978.

Glesne, C., and Peshkin, A. *Becoming Qualitative Researchers: An Introduction*. White Plains, N. Y.: Longman, 1992.

Goetz, J. P. and Le Compte, M. D. *Ethnography and Qualitative Design in Educational Research*. San Diego, Calif.: Academic Press, 1984.

Gottlieb, D., and Hodgkins, B. "College Student Subcultures." In K.Yamamoto (ed.), *The College Student and His Culture: An Analysis*. Boston: Honghton-Mifflin, 1968.

Grose, R. F., Lauroesch, W., and Schiltz, M. E. "Commentary of the Draft Code of Ethics." In M. E. Schiltz (ed.), *Ethics and Standards in Institutional Research.* New Directions for the Institutional Research, no. 73. San Francisco: Jossey-Bass, 1992.

Guba, E. G., and Lincoln, Y. S. *Effective Evaluation: Improving the Usefulness of Evaluation Results Through Responsive and Naturalistic Approaches*. San Francisco: Jossey-Bass, 1981.

Guba, E. G., and Lincoln, Y. S. *Fourth-Generation Evaluation*. Newbury Park, Calif.: Sage, 1989.

Hanson, G. R. (ed.). *Measuring Student Development*. New Directions for Student Services, no.20. San Francisco: Jossey-Bass, 1982.

Hedlund, D., and Jones, J. "Effect of Student Personnel Services on Completion Rates in Two-Year Colleges." *Journal of College Student Personnel*, 1970, 11, 196–199.

Hinkle, D. E., Wiersma, W., and Jurs, S. G. *Applied Statistics for the Behavioral Sciences* (3rd ed.) Boston: Houghton Mifflin, 1994.

Hogan, T. J. "TQM, Higher Education, and Student Affairs: Opportunities and Questions." *Insights* 1992, 3 (1). 15–19.

Holland, D. C., and Eisenhart, M. A. *Educational in Romance: Women, Achievement, and College Culture*. Chicago: University of Chicago Press, 1990.

Horowitz, H. L. *Campus Life: Undergraduate Cultures from the End of the*

Eighteenth Century to the Present. New York: Knopf, 1987.

House, E. R. *Professional Evaluation*. Newbury Park, Calif.: Sage, 1993.

Howe, N., and Strauss, W. "The New Generation Gap." *Atlantic Monthly*. Nov. 1992.

Huebner, L. A. "Ethics of Intentional Campus Design." Paper presented at the Second Annual Campus Ecology Symposium, Pingree Park. Colo., June 1984.

Huebner, L. A. "Interaction of Student and Campus." In U. Delworth, G. R. Hanson, and Associates, *Student Services: A Handbook for the Profession* (2nd ed.) San Francisco: Jossey-Bass, 1989.

Huebner, L. A., and Lawson, J. M. "Understanding and Assessing College Environments." In D.G. Creamer (ed.), *College Student Development: Theory and Practice for the 1990s*. Alexandria, Va.: American College Personnel Association, 1990.

Huebner, L. A., and others. "Stress Management Through an Ecosystem Model in a School of Medicine." In L. A. Huebner (ed.), *Redesigning Campus Environments*. New Directions for Student Services, no. 8. San Francisco: Jossey-Bass, 1979.

Hughes, E. C., Becker, H. S., and Geer, B. "Student Culture and Academic Effort." In R. N. Sanford (ed.), *The American College: A Psychological and Social Interpretation of the Higher Learning*. New York: Wiley, 1962.

Hurst, J. C., and Jacobson, J. K. "Theories Underlying Students' Needs for Programs." In M. J. Barr, L.A. Keating, and Associates, *Developing Effective Student Services Programs: Systematic Approaches for Practitioners*. San Francisco: Jossey-Bass, 1985.

Hurst, J. C., and Ragle, J. D. "Application of the Ecosystem Perspective to a Dean of Students Office." In L. A. Huebner (ed.), *Redesigning Campus Environments*. New Directions for Student Services, no. 8. San Francisco: Jossey-Bass, 1979.

Hutchings, P., and others. "Principles of Good Practice for Assessing Student Learning." *Assessment Update*, 1993, 5 (1), 6–7.

Jacobi, M., Astin, A. W., and Ayala, F., Jr. *College Student Outcomes Assessment: A Talent Development Perspective*. ASHE-ERIC Higher Education report no. 7. Washington, D. C.: Association for the Study of Higher Education, 1987.

Jacoby, B. "Today's Students: Diverse Needs Require Comprehensive Responses."

In T. K. Miller and R. B. Winston, Jr. (eds.), *Administration and Leadership in Student Affairs*. (2nd ed.) Muncie, Ind.: Accelerated Development, 1991.

Johnson, J. C. *Selecting Ethnographic Informants*. Qualitative Research Methods, no. 22. Newbury Park, Calif.: Sage, 1990.

Joughin, L. *Academic Freedom and Tenure*. Madison: University of Wisconsin Press, 1960.

Katchadourian, H. A., and Boli, J. *Careerism and Intellectualism Among College Students: Patterns of Academic and Career Choice in the Undergraduate Years*. San Francisco: Jossey-Bass, 1985.

Kelly, E. F., Pascarella, E. T., Terenzini, P. T., and Chapman, D. "The Development and Use of the Adjective Rating Scale: A Measure of Attitudes Toward Courses and Programs." *Journal of Selected Abstracts in Science*, 1978, 8, 19–20.

Kennedy, G. E. "Differences Among College Students' Perception of Family Satisfaction." *Perceptual and Motor Skills*, 1989, 68 (1), 129–130.

Kerlinger, F. N. *Foundation of Behavioral Research*. Fort Worth, Tex.: Holt, Rinehart and Winston, 1986.

Kitchener, K. S. "Ethical Principles and Ethical Decision in Student Affairs." In H. J. Canon and R. D. Brown (eds.), *Applied Ethics in Student Affairs*. New Directions for Student Services, no. 38. San Francisco: Jossey-Bass, 1985.

Krueger, D. W. "Total Quality Management." In T. W. Banta (ed.), *Making a Difference: Outcomes of a Decade of Assessment in Higher Education*. San Francisco: Jossey-Bass, 1993.

Kuh, G. D. "Purposes and Principles of Needs Assessment in Student Affairs." *Journal of College Student Personnel*, 1982, 23(3), 202–209.

Kuh, G. D. "Assessing Student Cultures." In W. G. Tierney (ed.), *Assessing Academic Climates and Cultures*. New Directions for Institutional Research, no. 68. San Francisco: Jossey-Bass, 1990.

Kuh, G. D. *Environmental Influences on Alcohol Use by College Students*. Washington, D. C.: Office of Educational Research and Improvement, 1991.

Kuh, G. D. "Assessing Campus Environments." In M. J. Barr and Associates, *The Handbook of Student Affairs Administration*. San Francisco: Jossey-Bass, 1993a.

Kuh, G. D. "In Their Own Words: What Student Learn Outside the Classroom."

American Educational Research Journal, 1993b, 30 (2), 277−304.

Kuh, G. D. "Indices of Quality in student Culture Research." Paper presented at the annual meeting of the American Educational Research Association, New Orleans, Apr. 1994.

Kuh, G. D., and Hall, J. "Cultural Perspectives in Student Affairs." In G. D. Kuh (ed.), *Cultural Perspectives in Student Affairs Work*. Lanham, Md.: University Press of American & American College Personnel Association, 1993.

Kuh, G. D., Schuh, J. H., Whitt, E. J., and Associates. *Involving Colleges: Successful Approaches to Fostering Student Learning and Personal Development Outside the Classroom*. San Francisco: Jossey-Bass, 1991.

Kuh, G. D., and Whitt, E. J. *The Invisible Tapestry: Culture in American Colleges and Universities*. ASHE-ERIC Higher Education report no.1. Washington, D.C.: Association for the Study of Higher Education, 1988.

Layder, D. *New Strategies in Social Research*. Cambridge, Mass.: Polity, 1993.

Leafgren, F. "Wellness as a Comprehensive Student Development Approach." In R. B. Winston, Jr., S. Anchors, and Associates, *Student Housing and Residential Life: A Handbook for Professionals Committed to Student Development Goals*. San Francisco: Jossey-Bass, 1993.

Leemon, T. A. *The Rites of Passage in a Student Culture*. New York: Teachers College Press, 1972.

Lenning, O.T. "Use of Noncognitive Measures in Assessment." In T. W. Banta (ed.), *Implementing Outcomes Assessment: Promise and Perils*. New Directions for Institutional Research, no. 59. San Francisco: Jossey-Bass, 1988.

Lenning, O. T., and MacAleenan, A. C. "Needs Assessment in Student Affairs." In G. D. Kuh (ed.), *Evaluation in Student Affairs*. Alexandria, Va.: American College Personnel Association, 1979.

Lewin, K. *Principles of Topological Psychology*. (F. Heider and G. M. Heider, trans.) New York: McGraw-Hill, 1936.

Lincoln, Y. S. "Presentation by Louis B. Smith." In E. W. Eisner and A. Peshkin (eds.), *Qualitative Inquiry in Education: The Continuing Debate*. New York: Columbia University Teacher College, 1990.

Lincoln, Y. S., and Guba, E. G. *Naturalistic Inquiry*. Newbury Park, Calif.: Sage, 1985.

Love, P. G., and others. "Student Culture." In G. D. Kuh (ed.), *Cultural Perspectives in Student Affairs Work*. Lanham, Md.: University Press of American & American College Personnel Association, 1993.

Lyons, J. W. "An Eclipse of the Usual: The Evergreen State College." In G. D. Kuh and J. H. Schuh (eds.), *The Role and Contribution of Student Affairs in Involving College*. Washington, D. C.: National Association of Student Personnel Administrators, 1991.

Lyons, J. W. "The Importance of Institutional Mission." In M. J. Barr and Associates, *The Handbook of Student Affairs Administrations*. San Francisco: Jossey-Bass, 1993.

Mable, P., and Miller, T. K. "Standards for Professional Practice." In T. K. Miller, R. B. Winston, Jr., and W. R. Mendenhall (eds.), *Administration and Leadership in Student Affairs: Actualizing Student Development in Higher Education*. Muncie, Ind.: Accelerated Development, 1983.

Mable, P., and Miller, T. K. "Standards of Professional Practice." In T.K. Miller, R. B. Winston, Jr., and Associates, *Administration and Leadership in Student Affairs: Actualizing Student Development in Higher Education*. (2nd ed.) Muncie, Ind.: Accelerated Development, 1991.

McMillan, J. H. "Conceptualizing and Assessing College Student Values." Paper presented at the annual meeting of the American Educational Research Association, San Francisco: Jossey-Bass, 1989.

Magolda, P. "A Quest for Community: An Ethnographic Study of a Residential College." Unpublished doctoral dissertation, Indiana University, 1994.

Magrath, C. P., and Magrath, D. S. "A Presidential Perspective." In J. H. Schuh (ed.), *Enhancing Relationships with the Student Press*. New Directions for Student Services, no. 33. San Francisco: Jossey-Bass, 1986.

Manning, K. "The Ethnographic Interview." In F. K. Stage (ed.), *Diverse Methods for Research and Assessment of College Students*. Alexandria, Va.: American College Personnel Association, 1992.

Marchese, T.J. "Assessment's Next Five Years." *Association of Institutional Research Newsletter*, Fall—Winter 1990, 1—4. (Special supplement)

Marshall, C., and Rossman, G. B. *Designing Qualitative Research*. Newbury Park, Calif.: Sage, 1989.

Martin, J. *Cultures in Organizations: Three Perspectives*. New York: Oxford University Press, 1992.

Marton, F., "Phenomenography: Exploring Different Conceptions." In D. M. Fetterman (ed.), *Qualitative Approaches to Evaluation in Education: The Silent Revolution*. New York: Praeger, 1988.

Mayhew, L. B., Ford, P. J., and Hubbard, D. L. *The Quest for Quality: The Challenge for Undergraduate Education in the 1990s*. San Francisco: Jossey-Bass, 1990.

Meredith, G. M. "Student-based Indicators of Campus Satisfaction as an Outcome of Higher Education." *Psychological Reports*, 1985, 56 (2), 597–598.

Merriam, S. B. *Case Study Research in Education: A Qualitative Approach*. San Francisco: Jossey-Bass, 1988.

Miles, M. B., and Huberman, A. M. "Drawing Valid Meaning from Qualitative Data: Toward a Shared Craft." In D. M. Fetterman (ed.), *Qualitative Approaches to Evaluation in Education: The Silent Scientific Revolution*. New York: Praeger, 1988.

Miles, M. M. "Qualitative Data as an Attractive Nuisance: The Problems of Analysis." *Administrative Science Quarterly*, 1979, 24, 590–601.

Miller, T. K. "Professional Standards: Whither Thou Goest?" *Journal of College Student Personnel*, 1984, 25(5), 412–416.

Miller, T. K., Carpenter, D. S., Saunders, S., and Thompson, M. J. "Developmental Programming: An Action Planning Model." In F. B. Newton and K. L. Ender (eds.), *Student Development Practices: Strategies for Making a Difference*. Springfield, III.: Thomas, 1980.

Miller, T. K., Thomas, W. L., Looney, S. C., and Yerian, J. *CAS Self-Assessment Guides. Iowa City*, Iowa: Council for the Advancement of Standards for Higher Education, 1988.

Moffatt, M. *Coming of Age in New Jersey: College and American Culture*. New Brunswick, N. J.: Rutgers University Press, 1988.

Morgan, D. L. *Focus Groups as Qualitative Research*. Qualitative Research Methods, no.16. Newbury Park, Calif.: Sage, 1988.

Morgan, G. *Images of Organization*. Newbury Park, Calif.: Sage, 1986.

National Association of Student Personnel Administrators. *A Perspective on*

Student Affairs. Washington, D. C.: National Association of Student Personnel Administrators, 1987.

National Association of Student Personnel Administrators. "Standards of Professional Practice." In *NASPA Member Handbook*. Washington, D. C.: National Association of Student Personnel Administrators, 1992–1993.

National Association of Student Personnel Administrators. "Standards of Professional Practice." In *NASPA Member Handbook*. Washington, D. C.: National Association of Student Personnel Administrators, 1993–1994.

National Commission for the Protection of Human Subjects of Biomedical and Behavioral Research. *Ethical Principles and Guidelines for the Protection of Human Subjects Research*. Washington, D. C.: U.S. Department of Health and Human Services, 1979.

National Institute of Education. *Involvement in Learning: Realizing the Potential of American Higher Education*. Washington, D. C.: U. S. Department of Education, 1984.

Newcomb, T. M. "Student Peer-Group Influence." In R. N. Sanford (ed.), *The American College: A Psychological and Social Interpretation of the Higher Learning*. New York: Wiley, 1962.

Newcomb, T. M. "The General Nature of Peer Group Influence." In T. M. Newcomb and E. K. Wilson (eds.), *College Peer Groups: Problems and Prospects for Research*. Hawthorne, N. Y.: Aldine de Gruyter, 1996.

Noel Levitz. *Student Satisfaction Inventory*. Iowa City, Iowa: Noel Levitz, 1994.

Pace, C. R. *Measuring Outcomes of College*. San Francisco: Jossey-Bass, 1979.

Pace, C. R. *CSEQ*: *Test Manual and Norms*. Los Angeles: Center for the Study of Evaluation, Graduate School of Education, University of California, 1987.

Pascarella, E. T. "Student-Faculty Informal Contact and College Outcomes." *Review of Educational Research*, 1980, 50, 545–595.

Pascarella, E. T., and Terenzini, P. T. *How College Affects Student: Findings and Insights from Twenty Years of Research*. San Francisco: Jossey-Bass, 1991.

Patton, M. Q. *Qualitative Evaluation and Research Methods*. (2nd ed.) Newbury Park, Calif.: Sage, 1990.

Paul, S. C. "Understanding Student-Environment Interaction." In W. H. Morrill and J.C. Hurst with E. R. Oetting (eds.), *Dimensions of Intervention for Student*

Development. New York: Wiley, 1980.

Pfaffenberger, B. *Microcomputer Applications in Qualitative Research*. Newbury Park, Calif.: Sage, 1988.

Rhoads, R.A. "The Brothers of Alpha Beta: An Ethnography of Fraternity Oppression of Woman." Unpublished master's thesis. Pennsylvania State University Graduate School, 1992.

Riker, H. C., and De Coster, D. A. "The Educational Role in Student Housing." *Journal of College and University Student Housing*, 1971, 1 (1), 3–7.

Robertson, J. A. "Black Student Satisfaction in the Deep South." *Journal of College Student Personnel*, 1980, 21(6), 510–513.

Rodgers, R. F. "An Integration of Campus and Student Development: The Olentangy Project." In D. G. Creamer (ed.), *College Student Development: Theory and Practice for the 1990s*. Alexandria, Va.: American College Personnel Association, 1990.

Rodriguez, R. G. "The Ethical Analysis Protocol." In M. E. Schiltz (ed.), *Ethics and Standards in Institutional Research*. New Directions for Institutional Research, no.73. San Francisco: Jossey-Bass, 1992.

Rossett, A. "Needs Assessment: Forerunner to Successful HRD Programs." In J. W. Pfeiffer (ed.), *The 1990 Annual: Developing Human Resources*. San Diego: University Associates, 1990.

Rossman, J. E., and EL-Khawas, E. *Thinking About Assessmnet: Perspectives for Presidents and Chief Academic Officers*. Washington, D. C.: American Council on Education & American Association for Higher Education, 1987.

Russell, R. V. "Validating Results with Nonreactive Measures." In F. K. Stage (ed.), *Diverse Methods for Research and Assessment of College Students*. Alexandria, Va.: American College Personnel Association, 1992.

Russell, R. V. and Stage, F. K. "Triangulation: Intersecting Assessment and Research Methods." In F. K. Stage (ed.), *Diverse Methods for Research and Assessment of College Students*. Alexandria, Va.: American College Personnel Association, 1992.

Schein, E. H. *Organizational Culture and Leadership*. (2nd ed.) San Francisco: Jossey-Bass, 1992.

Schlossberg, N. K. Lynch, A. Q. and Chickering, A.W. *Improving Higher*

Education Environments for Adults: Responsive Programs and Services from Entry to Departure. San Francisco: Jossey-Bass, 1991.

Schuh, J. H. "Implementing the Ecosystem Model: Phase II." *Journal of College and University Student Housing*, 1978, 8(2), 6–8.

Schuh, J. H. "Assessment and Redesign in Residence Halls." In L.A. Huebner (ed.), *Redesigning Campus Environments*. New Directions for Student Services, no. 8. San Francisco: Jossey-Bass, 1979.

Schuh, J. H. "Streamlining the Ecosystems Approach to Residence Hall Environmental Assessment." *NASPA Journal*, 1990, 27(3), 185–191.

Schuh, J. H. "Foreword." In F. K. Stage (ed.), *Diverse Methods for Research and Assessment of College Student*. Alexandria, Va.: American College Personnel Association, 1992.

Schuh, J. H. "Fiscal Pressures on Student Affairs." In M. J. Barr and Associates, *The Handbook of Student Affairs Administration*. San Francisco: Jossey-Bass, 1993a.

Schuh, J. H. *Report of Selected Plans of Entering Student at Wichita State University*. Wichita, Kans.: Office of Student Life and Services, Wichita State University, 1993b.

Schuh, J. H. (ed.). *Enhancing Relationships with the Student Press*. New Directions for Student Services, no.33. San Francisco: Jossey-Bass, 1986.

Schuh, J.H., and Allan, M. R. "Implementing the Ecosystem Model." *Journal of College Student Personnel*, 1978, 19(2), 119–122.

Schuh, J.H., and Kuh, G. D. "Evaluating the Quality of Collegiate Environments." *Journal of College Admissions*, 1991, 130, 17–21.

Schuh, J.H. Triponey, V. L., Heim, L.L., and Nishimura, K. "Student Involvement in Historically Black Greek Letter Organizations." *NASPA Journal*, 1992, 29(4), 274–282.

Schuh, J.H., and Veltman, G. C. "Application of an Ecosytem Model to an Office of Handicapped Services." *Journal of College Student Development*, 1991, 32(3), 236–240.

Schuh, J. H., and Whitt, E. J. *Longwood College Case Report*. Unpublished manuscript, Farmville, Va., 1990.

Scriven, M. "The Methodology of Evaluation." In R.W. Tyler, R. M. Gagne, and M. Scriven (eds.), *Perspectives on Curriculum Evaluation*. AERA Monograph

Series on Curriculum Evaluation, no.1. Chicago: Rand McNally, 1967.

Selltiz, C., Jahoda, M., Deutsch, M., and Cook, S. W. *Research Methods in Social Relations*. Fort Worth, Texas: Holt, Rinehart and Winston, 1962.

Sherr, L.A., and Teeter, D.J. *Total Quality Management in Higher Education*. New Directions for Institutional Research, no.71. San Francisco: Jossey-Bass, 1991.

Shulman, L.S. "Disciplines of Inquiry in Education: An Overview." In R.Jaeger (ed.), *Complementary Methods for Research in Education*. Washington, D. C.: American Educational Research Association, 1988.

Siddons, P. "The Frustrations and Rewards for College Journalism." In J. H. Schuh (ed.), *Enhancing Relationships with the Student Press*. New Directions for Student Services, no.33. San Francisco: Jossey-Bass, 1986.

Silverman, W. H., and others. "Measuring Member Satisfaction with the Church." *Journal of Applied Psychology*, 1983, 68(4), 664–677.

Smith, L.F. "Ethics in Qualitative Field Research: An Individual Perspective." In E.W. Eisner and A. Peshkin (eds.), *Qualitative Inquiry in Education*. New York: Teachers College Press, 1990.

Smith, N, "Mining Metaphors for Methods of Practice." In D. M. Fetterman (ed.), *Qualitative Approaches to Education in Education: The Silent Revolution*. New York: Praeger, 1988.

Southern Association of Colleges and Schools. *Manual for Accreditation: Commission on Colleges*. Atlanta: Southern Association of Colleges and Schools, 1987.

Southern Association of Colleges and Schools. *Criteria for Accreditation: Commission on Colleges*. (8th ed.) Atlanta: Southern Association of Colleges and Schools, 1992.

Spendolini, M. J. The *Banchmarking Book*. New York: American Management Association, 1992.

Spradley, J. P. *The Ethnographic Interview*. Fort Worth, Tex.: Holt, Rinehart and Winston, 1979.

Stage, F.K. "The Case for Flexibility in Research and Assessment of College Students." In F. K. Stage (ed.), *Diverse Methods for Research and Assessment of College Students*. Alexandria, Va.: American College Personnel Association, 1992.

Stern, G. G. *People in Context*. New York: Wiley, 1970.

Strange, C.C. "Managing College Environments: Theory and Practice." In T. K. Miller and R.B. Winston, Jr. (eds.), *Administration and Leadership in Student Affairs*. Muncie, Ind.: Accelerated Development, 1991.

Stufflebeam, D. L., McCormick, C. H., Brinkerhoff, R. O., and Nelson, C. O. *Conducting Educational Needs Assessment*. Norwell, Mass.: Wolters Kluwer, 1985.

Suskie, L. A. *Questionnaire Survey Research: What Works*. Tallahassee, Fla.: Association for Institutional Research, 1992.

Teeter, D.J., and Lozier, G. G. (eds.). *Pursuit of Quality in Higher Education: Case Studies in Total Quality Management*. New Directions for Institutional Research, no.78. San Francisco: Jossey-Bass, 1993.

Terenzini, P. T. "Assessment with Open Eyes: Pitfalls in Studying Student Outcomes." *Journal of Higher Education*, 1989, 60(6), 644–664.

Terenzini, P. T., and Pascarella, E.T. "The Relation of Students' Precollege Characteristics and Freshman-Year Experience to Voluntary Attrition." *Research in Higher Education*, 1978, 9, 347–366.

Thelin, J. R. "Student Cultures." In B. R. Clark (ed.), *Encyclopaedia of Higher Education*. Oxford: Pergamon, 1992.

Thomas, J. "Needs Assessment: Avoiding the 'Hammer' Approach." In J.W. Pfeiffer and L.D. Goodstein (eds), *The 1984 Annual: Developing Human Resources*. San Diego, Calif.: University Associates, 1984.

Thrash, P. (ed.). Accreditation [Special issue]. *Journal of Higher Education*, 1979, 50 (2).

Tinto, V. "Dropout from Higher Education: A Theoretical Synthesis of Recent Research." *Review of Education Research*. 1975, 45, 89–125.

Tinto, V. *Leaving College: Rethinking the Causes and Cures of Student Attrition*. Chicago: University of Chicago Press, 1987.

Treadway, D.M. "Use of Campuswide Ecosystem Surveys to Monitor a Changing Institution." In L.A. Huebner (ed.), *Redesigning Campus Environments*. New Directions for Student Services, no.8. San Francisco: Jossey-Bass, 1979.

U.S. Department of Health and Human Services. *Protection of Human Subjects, Title 45: Code of Federal Regulations, Part 46*. Washington, D. C.: U.S.

Government Printing Office, 1991.

Upcraft, M. L. "Resident Halls and Student Activities." In L. Noel, R. Levitz, D. Saluri, and Associates, *Increasing Student Retention: Effective Programs and Practices for Reducing the Dropout Rate*. San Francisco: Jossey-Bass, 1985.

Upcraft, M. L. "Teaching and Today's College Student." In M.E. Wiemer and R. Menges (eds.), *Better Teaching and Learning in College: Toward More Scholarly Practice*. San Francisco: Jossey-Bass, 1996.

Upcraft, M. L. (ed.), *Orienting Students to College*. San Francisco: Jossey-Bass, 1984.

Van Maanen, J. "Managing Education Better: Some Thoughts on the Management of Student Cultures in American Colleges and Universities." Paper presented at the 27th Annual Forum, Association for Institution Research, Kansas City, May 1987.

Van Maanen, J. *Tales of the Field: On Writing Ethnography*. Chicago: University of Chicago Press, 1998.

Wallace, W. L. *Student Culture: Social Structure and Continuity in a Liberal Arts College*. Hawthorne, N.Y.: Aldine de Gruyter, 1966.

Weidman, J.C. "Undergraduate Socialization: A Conceptual Approach." In J. C. Smart (ed.), *Higher Education: Handbook of Theory and Research*, Vol.5. New York: Agathon, 1989.

Wesley, A. L., and Abston, N., Jr. "Black College Students' Satisfaction at Two Predominantly White Universities in the Deep South." *Psychological Reports*, 1983, 53, 222.

Western Interstate Commission for Higher Education. *The Ecosystem Model: Designing Campus Environments*. Boulder, Colo.; Western Interstate Commission for Higher Education, 1973.

Whitaker, U. *Assessment Learning: Standards, Principles, and Procedures*. Philadelphia: Council for Adult and Experiential Learning 1989.

Whitt, E. J. "Artful Science: A Primer on Qualitative Research Methods." *Journal of College Student Development*, 1991, 32 (5), 406–415.

Whitt, E. J. "Document Analysis." In F. K. Stage (ed.), *Drivers Methods for Research and Assessment of College Students*. Alexandria, Va.: American College Personnel Association, 1992a.

Whitt, E. J. "A Room of Her Own: A Study of Women's Colleges." Paper presented at the annual meeting of the American Educational Research Association, San Francisco, Apr. 1992b.

Whitt, E. J. "Making the Familiar Strange: Discovering Culture. In G. D. Kuh (ed.), *Cultural Perspectives in Student Affairs Work*. Lanham, Md.: University Press of American & American College Personnel Association, 1993.

Whitt, E. J. "Encouraging Adult Student Involvement." *NASPA Journal*, 1994a, 31(4), 309–318.

Whitt, E. J. "I Can Be Anything! Student Leadership in Three Women's Colleges." *Journal of College Student Development*, 1994b, 35 (3), 198–207.

Whitt, E. J. and Kuh, G. D. "The Use of Qualitative Methods in a Team Approach to Multiple Institution Studies." *Review of Higher Education*, 1991, 14, 317–337.

Whitt, E. J., and Nuss, E. M. "Connecting Residence Halls to the Curriculum." In C. C. Schroeder, P. Mable, and Associates, *Realizing the Educational Potential of College Residence Halls*. San Francisco: Jossey-Bass, 1994.

Wichita State University Office of Academic Affairs. *Wichita State University Handbook for Faculty*. Wichita, Kans.: Wichita State University Office of Academic Affairs, 1988.

Wingspread Group on Higher Education. *An American Imperative: Higher Expectations for Higher Education*. Johnson Foundation, 1993.

Winston, R. B. Jr., and Miller, T. K. "A Model for Assessing Developmental Outcomes Related to Student Affairs Programs and Services." *NASPA Journal*, 1994, 32 (1).

Winston, R. B., Jr., and Saunders, S. A. "Ethical Professional Practice in Student Affairs." In T. K. Miller and R. B. Winston, Jr. (ed.), *Administration and Leadership in Student Affairs*. Muncie, Ind.: Accelerated Development, 1991.

Wolcott, H. F. "How to Look like an Anthropologist without Really Being One." *Practicing Anthropology*, 1980, 3(2), 56–59.

Wolcott, H.F. *Writing Up Qualitative Research*. Qualitative Research Methods, no. 20. Newbury Park, Calif.: Sage, 1990.

Worthen, B. R., and Sanders, J. R. *Educational Evaluation: Alternative Approaches and Practical Guidelines*. White Plains, N.Y.: Longman, 1987.

Yerian, J. M., and Miller, T. K. *Putting the CAS Standards to Work*. Washington, D.C.: Council for the Advancement of Standards in Higher Education, 1988.

Young, K. E., Chambers, C. C., Kells, H. R., and Associates. *Understanding Accreditation: Contemporary Perspectives on Issues and Practices in Evaluating Educational Quality*. San Francisco: Jossey-Bass, 1983.

Zeithaml, V. A., Parasuraman, A., and Berry, L. L. *Delivering Quality Services: Balancing Customs Perceptions and Expectations*. New York: Free Press, 1990.

索　引（词条后页码为原书页码）

B

N

O

Q

郑重声明

高等教育出版社依法对本书享有专有出版权。任何未经许可的复制、销售行为均违反《中华人民共和国著作权法》，其行为人将承担相应的民事责任和行政责任；构成犯罪的，将被依法追究刑事责任。为了维护市场秩序，保护读者的合法权益，避免读者误用盗版书造成不良后果，我社将配合行政执法部门和司法机关对违法犯罪的单位和个人进行严厉打击。社会各界人士如发现上述侵权行为，希望及时举报，本社将奖励举报有功人员。

反盗版举报电话 （010）58581999　58582371　58582488

反盗版举报传真 （010）82086060

反盗版举报邮箱 dd@hep.com.cn

通信地址 北京市西城区德外大街 4 号

高等教育出版社法律事务与版权管理部

邮政编码 100120